城市综合管理理论与实务

黄成峰 著

中国建筑工业出版社

图书在版编目（CIP）数据

城市综合管理理论与实务 / 黄成峰著 . —北京：中国建筑工业出版社，2018.3

ISBN 978-7-112-21847-9

Ⅰ. ①城… Ⅱ. ①黄… Ⅲ. ①城市管理—研究—中国 Ⅳ. ①F299.23

中国版本图书馆CIP数据核字（2018）第033385号

随着我国经济、人口等日益向城市聚集，社会文化交流等活动日益频繁，国家越来越重视城市管理工作，党中央、国务院从国家发展的整体战略考虑，出台了《关于深入推进城市执法体制改革 改进城市管理工作的指导意见》（中发[2015]37号），明确了住房和城乡建设部是全国城市管理工作的主管部门，住房和城乡建设部迅即成立了城市管理监督局，统筹全国的城市综合管理工作的规范发展，初步结束了各城市的城市管理工作各自为政、自行其是、随意发挥的混乱状态，城市综合管理工作由此进入科学、规范、统一、有序的发展轨道。在城市管理大发展的新形势下，撰写《城市综合管理理论与实务》，很有必要和实际意义。

责任编辑：封　毅　毕凤鸣
责任校对：焦　乐

城市综合管理理论与实务
黄成峰　著
*
中国建筑工业出版社出版、发行（北京海淀三里河路9号）
各地新华书店、建筑书店经销
北京点击世代文化传媒有限公司制版
大厂回族自治县正兴印务有限公司印刷
*
开本：787×1092 毫米　1/16　印张：14½　字数：316 千字
2018 年 5 月第一版　2018 年 5 月第一次印刷
定价：39.00 元
ISBN 978-7-112-21847-9
（31771）

序言

中国的城市化发展从未像今天这样迅猛，城市快速发展必然带来城市管理的诸多问题。近年来，城市管理问题屡屡引起人们的热议，以至于“城市管理”成为一个热门话题和敏感词汇。但对什么是城市管理？如何进行城市管理？城市管理要管什么？城市管理要达到什么样的目的结果？等等问题和疑问，大家都议论得很多，但好像都说得不太清楚。无论是城市行政管理部门，或者是高校和研究机构城市管理方面的专家学者，对城市管理大都有各自不同的理解和观点，各执一词，争议很大，或者语焉不详，只言片语，如同“盲人摸象”。虽然城市管理某些领域的技术研究较多，但城市管理的综合理论研究却严重匮乏，城市管理研究存在重技术研究轻理论研究的现象，有限的理论研究也比较碎片化、局部化和重叠化，尚未形成完整的系统的城市综合管理理论体系。没有完善的城市综合管理理论体系的支撑，城市管理其他方面的研究往往会成为“无源之水”。理论研究不完善，管理机构不健全，名称职责不统一，管理机制不顺畅，管理的范围、标准和要求不一致，法律依据不足够，执法方式不规范，队伍建设不够强等等问题，都制约着城市管理工作的健康发展，导致各地的城市管理部门各显其能，但往往“吃力不讨好”，也使城市管理部门广受诟病，这些问题需要深入研究和加以理顺、规范。

目前，越来越多的专家学者和城市管理工作者致力于城市综合管理理论和具体措施的研究，力求弄清楚城市管理的各种概念关系、发展规律和内在联系，破解城市综合管理过程中产生和长期存在的诸多难题。但综观目前的研究，由于受多种因素的制约，大都停留于表面或局部，或者过于依赖西方发达国家的城市管理理论和经验，从城市规划的角度来研究城市管理，还没有深入到城市管理的机理，总体感觉国内城市管理的理论研究还不够系统、完整，联系中国城市管理的实际情况也不够紧密，总有“隔靴搔痒”之感。党的十八大后，党中央非常重视城市管理工作，把握城市律动的脉搏，出台一系列的指导政策意见，城市管理工作终于迎来了盼望已久的新的大发展时期，全国城市管理系统为之欢欣鼓舞，撸起袖子加油干。

我国是社会主义国家，我国经济发展模式与西方国家的经济发展模式截然不同，决定了我国城市发展道路与西方城市发展路径也不一样，我国城市发展走的是一条具有中国特色的新型城镇化发展道路。我大学毕业后，有幸在广州市城市管理（环卫）部门机关和直属单位、机构工作，亲眼看见和亲身经历了城市管理事业的发展，为了将自己20多年来从事城市管理工作的体会和经验与大家分享交流，逐渐萌发写一部《城市综合管理理论与实务》的想法，力图从理论层面阐述清楚城市综合管理，并结合城市管理的具体工作内容，提出一些工作思路、方法和措施等方面的建议，为城市综合管理基础理论研究和具体实践操作做一点探索性的工作。

城市是一个国家或城市所处的某一区域的政治、经济、文化等的中心，聚集大量的人口和生产生活要素，城市的发展建设和规划管理对国家或城市所处区域具有十分重要的影响。改革开放以来，我国城市化进程很快，30多年走过了西方发达国家城市300年走过的路程，全国大部分人口已长期居住生活在城市里，今后还会有更多的农民工市民化，城市生活将是绝大部分中国人民的生活状态，城市将逐步成为中国人民的生活和精神家园。人民希望在城市里安居乐业，过上幸福美满的小康生活，但城市快速发展的同时也带来了城市管理方面的诸多问题，市民对城市管理工作还有许多不满意的地方，期望有更美好的城市环境和秩序，加强城市综合管理已成为城市政府不可回避的重要职责任务。城市综合管理所面临的诸多问题亟须探索和研究分析原因，要把准问题的症结所在，对症下药，标本兼治，既要找到城市管理的“治本”之策，又要提出有效的切实可行的城市管理具体措施，提高城市综合管理的效率和水平。

当今中国城市的发展是在建设中国特色社会主义事业的大背景下进行的，随着经济社会的快速发展，城市化的速度也很快，这是一个不争的事实。研究分析中国的城市管理，应当根据中国政治、经济和社会发展的特征，运用马克思主义的世界观和方法论，才能切合中国城市的实际，找到中国城市发展的规律。随着我国经济、人口等日益向城市聚集，社会文化交流等活动日益频繁，国家越来越重视城市管理工作，党中央、国务院从国家发展的整体战略考虑，出台了《关于深入推进城市执法体制改革 改进城市管理工作的指导意见》（中发[2015]37号），明确了住房和城乡建设部是全国城市管理工作的主管部门，住房和城乡建设部随即成立了城市管理监督局，统筹全国的城市综合管理工作的规范发展，初步结束了各城市的城市管理工作各自为政、自行其是、随意发挥的混乱状态，城市综合管理工作由此进入科学、规范、统一、有序的发展轨道。在城市管理大发展的新形势下，撰写《城市综合管理理论与实务》，很有必要和实际意义。

城市管理内容纷繁复杂，而且还在不断发展变化，我们总感到城市管理工作“剪不断、理还乱”，如同一团乱麻，难以理清，难以解开，要想把城市管理的所有问题都论述清楚，确实是一件不太容易的事情。由于不是专业的城市管理理论研究人员，知识水平、能力和阅历有限，掌握的资料不足，经验也不够丰富，但作为一名城市管理工作者，愿意为城市管理工作发展略尽绵薄之力，凭着“知其不可而为之”的精神，勉为其难，差错在所难免，见解也会流于浅陋，只希望通过本人的拙见，能够抛砖引玉，引起广大城市管理工作者的共鸣，同时也期冀能够引起更多专业人士关注和深入研究城市综合管理工作，提出更多更好的思路和建议，促进城市管理工作的进步和健康发展。

有人把当今中国城市化浪潮比喻为新一轮的“农村包围城市”。城市不仅是我们现在工作和生活的舞台，也将是我们心灵安顿的地方，我们儿时的玩伴，如今大都散落在各个城市的各个角落，今后我们越来越多的孩子对故乡的记忆，将可能不再是山清水秀的乡村和泥土的气息，而是我们现在生活和谈论的城市。城市承载着大家的梦想和对美好生活的向往，搞好城市管理工作是我们共同的责任，让我们携起手来，共同努力，筚路蓝缕，砥砺前行，建设和管理好我们美丽的城市家园。

目录

第一章

马克思主义对中国创新发展及城市管理的指导意义

中国的革命、建设和发展都源于马克思主义的光辉思想，通过对马克思主义经典著作的研读，我们深刻认识到马克思主义不仅指导了新中国的建立，而且对目前中国创新发展乃至城市管理都具有现实的指导意义。

一、马克思主义的形成和传播

1848 年 2 月，《共产党宣言》的发表标志着马克思主义的诞生，在前后近 50 年的时间里，马克思、恩格斯发表了一系列的著作，逐步形成了包括马克思主义哲学、马克思主义政治经济学和科学社会主义的完整的思想理论体系。马克思主义产生于 19 世纪 40 年代的西欧，19 世纪 80 年代列宁等开始在横跨欧亚的俄国宣传马克思主义，马克思主义不断由西方向东方传播。1917 年俄国十月革命的一声炮响，给世界的东方——中国送来了马克思列宁主义，中国历史上第一个马克思主义者和中国共产主义的先驱李大钊在中国大力宣传马克思主义，1919 年中国五四运动爆发，促进了马克思主义在中国的传播并与工人运动相结合，1921 年 7 月中国共产党成立。

二、中国为何选择马克思主义

20 世纪初的中国，处于半封建半殖民地的社会，清朝政府虽然已经灭亡，但中国人民依然遭受帝国主义、封建主义、官僚资本主义三重剥削压迫，中华民族仍处于灾难深重的境地，摆在中国知识分子和人民面前的是选择什么样的发展道路的问题。俄国十月革命的胜利，使中国知识分子和人民看到了新的希望，中国封建社会两千多年，中国人民深受封建地主阶级的剥削压迫，走资本主义道路依然要遭受资产阶级的剥削，中国人民迫切希望建立一个没有剥削、没有压迫的新社会。马克思主义使中国先进知识分子和人民看清了资本主义的本质，逐渐摆脱了各种资产阶级和小资产阶级思潮的影响，深刻认识到只有社会主义才能救中国，选择了马克思主义作为中国革命和建设的指导思想。中国共产党成立后，领导中国人民经过 28 年的艰苦奋斗，于 1949 年建立了新中国，证明了中国选择社会主义道路的正确性，中国历史开始了新的纪元，为实现国家富强和人民幸福、实现中华民族的伟大复兴，开辟了广阔的道路。

三、马克思主义的当代意义

马克思主义具有与时俱进的特质，马克思主义中国化取得了巨大的成果，今天中国的发展仍然离不开马克思主义的正确指导。

（一）马克思主义的创新性

恩格斯指出:“马克思的整个世界观不是教义，而是方法。它提供的不是现成的教条，而是进一步研究的出发点和供这种研究使用的方法”。马克思主义是一个开放的理论体系，传入中国100年来，不断与中国实际相结合，产生了毛泽东思想、邓小平理论、“三个代表”重要思想、科学发展观、习近平新时代中国特色社会主义。党的十八届五中全会提出创新、协调、绿色、开放、共享的发展理念，标志着党对经济社会发展规律的认识达到了新的高度，是发展21世纪中国马克思主义的重要成果。

（二）马克思主义揭示了人类社会发展的客观规律

辩证唯物主义和历史唯物主义是马克思主义理论的科学体系的哲学基础，揭示了自然界、社会和思维发展的一般规律。资本主义与封建主义一样，都是剥削阶级占统治地位的社会，在《资本论》中，马克思从商品这个资本主义社会的“细胞”入手，运用矛盾分析的方法，一步步揭示了资本主义社会矛盾发展的全过程。科学社会主义论述了资本主义必然灭亡、社会主义必然胜利的客观规律，虽然无产阶级的使命还没最终完成，但社会主义是比资本主义更高级的社会形式，以公有制为主体，具有无比的优越性，改革开放30多年来，我国经济建设取得巨大成就，成为世界第二大经济体，我们要坚持社会主义不动摇，坚定不移地走中国特色社会主义发展道路。

（三）新发展理念是马克思主义中国化最新成果

马克思提出的在生产资料公有制基础上建立人人平等，以每个人自由全面发展发展为基本原则的社会的科学论断，现在依然是世界发展进步的潮流和方向。新发展理念蕴含着尊重规律、按规律办事的实践逻辑，运用马克思关于社会化大生产中部门和种类之间协调发展理论，发展了马克思关于世界历史和世界市场理论，继承了马克思主义经典作家关于社会主义生产目的和基本经济规律理论、人的全面发展思想等，反映出我们党对我国发展规律的新认识。

四、运用科学的世界观和方法论推进城市管理工作

习近平总书记强调:“学习和掌握正确的世界观和正确的方法论，始终是马克思主义政党思想建设的重大任务”。目前中国城镇化率已达54%以上，超过7亿人居住生活在城镇里，城市管理工作引起党中央国务院的高度重视，城市的发展和管理是党和国家的千年大计。中国城市化以前所未有的速度发展，城市快速发展同时带来的各种管理和建设等方面的矛盾和问题，需要尽快加以解决，以保持城市的持续发展和正常运行。我们要运用马克思主义哲学的世界观和方法论来分析、研究城市发展和管理工作规律，根据

规律科学推进城市综合管理工作。

（一）研究分析城市管理的形成过程

研究城市管理首先要弄清楚什么是城市管理？通过研究城市构建物的构成、市民的组成、城市部件和市民在城市里的活动等，分析研究城市管理形成的历史过程，以及城市管理形成后的运行规律和不断发展变化的过程特征及未来发展趋势等，从而认识和掌握城市综合管理的重要性、持续性和规律性。概括起来，就是城市越大城市管理的难度越大，城市管理要实行综合管理，搞好城市管理主要依靠基层社区和广大市民群众。要分析城市管理面临的国内外新环境，根据城市规模、人口组成、区域地理风俗、民族特色等情况，研究分析城市管理工作的特点和规律，改进管理的方式方法，提高城市综合管理工作水平。要树立和不断增强依法管理城市的意识，加强城市管理立法工作，根据城市管理的目标、内容和实际需要，构建一套完善的城市管理法律法规体系，提高立法质量，尽快改善目前城市管理借法执法的现状，使城市管理有充分足够的法律依据。要促进城市综合管理和执法机构的规范化建设，在全国范围内统一科学设置城市综合管理和执法机构，形成上传下达、政令畅通的稳定的城市综合管理体系和机制。要加强城市规划与城市管理关系的研究，促进城市规划与城市管理的融合，使城市规划更加适应城市发展和管理的实际。要加强城市管理综合执法工作，统一全国城市管理执法队伍的服装和标志标识，统一执法车辆等执法装备的配置样式，统一规范城市管理执法程序，形成城市管理的科学化、规范化建设的新局面。

（二）研究分析城市管理的运行过程

做好城市管理工作要搞清楚城市管理管什么？城市每天都在运行，在运行的过程中会产生许多问题，为增强城市管理工作的针对性和有效性，保证城市正常运行，要研究确定城市管理的目标和框定城市管理的具体内容，使城市管理有的放矢，建立城市管理“横向到边、纵向到底、不留死角”的全方位管理系统。要全面框定城市管理的内容和职责，不留空白，提高城市管理问题的及时发现和有效处置能力，最好将问题消除在萌芽状态，保证城市居民正常的生产生活秩序。第一要解决城市生活废弃物的管理和处置难题，提高生活垃圾的收集、运输和处理能力，积极推进垃圾分类工作，提高城市废弃物的循环利用水平，杜绝“垃圾围城”现象。第二要加强对城市部件的管理，对路灯、井盖等城市部件缺失、破损等问题应能够及时通知督促权属单位或主管部门进行处理，保持城市部件完好，维持城市正常安全运行。第三要加强对违反城市管理法律法规行为进行查处，尤其是要加强对城市违法建设和“六乱”的查处，不断提升城市管理和综合执法工作水平，维持城市正常运行秩序。第四要加强城市自然资源的保护，做好城市水域的管理工作，加强雨污分流和污水处理等工作，防止城市水资源受到污染。第四要提高城市公共卫生安全等突发事件的应急处置工作能力，建立城市突发事件应急处置体系，确保城市在各种情况下能够保持正常运行。第五要积极开展城市的各种创建活动，通过开展创建国家卫生城市、全国文明城市等活动，促进城市管理水平的提高。第六要提高市民的城市管理意识，促使广大市民自觉遵守城市管理的法律法规和规章制度，共同维护城市环境和秩序。

（三）研究分析城市综合管理具体行为的总过程

城市管理工作千头万绪，城市越大问题越纷繁复杂，处理的难度也越大，如何管理好城市？考验着城市政府的执政能力和城市管理部门的工作能力。城市管理有许多具体的行为，要研究分析这些管理行为的总过程，探索城市综合管理的方法和措施，提高城市管理工作的质量和效率，才能有效地管理好城市。城市管理具体行为的总过程非常复杂，需要条分缕析，城市管理具体问题“五花八门”，层出不穷，要加强对城市管理具体问题的研究分析，才能找到有效的管理方式和方法。第一是加强城市管理单位党建工作。城市管理单位党组织是核心，要履行全面从严治党主体责任，强化思想建设、组织建设和纪律建设等，发挥党员和领导干部的先锋模范作用和带头作用，通过党建工作促进城市管理单位的全面建设，提高城市管理部门管理城市的能力。第二是要加强数字化城市管理建设。数字城市管理是搞好城市管理工作的重要手段，日益在城市管理中发挥重要的作用，要积极推进城市管理信息化系统和指挥平台高标准建设，提高城市管理问题日常和应急处理的指挥调度能力。第三是加强城市管理问题的处置。城市运行每天都会产生大量问题，目前由于技术手段的进步，城市管理问题的发现并不难，难就难在城市管理问题的处理和解决。第四是加强城市管理队伍自身建设。加强城市管理和执法队伍建设，进行城市管理、综合执法业务和文明管理执法等各方面的培训，增强城市管理执法人员和执法队伍的思想、业务等综合素质，加强作风建设，树立城市管理执法人员队伍廉洁勤政、务实为民的新形象，不断提高城市管理执法人员执法工作能力和水平。第五是加强与相关部门的联动，城市综合管理涉及许多政府职能部门，要建立城市综合管理跨部门之间的联动机制，加强政府职能部门及相关单位的配合协作，及时有效处理跨部门的城市管理问题。第六是要建立城市综合管理工作考核和奖惩制度，奖勤罚懒，探索以奖代拨、生态补偿等制度机制，对不作为、慢作为和徇私枉法的行为要坚决追究责任。

马克思主义实现了唯物论与辩证法的统一、实现了唯物主义自然观与历史观的统一，一传入中国，就被中国先进知识分子和人民所接受，历史一再证明，无论中国的革命和建设，都离不开马克思主义的正确指导。由于空调和电梯的发明，城市出现了大量的现代高层建筑，能够在一定的区域内容纳更多的产业和人群，今天的城市管理与古代的城市管理有很大的不同。面对国内外的新形势、新要求，我们要坚持马克思主义，坚定不移地推进中国的创新发展，推进中国城市的发展和管理。中国城市管理的形成、运行和管理过程紧密结合在一起，相辅相成，并不是截然分开。在深化城市管理体制改革工作中，城市政府和城市管理部门要坚持马克思主义的指导，实事求是，与时俱进，重视城市管理工作的理论研究和具体实践，才能搞好城市管理工作，为实现两个百年目标而不断努力奋斗。

第二章

城市管理的形成过程

一直以来，中国是一个农业大国，历史上虽有人口达百万的城市出现，例如唐朝时期的长安和北宋时期的开封，但相对于广袤的农村，城市无论是数量、区域面积或者人口总数，在全国占比都不太大，城市管理在中国历史发展的长河中似乎无足轻重，在史籍材料中也难觅踪影，只能在零星的记载中“以一斑而窥全貌”。20 世纪 80 年代以后，由于实行改革开放政策，解放和发展生产力，经济保持高速度发展，同时也促进了城市的大发展，中国城市数量、规模、人口都增长得非常快，人们带着对城市生活的向往，纷纷告别世代居住的乡村，不断涌入和逐渐融入城市，在城市里工作和生活逐渐成为常态，城市管理随即逐步形成。

第一节　城市管理形成的滥觞

城市管理是一种行为，由于有了城市和居住在城市里的市民，市民在城市里活动，为保持城市正常运行和健康发展，需要规范市民在城市里进行各种活动的行为，不至于使城市陷入混乱无序状态，于是产生了城市管理。

一、城市

在当今世界范围内，大多数人生活在城市里。全世界大约有 10295 个城市。据联合国人口和发展委员会报告 2007 年全世界 65 亿人中有 32 亿人居住在城市里，约占世界人口一半。根据美国人口调查局的统计，截至 2013 年 1 月 4 日，全世界有 70.57 亿人。联合国人口和发展委员会预测到 2030 年，城市人口将攀升至 50 亿，估计将占那时全球人口的 61%。

（一）城市的起源

城市的出现，是人类社会发展到一定阶段的必然产物。世界最早的城市大约在 5000 多年前出现在埃及和美索不达米亚等处，是城和市二字的组合连用，城最初指城墙，市是指聚集货物进行买卖。中国城市出现稍晚，大约在 4000 年前。考古证明我国城市发祥于黄河流域，最早出现在河南偃师二里头，年代约为公元前 2100 至前 1700 年。城市起源大致有四种说法，一是“防御说”，二是“集市”说，三是“分工”说，四是“庙宇说”。

（二）城市的构成要素

城市的构成要素很复杂，复杂程度取决于城市的规模和历史。从物质形态上来看，城市是由建筑物、马路街道、公园广场、地下空间、树木花草、山地水域、各种工具和物资、空气质量等构成。从功能上划分，可分为商业区、居住区、工业区、休闲区等。从繁荣程度看，可分为中心区、近郊区和远郊区等。

（三）城市的形成

城市的出现，是人类走向成熟和文明的标志，也是人类群居生活的高级形式。纵观世界城市发展历史，大致说来，城市经历了三大发展阶段。第一阶段是原始农业文明时代，城市是统治者的属地和堡垒，城市的象征是高高的城墙、威严的宫殿、深邃的护城河。第二阶段是近代工业文明时代，城市是产业中心和生活中心，城市的标志是成片的工厂、林立的烟囱和杂乱的宿舍区。第三阶段是后工业文明时代，城市是文化中心、信息中心和生活中心，其表征是大量的文化设施、智能化楼宇以及关注人类精神生活的现代居住小区，此时城市真正成为市民生活和工作的统一的大平台。

（四）现代城市的定义

在工业化和信息化时代，城市形成和发展很快，当今全世界城市星罗棋布，一浪高过一浪的造城运动如大潮般不可阻挡，人们纷纷背井离乡，从乡村向城市迁移，居住在城市里已逐渐成为人类主要的生存方式。城与市的功能联系日趋紧密，作为城最初本义的城墙已不存在，市的地位和作用更加突出，城市的定义主要为“人口集中、工商业发达、居民以非农业人口为主的地区，并成为周边地区政治、经济、文化的中心的地方”。

（五）城市的本意

从城市发展的历史我们可以清晰地看到，城市在逐步向人类筑造城市的本意回归，逐渐向“以人为本”方向健康发展。城市之于人类的第一意义应该是居住和生活，是为了满足人类居住的物质和精神需求。建设适宜创业发展和适宜居住生活的城市越来越成为城市建设者和管理者追求的目标，城市存在的本来意义就是人类生活与工作的平台。

二、市民

市民，又称城市居民，通常是指具有城市有效户籍和常住市区的合法公民。

（一）早期市民的发端

早期的人类，居无定所，随遇而栖，常常三五成群，靠打鱼和捕猎生活。但是，在对付个体庞大的凶猛的动物时，三五个人的力量显得单薄，只有联合其他群体，才能获得成功。随着群体的力量强大，收获也就丰富起来，抓获的猎物不便携带，便找个地方贮藏起来，久而久之便在那个地方定居下来。随着人口的繁盛，收获的增多，为了防备侵袭，便筑起城墙。城以墙为界，有内城、外城的区别。内城叫城，外城叫郭。内城里住着君主官员，外城里住着平民百姓。

（二）市民阶层的形成

市民阶层的形成经历了漫长的过程，最初市民只是作为分散的社会个体存在，随着商品经济的发展，我国在宋朝市民阶层才正式形成，在明清时期进一步壮大。在中世纪的欧洲，城市普遍出现，随着欧洲工商业的发展，欧洲城市中形成了“比上不足，比下有余”的特定人群，产生了经济上并不穷困的市民阶级。如13世纪的地中海岸，米兰、威尼斯、巴黎等都是重要的商业和贸易中心，其中威尼斯在繁盛时期，人口超过20万。

（三）现代市民的出现

工业革命之后，城市化进程大大加快，由于工业生产需要大量的劳动力，农民不断涌向城市，城市获得了前所未有的发展。到第一次世界大战前夕，英国、美国、德国与法国等西方国家，绝大多数人口，都已生活在城市里。生活在城市的市民过着远比他们生活在农村的祖先优越、富足和幸福的生活，由于大量人口聚居生活的需要，市民的行为也要远比农民文明、规范和有序。

（四）市民的构成和特征

市民是城市的构成细胞，任何城市的人口都不是一开始就是现在的样子，也不是永恒不变的，都经历由少到多或由多到少不断流动迁徙渐趋稳定的过程。一般来说，市民按来源上分，分为原住民和外来人群，外来人群中又有来自不同地域之分。按户籍来分，又有户籍人口、常住人口和流动人口之分。不同的市民群体有不同的特征、思想意识和行为习惯，他们之间既有融合，又有矛盾冲突。

（五）市民意识

除极少数原住民外，绝大多数市民或他们的祖先都来自城市以外的广大的乡村。与农民居住在广阔的乡村相比，大量的人群居住在狭小的城市空间里，市民更要有法治意识和精神，更规范的行为习惯，才能使城市生活正常有序。市民要具有市民意识的基本精神品格，将自己作为城市的一员、城市的主人、城市的建设者和建设成果的享受者，对城市实体有高度的心理认同，积极参与城市的建设和民主管理，积极对城市管理权力和各种服务提出意见和建议，自觉爱惜城市的公共设施和维护城市正常的生产生活秩序。

三、城市管理的形成

市民在城市里生活，不同于农民在乡村生活。农民在乡村过着自给自足的田园生活，生活相对自主独立，使用公共设施较少。而在城市里，数以万计的市民走出自己的蜗居，就必须遵守公共规则，即使是在自己家内，也不能制造噪声扰民或高空抛物等。市民在城市里与公共秩序相关的行为，都要在一定的管理范围内按照规定行使。

（一）城市管理的概念

关于城市管理的定义有很多种，“城市管理”这一概念在不同的国家有不同的界说。

近年来，全国许多高校、研究机构的专家学者和城市管理工作者都进行了较深入的研究，力图理清城市管理的概念。

1. 中国古代的城市管理

城市管理并非现代社会的产物，其实，在中国可上溯到周朝时期就出现古代城市管理。据《庄子・知北游》记载："监市履也"，可窥见中国最早期的城市管理。"监市"即是与现代城市管理相似的执法职能，古时城市管理没有专设机构，其职能由政府衙门统一行使，城市管理人员系外聘人员，与现代城市管理协管员相似。到了唐代，由于城市规模扩大，官府愈加重视城市管理，城市管理执法范围也较广。在宋代，城市管理的职能进一步扩大，不仅管理集市秩序，而且还兼管现代工商、税务、治安、物价等部门的职能。

2. 西方国家的城市管理理论

古希腊哲学家亚里士多德说："人们居住在城市，是为了生活得更好"。这句话有两层意思，一是人们来到城市是为了生存（live），二是人们留在城市是为了更好地生活（life）。现有的理论研究表明，西方国家所实行的城市管理是狭义的城市管理，又称为"市政管理"，主要是指城市政府对城市公共事业、公共设施和公共事务进行的相关管理活动，这种管理方式与西方国家的社会制度大体上相适合。纵观西方城市管理理论，城市管理的目的、主体、客体和手段都在不断发展。一是城市管理目的从无控制的增长转变为可持续发展；二是城市管理主体由以政府为主体管理城市转变为市民共同管理城市，实行城市经理制，专家治市；三是城市管理客体从对事转向既对事又对人；四是城市管理手段从主要依靠政府提供公共产品转向以市场为基础提供公共产品，追求高效率，注重运用先进的科学技术武装城市管理执法人员队伍和吸取先进的管理理念。

3. 现代城市管理的定义

通过对古今中外城市管理的研究，目前我国关于城市管理的定义，不同人员从不同侧面、不同角度有很多种说法。住房城乡建设部专家对城市管理有个最新的定义，即现代城市管理是以综合管理为重点，以大城市管理架构为纽带，以数字城市管理系统为手段，瞄准城市正常运行和一定应急反应能力的政府、企业、社区合作行为。这个定义较为全面、准确、科学，文字表述也较精炼合理规范，基本涵盖了城市管理的目标、内容、方式、手段等重要方面。

（二）中国的城市化与城市管理

1. 中国的城市化发展

城市化是伴随工业化发展而发展的，在工业化过程中，人口与资本向城市聚集，使工业化与城市化呈现十分明显的正相关性。中国工业化发展较晚，又由于城乡"二元"结构的限制，1978 年，我国城市人口仅占总人口的 19.4%，城市化率远低于世界平均水平。进入 80 年代后，我国城市化率开始增大，1996 年我国城市化率达到 30%，进入城市化快速发展期，尤其是 2002 年后我国城镇化率每年以 1.35 个百分点的高速增长，国家统计局2012年10月发布的报告显示，2011年中国城镇人口达69079万，首次超过农村人口，城镇化率高达51.27%。党的十八大以后，党中央非常重视城市工作，召开了中央城市工作会议，中国城市发展进入新的跨越式发展时期。

2. 中国城市管理的发展

在城市化的进程中，城市管理日益成为政府的重要工作内容，为有效地管理好规模日益扩大的城市，各城市政府和城市管理部门都积极进行探索和尝试管理方法和措施，做了大量的有益的工作，也取得很好的效果，积累了管理经验，为进一步搞好城市综合管理打下了基础。总的来说，我国城市管理大致经历了三个阶段。一是以建设促进管理阶段。此阶段由于城市建设带来的问题开始凸显，促使城市政府开始考虑城市管理问题，一般是在建设部门内设立一支专门队伍进行城市建设的管理监察。二是以管理为中心阶段。随着城市建设的发展，城市管理问题越来越突出，便将原属城市建设部门的城建监察队伍分离出来，设立专门的城市管理部门，并将原属工商、环卫、规划、园林等部门的职能授权或划归城市管理部门集中管理。三是精细化管理阶段。此阶段与传统的城市管理模式的最大区别，就是依托数字城市管理系统，对城市部件进行信息采集和分类管理，管理触角精确到每个具体的城市部件。目前城市管理信息化管理平台发展很快，全国已有258个城市的数字城市管理经住房城乡建设部验收，现代化的城市综合管理模式基本形成和建立。

一般认为，城市管理是城市政府的主要职责之一，城市政府要对城市的一切事物进行总体安排和协调。城市管理属于综合管理，城市政府通过设置相关职能部门或授权对城市所有事物进行有效管理，使城市的一切事物能够和谐并存，相安无事，时刻保持城市的正常运转，以达到城市综合管理目标的实现。

第二节 中国城市管理面临的国内外新环境

随着人类社会的发展和进步，特别是20世纪80年代以来，整个世界发生了根本性的变化。时代的发展变化对城市管理提出了新的要求，城市政府必须更加灵活和高效，具有较强的应变能力和创造力，推行新的公共管理模式，更多地使公众参与管理，实现公共行政向公共管理转变。正确认识和分析中国城市管理面临的国内外新环境，把握城市管理运行和发展的规律和方向，对于深化城市管理体制改革，提高城市政府及其城市管理部门的治理能力，最终保证城市公共管理目标的实现，具有十分重要的意义。

一、城市管理面临的国际新环境

20世纪70年代以后，西方国家在社会科学发展的内力推动下，技术革新迅速，尤其是信息技术的发展和应用深刻地改变人类社会，经济全球化趋势越来越强，从而导致社会公共事务管理内涵和管理方式发生了深刻的变化，产生公共管理新的国际环境。

（一）城市政府公共管理体制由官僚制向后官僚制转型

在工业时代，社会发展的步伐相对较慢，官僚体制能够适应当时的社会状况，官僚制的弊端并不那么突出。20世纪70年代西方社会逐步进入信息社会以后，人民群众对官僚主义式的命令、指挥，对官僚主义的作风和态度日益不满。官僚机构膨胀、财政负担沉重，使西方政府发生了严重的危机，西方人民对政府越来越感到失望，导致西方人民从70年代末开始，公开对福利制度和官僚政府的巨大浪费和庞大开支进行反抗。在这种情况下，以美国为首的西方政府感到，单靠改变政府目标的办法已不能医治官僚机构自身日益严重的病症，开始以企业精神改革政府的工作，改变政府的运作方式，出现了“企业化政府”运动，标志着西方各国后官僚体制改革的开端，政府公共管理体制逐步由官僚制向后官僚制转型。

（二）新技术革命尤其是信息革命，成为当代城市政府改革的一种催化剂

20世纪90年代，随着计算机技术的成熟和普及，后工业社会进入了网络经济时代，它给人类社会带来了新的发展空间和机遇。信息技术不仅深刻地改变商业结构，而且极大地影响城市政府的结构和职能。新兴的科技交流手段使城市政府具有更强的信息获得和控制能力，从而使城市政府职能扩展，可以更集权、更有效地实现其对社会的控制。城市政府可以通过自身、传媒及各种组织和商业数据收集公司获得大量的信息，从而支持政府进行正确的决策，对城市和市民实施有效的管理和控制。网络技术的推广和应用给人们带来的最直接益处是在更广泛意义上实现了信息资源的共享，使得地方城市政府和社会公众更接近信息。通过网络及其他各种信息传媒，公众更加了解城市政府在做什么；一些原本只有城市政府可以提供的服务，公众也可通过其他渠道获得；旧有的权力平衡被打破，这必将导致城市政府管理方式的巨大变化。

（三）全球化对城市管理的影响

全球化是全世界共同面临的一种发展趋势，具有超越国界和意识形态的普遍性，是政治、经济、文化、社会关系、社会矛盾以及解决矛盾与实现利益方式等各种因素相互联系、相互影响的过程与结果。全球化使城市政府不得不认真面对一些新的变化。

一是全球化冲击了传统的以地理区域为单位的行政辖区，并逐渐缔造出一种以个人兴趣和利益为纽带的新的距离感。

二是全球化对传统的层级制组织模式构成严重威胁，正在出现一种类似于网络结构的组织模式。

三是全球化，尤其是信息全球化，改变行政机构的决策方式。

四是全球化趋势加强了各个城市对城市竞争力的高度重视，城市政府治理能力是城市竞争力的一种主导性因素。

五是现代城市之间相互依赖程度不断加大。为了保持生态可持续发展等，地球村、全球环境和世界公民等概念越来越受到重视，给城市政府及其城市治理形成压力。

二、城市管理面临的国内新环境

我国封建社会历史较长，一直受到封建专制政体官僚政治的支配，封建社会官僚体制的影响可谓根深蒂固。新中国建立后，我国建立了社会主义制度，但作为思想上层建筑，封建官僚制精神并没有随封建制度的解体而消失，反而会对现行行政体制产生较大的影响。1978 年以后，我国开始改革开放，90 年代我国开始建设社会主义市场经济，确立建设法治国家目标，国内社会经济政治生活发生了很大变化。与以往相比较，我国城市管理面临着以下新的环境。

（一）经济新环境

改革开放三十多年来，我国市场经济发展取得了很大的成绩，中国经济生活的市场化程度以前所未有的速度前进。非公有制经济在国民经济总量中的比重大幅度提高；价格自由度大大提高，各类专业生产市场和消费品市场逐渐形成规模和一体化；经济关系契约化，利益主体之间的利益交易行为及各自的权利义务由契约规定，受法律保护，整个经济生活处于充满活力的有序状态。但是，伴随着市场经济的发展，也产生了很多不良现象。如市场道德缺乏，牟取暴利和非法操作等，这些有损于市场经济和社会不良行为，依靠市场本身是无法解决的，必须依靠城市政府社会公共职能的存在和参与。

（二）政治新环境

随着我国市场经济的发展，我国公民的主体意识开始觉醒并日趋成熟，公民及社会开始承认并尊重个体独立的价值，个体地位凸显；利益多元化和政府控制的弱化使公民个体的自由度增加；人们逐渐认识宪法和法律所赋予的权利的价值，逐渐产生了作为民主政治精神底蕴的公民权利观念。社会主义市场经济和民主法制建设的目标先后确立后，我国社会发生了很大变化，整个社会开始从高度集权控制状态向民主法治转变，我国传统的公共行政模式也随之开始发生变化，主要体现在公共行政的价值取向和目标模式的选择上日趋市场化。

（三）法制新环境

改革开放以来，我国加快了法制进程，立法大规模地发展和不断进步，法律不健全和缺位现象得到了明显的改善。经过 20 多年来的努力，形成了以宪法为核心，以民法、刑法和经济法等各方面基本法律为支柱的社会主义法律体系，使我国政治、经济和文化、科技诸多领域做到了有法可依。但是，我国法制环境中还存在一些不容忽视的问题。一是立法质量不高，立法成本高、立法效率低等，存在“部门利益”倾向，已严重阻碍了社会主义法制进程。二是政出多门，上级部门与下级部门之间权限不分，部门之间事权重叠，导致部门之间争权争利已成为当前政府法制建设中的一个突出问题。这些问题和现象都与城市管理所要求的法治这个前提条件背道而驰，需要在今后城市管理立法中加以克服。

（四）社会文化新环境

近些年来，我国的社会建设和教育事业取得了长足的发展，不断推进社会主义和谐社会建设，越来越多的人接受中、高等和职业教育，公民文化素质和水平不断提高，为城市管理打下基础。但由于我国人口基数大，经济落后，教育水准还比较低，国民整体素质还有待进一步提高。裙带关系、家族主义、亲密小集团、政府部门追求自我特殊利益，他们往往公私不分。公民文化水平整体不高还没得到根本改变，封建思想和传统文化中的糟粕的影响难以彻底根除，有的又沉渣泛起，专制行为和特权思想在一定范围内还存在，这些都与现代城市管理理念所遵循的普遍主义格格不入。

（五）科学技术新环境

改革开放以来，我国坚持科学技术是第一生产力，大力发展科学技术，在科学、工程技术、医药、交通、通信、信息处理、安全服务、环境分析、生产和制造、农业生产等方面都取得了巨大的进步，尤其是“载人飞船”不断发射成功，影响深远。科学技术的发展不断地影响城市政府的运作方式。在当今信息时代，城市管理部门面临着新的挑战和选择，信息技术革命是城市管理革新的重要时代背景。

（六）自然环境

当前，我国深入贯彻落实科学发展观，推进供给侧结构性改革，在发展的过程中，不再唯 GDP 论，更加注重环境保护，提出了创新、协调、绿色、开放、共享的发展理念。生态环境作为自然环境中的一个重要内容越来越引起重视，自然因素已成为城市管理多元化目标体系中的关键构成要素，成为影响城市管理决策的一个重要变量。我国近年来，注重环境保护，采取了很多措施，如退耕还林、退牧还草、退渔还海等，对污染的江河水系进行大规模的治理，关停和限制污染企业等，都取得很好的效果，生态环境得到极大的改善和恢复。

三、在国内外新环境下提高城市综合管理水平的建议

根据城市管理面临的国内外新环境分析，城市管理环境是制约和影响城市管理的重要因素，提高城市综合管理水平，应从以下几个方面入手。

（一）转变观念，实现向公共管理的转变

20 世纪 70、80 年代以来，由于技术革新迅速，经济全球化趋势越来越强，中国同世界一样发生了根本性的变化。为适应迅速变化的信息和知识密集型社会、经济生活的需要，城市政府要加快城市管理理论研究，切实转变观念，建立起一套以政府管理为核心、以多元互动为特征、以公民社会为背景和基础的城市管理体系，尽快实现向公共管理转变，加大公共管理力度，逐步改变管理机构日趋庞大臃肿，效率低下现状，解决容易滋生官僚主义等问题和困难，从而面对城市管理形势日趋严峻的挑战。

（二）积极推行以公共服务为目标的城市管理体制改革

当前，推进城市管理体制改革，已成为城市政府行政管理体制改革的一项重要内容，要强化城市管理的社会管理和公共服务职能，推动城市管理职能转变。要贯彻落实《中共中央国务院关于深入推进城市执法体制改革改进城市管理工作的指导意见》，加大财

政在城市管理方面的投入，增强城市政府的城市治理和公共服务供给能力，通过提供优质服务和有效治理，减少城市管理问题的发生量。

（三）培育和规范民间组织，积极发挥民间组织在城市管理中的作用

《中共中央关于构建社会主义和谐社会若干重大问题的决定》明确规定，坚持培育发展和监督并重，完善、培育、扶持和依法管理社会组织的政策。目前，我国的民间组织已有一定的发展，在多个领域发挥提供服务、反映群众诉求、畅通社情民意、规范行为、协调社会利益等作用，并能够及时疏导、防范和化解矛盾的产生，服务于社会主义和谐社会建设。城市管理部门要积极发挥民间组织的重要作用，尤其是在垃圾分类、控制吸烟等工作中，可以利用和发挥民间组织的力量，让民间组织参与，扮演一定的角色。

根据对我国城市管理面临的国内外环境的分析，尽管城市管理还面临很多困难，但当前，尤其是在党的十八大召开后，党中央高度重视城市管理工作，出台了一系列的政策措施改进城市管理工作，我国城市管理面临的环境已处于历史上最好的时期，是推进城市管理体制改革、建立完善的城市管理体制的最好时机。城市政府及其城市管理部门要抓住机遇、坚持解放思想，勇于担当作为，积极推进城市管理体制机制改革，尽快实现城市管理向公共服务型转变。

第三节 党的十八大以来城市管理工作的发展

党的十八大后，党中央高度重视城市管理工作，把城市管理提上党中央、国务院的议事日程。党的十八届三中、四中全会报告中都有明确强调城市管理及执法工作的具体内容，中央深化改革领导小组研究了城市管理工作，通过了城市执法体制改革和改进城市管理工作指导意见。中央相继召开了中央城镇化工作会议和中央城市工作会议，为深入推进城市管理体制改革、做好城市管理工作指明了方向。

一、城市管理工作提上中央议事日程

2013 年 11 月，党的十八届三中全会召开，全会《报告》中强调：“理顺城市管理执法体制，提高执法和服务水平”。2014 年 10 月，党的十八届四中全会召开，全会《报告》中又进一步强调：“理顺城市管理执法体制，加强城市管理综合执法机构建设，提高执法和服务水平”。2013 年 12 月，中央城镇化工作会议提出：“让城市融入大自然，让居民望得见山、看得见水、记得住乡愁”。2015 年 11 月 9 日，中央全面深化体制改革领导小组第 18 次会议研究通过了《关于深入推进城市执法体制改革改进城市管理工作的指导意见》。2015 年 12 月 14 日，中共中央政治局会议研究部署城市工作，提出要认识、尊重、顺应城市发展规律，端正城市发展的指导思想，推进农民工市民化，加快提高户籍人口城镇化率，增强城市宜居性，改革完善城市规划，提高城市管理水准，坚持把“三农”

工作作为全党工作重中之重，同时要更加重视做好城市工作。中央政治局这次会议研究城市工作，提到了全党工作的重点“三农”工作，体现了城市工作与“三农”工作相提并论、高度重视城市工作的思想，也给予城市管理工作很高的定位。2015 年 12 月 24 日，中央正式印发《中共中央国务院关于深入推进城市执法体制改革改进城市管理工作的指导意见》（中发 [2015]37 号），该《指导意见》体现了先进的城市发展理念，高屋建瓴地规划设计了提升城市管理工作的实现路径，首次明确住房和城乡建设部为全国城市管理工作的主管部门，并针对城市发展存在的问题对症下药，提出许多具体的意见，有很强的针对性和可操作性。2016 年，中央又印发了《中共中央 国务院关于进一步加强城市规划建设管理工作的若干意见》（中发 [2016]6 号），将城市管理工作与城市规划建设紧密结合起来，统筹考虑和一起部署。2017 年 1 月，国务院常务会议通过《城市管理执法统一制式服装和标志标识管理办法》，切实采取有力措施，推进规范城市管理文明执法，进一步提升城市管理水平。

二、中央城市工作会议

2015 年 12 月 20 日，中央城市工作会议在北京胜利召开。这次会议是新中国成立以来，距离上次城市工作会议，时隔 37 年之后，中央召开的第四次城市工作会议。会上，习近平总书记、李克强总理作了重要讲话。会议强调要尊重城市发展规律，实现“五个统筹”，即统筹空间、规模、产业三大结构，提高城市工作全局性；统筹规划、建设、管理三大环节，提高城市工作的系统性；统筹改革、科技、文化三大动力，提高城市发展的持续性；统筹生产、生活、生态三大布局，提高城市发展的宜居性；统筹政府、社会、市民三大主体，提高各方推动城市发展的积极性。“五个统筹”准确把握城市发展的规律，对城市的发展和管理所涉及的方方面面内容和各种关系进行科学的统筹协调和合理安排，切中城市管理工作的要害和实际，使城市管理工作有了清晰明确的遵循。此次中央城市工作会议是我国城市管理发展史上的一个里程碑，会议全面分析了城市发展面临的形势，明确做好城市工作的指导思想、总体思路和重点任务，为今后城市管理工作发展进步提供了行动指南。会议指出，做好城市工作，要坚持集约发展，框定总量、限定容量、盘活存量、做优增量、提高质量，立足国情，尊重自然、顺应自然、保护自然，改善城市生态环境，在城市统筹发展上下功夫，在城市管理重点上求突破，着力提高城市发展的持续性、宜居性。这次会议为我国城市的发展和管理进行了顶层设计，科学规划了城市发展和管理的蓝图和实现路径。城市是未来中国绝大多数人民永恒的家园，建设好、管理好城市是党中央、国务院和全国人民共同的任务和心愿。

三、设立城市管理监督局

2016 年 9 月，中央编办批准住房和城乡建设部成立城市管理监督局，编制 27 人，内设五个处室，分片联系和指导各省级政府城市管理工作。住建部城市管理监督局的成立，标志着全国城市管理工作有了国家级管理机构来进行统一领导和指导具体城市管理工作，对城市管理事业的发展具有划时代的意义。城市管理监督局成立后，在全国范围内积极开展城市管理调研工作，赴各省、市了解城市管理工作实际情况和存在的问题，指导和督促各省推进城市管理工作。研究推进城市管理工作的方法，大力推进全国城市管理政策法规制定、各地城市管理工作实施方案意见的出台和各级城市管理机构设置以及城市管理执法人员队伍建设等，取得了明显的工作成效。2017 年 1 月 24 日，住建部颁发了《城市管理执法办法》（住建部令第 34 号），统一规范城市管理执法工作，提高执法和服务水平。为加强城市管理机构建设，城市管理监督局积极推进省级政府城市管理机构的设置和城市管理职能、人员的确定等工作。组织开展全国城市管理执法队伍"强基础、转作风、树形象"专项行动。组织开展全国城市管理系统干部全员培训工作，全国 5000 多名城市管理执法人员系统处级以上干部全员培训由住建部城市管理监督局亲自统一负责，中央财政在较为紧张的情况下拨出 2000 万元专款分批进行培训，体现了国家的责任担当。城市管理监督局督促各省、市政府开展城市管理系统科级及以下人员的全员培训，以期全面提高城市管理执法人员队伍素质。积极推动城市管理执法人员队伍统一制服和标志标识等工作，要求 2017 年底要完成地方各级政府城市管理法规政策的制定、城市管理机构设置和城市管理执法人员执法队伍换装等工作，有力地指导和促进了全国城市管理工作科学、规范、有序地发展。

一般说来，城市规模越大城市管理就越难越复杂，越要引起高度重视，这是城市管理工作发展的一条规律。2017 年 3 月 5 日下午，习近平总书记参加十二届全国人大五次会议上海代表团审议时强调，"城市管理应该像绣花一样精细。城市精细化管理，必须适应城市发展。"各级城市政府及城市管理部门要深刻领会习近平总书记对城市管理的指示精神，勇于担当作为，沉下身子抓城市管理，要像绣花一样专注和精细管理城市的具体问题。根据中央的部署，各省、市党委、政府高度重视城市管理工作，积极制定贯彻城市管理体制改革实施方案，深入推进城市执法体制改革，进一步改进城市管理工作。明确省级政府城市管理工作的行政主管部门，各城市政府尤其是大、中城市纷纷设立或进一步整合健全城市综合管理机构，理顺管理体制，明确管理职责，着力推进城市管理立法工作，持续加强城市管理执法人员队伍建设，不断推动城市管理工作向前发展。

第四节　城市管理法律体系建设

城市管理法律法规是城市管理工作的重要依据，城市管理法律体系建设是城市管理中最基础性的工作，构建完善的城市管理法律体系是城市管理部门合法有效执行城市管理工作职责的重要保证。长期以来，城市管理法律缺乏和法律体系不完整困扰着城市管理部门，使城市管理工作广受质疑、饱受诟病，城市管理部门也普遍感到“理不直、气不壮”，工作起来缩手缩脚，严重制约城市管理工作的可持续发展，也使城市管理走进科学规范法治之路异常艰难。

一、城市管理法律体系建设现状

经过各级政府和城市管理部门的不懈努力，城市管理的法律建设虽取得巨大的成绩，但纵观城市管理法律法规，呈现出碎片化、不系统、不统一的特点。以北京市为例，城市管理共有 12 个方面 371 项执法权，分别包含在不同的法规中。到目前为止，我国在国家层面，还没有城市管理方面的综合性法律法规，城市管理执法的主要法律依据是《宪法》《行政法》以及《行政处罚法》、省级政府的决定、地方政府的规章及地方政府的规范性文件等。在实际工作中，城市管理部门普遍感到现有的城市管理法律法规往往不能有效地解决城市管理执法中存在的诸多问题，城市管理既存在执法空白，又存在立法交叉、重复，城市管理边界不清晰，容易造成多头执法、分散执法和碎片式执法等现象。城市管理法律体系不完善，严重制约着城市综合管理工作的开展。

二、城市管理法律体系建设

由于城市发展初期，城市管理问题较为迫切和突出，城市管理部门在法律准备不充分的情况下，通过授权等方式，主要借助其他行政主管部门的法律法规就开始行使城市管理执法职责，存在“头痛医头、脚痛医脚”的问题。随着城市管理工作的发展和市民法律意识的提高，城市管理部门和有关专家学者都逐渐认识到构建完善的城市管理法律体系越来越重要，以满足日益繁重的城市管理工作的需要。

（一）城市管理法律体系框架设计

目前城市管理法律法规主要是地方政府的规章和规范性文件以及其他行政管理部门的法律法规，国家和省级政府关于城市管理的法律法规非常少，由于法律体系不完整，使城市管理部门在执法主体、执法的合法性、执法依据等方面存在不同看法。城市管理法律体系框架应当依据城市管理的目标和内容，分别从国家层面、省级政府层面和地方城市政府层面三个层次进行设计。首先国家要有一部完整的城市管理法律法规对城市管理部门的权利和义务、法定职责以及履职范围等问题作出明确规定。其次是省级政府根据国家的城市管理法律法规，并结合本省城市管理工作实际，制定全省配套的城市管理的法律法规。最后是各地方城市政府根据国家、省级政府城市管理法律法规，结合各城市的实际制定具体的城市管理法规或规范性文件。

（二）城市管理的法律体系建设

城市管理虽是市长的主要职责之一，但城市高速发展到今天和城市管理面临的艰巨任务，国家和省级政府应从政策法规、业务指导和人力资源配备等方面给予实际支持，其中法律法规建设是最具有基础性的工作。

1. 制定一部全国统一的完整的城市管理法律

近些年来，各地城市管理部门在实际工作中遇到的问题越来越多，而且解决这些问题首先遇到的就是法律依据不足的问题，尤其是缺乏上位法的支撑，使城市管理部门在面对日益复杂的城市管理问题时或束手束脚，或望洋兴叹。党的十八届四中全会提出全面推进依法治国，建设中国特色社会主义法治体系，建设社会主义法治国家，为制定全国统一的城市管理法律依法管理城市提供有力的立法依据。目前，各地城市管理部门和专家学者都普遍认为制定全国统一的城市管理法律的时机已经成熟，自从 1996 年《行政处罚法》颁布实施以来，各城市纷纷开展城市管理相对集中行政处罚权工作，全国已有 600 多个城市设立城市管理和执法机构，城市管理工作取得了很大的成绩，但在执法主体资格、管理体制、执法模式和公众形象等方面依然存在较大的争议。通过全国统一的城市管理法律，对城市管理的性质机构、权利义务、职责范围、执法模式、行政执法自由裁量权、执法监督、队伍建设、装备保障等方面内容进行统一规范，起到“城市管理宪法”的作用。

2. 省级政府制定配套的城市管理法规

省级政府机构驻在省会城市（直辖市除外），不承担具体的城市管理工作任务，每个省各城市具体情况虽各不相同，但同处一个大的区域，还是具有一些共同之处，所以省级政府应当结合本省实际，制定指导全省各城市的城市管理的法律法规。

目前，省级政府制定的关于城市管理的法规非常少，主要是在市容环境卫生、城市生活垃圾处理、城市管理综合执法、行政执法自由裁量权等方面有零星的规定或复函，这些还远远不够。省级政府应根据本地区的地域特征、城市规模、人口流动特点和城市发展趋势等制定相应的城市管理法规，提出更加具体的工作目标、内容和措施，使城市管理具有更强的针对性和操作性。

3. 城市政府制定具体的城市管理规章或规范性文件

城市管理的具体工作最终还是由城市政府来落实，管理好城市不是一件容易的事，每个城市的情况各不相同，除了城市具有的共同问题外，有的城市还有自己的特点，需要制定完善的城市管理规章制度或规范性文件。目前，各城市政府为了管理好城市的市容市貌、环境卫生、户外广告、垃圾处理、违法建设、乱摆乱卖等，通过互相学习和借鉴，也制定一些管理条例、规定或办法，但纵观这些城市管理方面的规章制度，互不关联，互不支持，碎片化明显，缺乏完整性、系统性和内在逻辑性，没有形成完整体系，给依法管理城市带来诸多实际问题。

（1）各城市结合实际，制定一部确定本市城市管理基本内容的法规

目前，各城市的城市管理工作内容一般是由该市编办印发的城市管理部门“三定”方案规定，工作内容极不确定，每次机构改革都可能有较大的调整和变化，不利于城市管理工作的延续性。每个城市应当根据国家和省级政府的城市管理法律法规，结合本市实际，首先制定一部明确城市管理具体内容的管理规定，将城市管理的基本内容法制化。

（2）制定具体的城市管理问题管理办法或措施

城市管理问题过于庞大和复杂，一个城市一部城市管理法规显然不能解决所有的城市管理问题，各城市应当全面梳理本市的城市管理法规和规范性文件，根据法定的城市管理的基本内容，对每一个具体的城市管理事项进行深入的研究分析和论证，对已有的进行修改完善，没有的立即制定立法计划，着手进行起草制定，科学合理划分城市管理立法门类，避免立法交叉和空白，制定完善的城市管理法律体系。

（三）城市管理的立法工作建议

过去城市管理立法大都是部门立法，由城市管理部门起草后，由法制部门审核后，送市人大或市政府常务会议通过。城市管理工作非常具体和复杂，为增强城市管理法律法规的针对性和有效性，应当坚持开门立法的原则，在起草制定城市管理法律法规时，应当邀请专家学者、城市管理对象、市民代表等多方面人员共同参与，经过听取各方意见和建议，使制定出的城市管理法律法规更符合城市管理的实际需要。

三、城市管理法律体系建设过程中应注意的几个问题

构建完善的城市管理法律体系是一项系统工程，不可能一蹴而就，在立法过程中应注意以下几个问题。

（一）制定城市管理法律法规应进行充分调研工作

由于我国城市化发展过快，带来的城市管理工作较为紧迫，为使城市正常运行，城市管理工作要立即取得成效，所以很多城市边成立城市管理队伍，边立法，边开展城市管理工作，造成城市管理立法工作没有进行充分的调研和论证，制定出来的城市管理法规存在很多瑕疵。今后城市管理立法应努力避免这些不足，改变以往过于追求速度的做法，对城市问题进行全面、深入、详细的研究分析，广泛征求意见和建议，更加注重立法质量，使城市管理法律法规更加科学完备有效。

（二）城市管理立法中应注重强制措施的运用

目前城市管理法规中主要是对物的管理，处罚较轻，以罚款为主，除违法构建筑物等少数罚款较多外，其他罚款金额较低而且很难执行，在大多数情况下，由于城市管理违法成本较低，所以造成城市管理违法现象普遍，城市管理部门管不胜管。物本身不会违法，违法的往往都是物的所有者，城市管理执法人员在对物采取管理措施时，往往会与物的所有者发生激烈的冲突，城市管理立法应注意加强对人的管理，加强强制措施的运用，才能取得实际的效果。

（三）城市管理法律法规应加强与相关法律的衔接

城市管理法律法规不是封闭的，是在整个法律体系下的一个分支，其虽然属于行政法系，但与民法、刑法等法系联系紧密。由于过去城市管理立法方式较单一，所以城市管理部门在实际管理和执法中往往是单打独斗，难以得到有关部门有力支援，比如在遇到暴力抗法时，只有城市管理执法人员在受到人身伤害时，公安部门才能有效介入，使

城市管理执法人员由于缺乏人身安全保障而不能大胆进行管理执法，应当借鉴治理酒驾的经验，将某些严重违反城市管理法律行为写入刑法，如严重的违法建设行为等，使城市管理法律融入国家整个法律体系中，发挥法律的国家重器作用。

随着城市管理工作越来越受到重视，各级人大、政府加快了城市管理立法工作的步伐，但城市管理法律体系建设还任重道远，需要国家、省级政府和各城市政府以及全国城市管理部门的共同努力，各级立法机关的大力支持，不断探索和实践，经过艰苦卓绝的工作，才能最终取得圆满的成果。

第五节　城市管理的机构设置和建设

城市管理机构是城市政府管理本城市的行政主管部门，其设置和建设对有效行使城市管理职能、管理好城市至关重要，如何设置城市管理机构并加强和完善城市管理机构建设，是现阶段各城市政府都非常重视的工作任务。在历次政府机构改革中，各城市政府都在不断加强城市管理机构的建设，探索城市管理机构的科学规范设置，取得很大的成绩。但总的来说，城市管理机构设置与其他职能机构混设的现象还比较普遍，全国还没有完全形成相对统一和稳定的城市管理机构，城市管理机构的设置和建设工作还在路上，任务仍十分艰巨。

一、目前我国城市管理机构设置状况

由于我国城市化进程较快，带来的城市管理问题比较突出，在中等规模以上的城市，一般都设有城市管理部门，但在中央城市工作会议召开以前，城市管理的机构设置全国并不统一，名称也五花八门，机构建设各自为政，很不完善，也不规范，给人找不着北摸不到门道的感觉。归纳起来，主要有以下几种设置模式。第一种是与市容管理部门混设，此类城市管理机构设置以上海市为代表。上海市绿化和市容管理局挂上海市城市管理行政执法局牌子，成立上海市城市管理行政执法总队行使城市管理执法职能，后来两个单位又分开了，城市管理职能在上海市城乡建设和管理委员会。第二种是与市政管理部门混设，此类城市管理机构设置以北京市、重庆市为代表。北京市市政市容管理委员会负责全市的城市管理综合协调职能，管辖北京市城市管理综合行政执法局，北京市城市管理综合行政执法局局长由北京市公安局副局长兼任。重庆市市政管理委员会承担城市管理执法的责任，重庆市城乡建设委员会承担规范城乡建设管理秩序的责任。第三种是直接设立城市管理委员会（局），此类城市管理机构设置以广州市等城市为代表。2009 年广州市政府机构大部制改革，整合市市容环卫局、市建委、市城市管理执法局、市市政园林局和市爱卫办等部门的职能，成立广州市城市管理委员会，率先在全国成立城市管理委员会，市城市管理委主任兼任市城市管理执法局局长，初现“大城管”的机构设置

轮廓和格局。2015 年广州市政府机构改革，广州市城市管理委员会与广州市城市管理综合执法局合并为一个单位。

二、城市管理机构设置建议

城市管理部门的机构改革虽然取得很大的成绩和进步，但纵观各城市的城市管理机构设置，尽管各有特点，各有千秋，但城市管理部门机关内设机构和直属单位的设置，大多还是简单的机构合并，没有经过有机整合和科学重组，尚没完全有效发挥出城市管理部门的综合管理作用。

（一）机构名称规范

对于城市管理机构的名称大家争论较多，城市管理机构到底采用什么名称各城市的城市管理工作者和专家学者见仁见智，即便是城市管理执法机构的名称也有很大不同，有的叫城市管理执法，有的叫城市管理综合执法，有的叫城市管理行政执法，有的叫城市管理行政综合执法等等，每种名称的背后都有职能范围、执法内容、体制机制、执法形式等方面的不同。虽然每种名称都有道理和优势，但由于过于混乱，难以厘清城市管理的具体形象，不利于城市管理事业的整体发展，全国城市管理部门应采用同一种名称，建议采用城市管理委员会（局）的名称，更能表示城市管理的本义，避免花里胡哨之感。城市管理执法机构也要采用同一种名称，建议采用城市管理行政综合执法局（队）的名称，涵盖城市管理执法工作的各种形态和需求。

（二）机构设置统一

城市管理和执法机构设置重点在城市政府，中央和省级政府（不含直辖市）虽不承担具体的城市管理工作任务，但鉴于城市管理工作的重要性和紧迫性，建议设立城市管理的常设性的指导或协调机构，指导辖内各地方城市政府的城市管理工作。目前国家层面已设立城市管理监督局，省级城市管理部门的设立正在积极推进中。

1. 地方政府城市管理机构设置

纵观地方政府（含直辖市）城市管理机构设置，有的是行政机关编制，有的是事业编制，有的是政府组成部门，有的不是政府组成部门，有的甚至是某部门下的二级机构，其内设处（科）室各城市更是千差万别，造成这种现象主要原因是城市管理部门职能范围的不确定。中央和省级政府应根据立法或制定政府规章、规范性文件等形式，确定城市管理工作的范围和具体内容，并指导辖内各城市的城市管理部门的机构设置，使城市管理部门的名称、性质、职能、内设机构和人员编制等规范统一，促进城市管理部门科学化、正规化、现代化和信息化建设。根据目前城市管理工作的实际，建议地级以上城市和中等以上规模城市的城市管理部门都应成为市政府的组成部门，县级以下和小城市的城市管理部门可由城市政府根据实际情况进行设置。

2. 城市管理部门直属单位的设置

由于城市管理的内容广、任务重、反复性强等特点，仅仅依靠城市管理部门机关管理难以完成城市管理工作任务，需要设置一定数量的下属单位进行专业管理或具体作业。城市管理形成的时间还不是很长，城市管理行业还是一个新的事业，现成的经验也比较少，各城市都在探索，一些城市更偏重于执法，如何更好地通过管理和服务，进一步提高城市管理效能，直属单位的设置至关重要。目前城市管理部门直属单位的设置基本上原封不动地保留原分属其他部门的专业管理或作业单位，大多没有进行有机的融合，应根据城市管理的实际需要和范围内容，对城市管理的工作任务重新进行科学的归整和分类，能合并的合并，能调整的调整，优化组合，合理设置城市管理部门的直属单位，减少资源浪费、职能重叠、衔接不畅、各自为政、相互影响和制约等现象，更好地发挥“大城管”的体制机制优势。

3. 城市管理执法机构的设置

虽然由于有的城市管理执法部门执法方式存在问题而广受诟病，但城市管理执法队伍目前还是维护城市管理的一支重要力量，城市管理执法工作重点在一线，城市管理执法机构的设置应适应城市管理一线工作的需要，避免机关化官僚化臃肿化，而降低工作效率。城市管理执法工作与城市管理工作不同，应建立反应迅速、执行力强、威慑性大的城市管理执法机构和执法队伍，城市管理执法机构应按照实战的要求进行设置，城市管理执法队伍不出动则已，一旦出动就要能收到明显的执法效果，逐步减少城市管理与小贩、违建者等经常上演的“猫鼠”游戏，提高社会和群众对城市管理执法队伍的认同度。

（三）城市管理部门与城市管理执法部门的关系

城市管理部门和城市管理执法部门是两个不可分割的部门，在城市管理初期，城市管理执法部门借法执法来直接管理城市，但随着城市管理和法治的发展，许多城市成立城市管理机构行使城市管理职能，出现城市管理部门和城市管理执法部门的关系问题。要杜绝管理与执法两张皮的脱节现象，执法只是管理的重要的手段，成立城市管理部门一方面是加大城市管理的力度，另一方面也可避免城市管理执法机构行使管理职能，使执法机构机关化，管理和执法不分，减弱执法的力度和战斗力。城市管理部门应直接管理和领导城市管理执法部门，而不能是平行的关系。

三、完善城市管理机构的建设

由于现代城市管理的形成时间较短，虽然许多城市管理者和专家学者积极进行城市管理的理论研究和探索，但总的看来，研究具体的城市管理问题较多，也不够深入，或与中国城市的实际情况结合得不紧密，尚未构建起系统、完整的城市管理理论体系，所以大家对城市管理的思路还不是很清晰明确。完全照搬国外的城市管理经验也不一定能行，要经过不懈的努力，建设有中国特色的城市管理新模式。

（一）机构法定

构建完整的城市管理的法律体系，将城市管理机构和城市管理执法机构设置等在城市管理法律中进行明确规定，统一人们对城市管理的思想认识和具体操作，将城市管理机构设置以法律形式确定下来，不能随意设置，要依法规范设置，切实解决各城市的城市管理机构设置不一的乱象问题。

（二）合理设置城市管理部门机关和下属办事机构，加强城市管理一线机构建设和工作力度

城市管理部门机关主要工作任务是制定政策、发展规划、宏观管理、领导和督促工作任务的完成等，城市管理一线机构的主要工作任务是落实具体的城市管理工作任务，机关和基层单位要设置合理、分工明确，不能互相代替、职能交叉混淆不清。大量的城市管理问题最终需要一线城市管理机构来一件一件具体落实解决，要积极采取多种有效方式，加强城市管理一线机构的建设，把人力物力向城市管理一线部门倾斜，不能层层督办，文来文往，而解决具体问题却缺乏力量和办法，努力把城市管理一线机构建设成为人员素质高、装备纪律好、执行能力强的基层单位。

（三）加强城市管理部门的文明单位创建

城市管理部门和城市管理执法队伍在群众的印象中欠佳，主要是在城市管理强制执法中因暂扣物品等原因，屡与被执行者发生冲突等造成的，群众对城市管理执法人员有许多误解和非议，需要通过加强行业文明建设来改变群众对城市管理执法人员的看法。要加强城市管理部门的文明单位创建活动，在城市管理和执法中做到依法行政、文明执法，有理有节，注重程序，讲究方法，树立城市管理执法队伍威武文明之师的良好形象，取得人民群众的信任和支持，无论是在城市管理还是城市管理综合执法工作中，都要以良好的素质和文明的形象示人，达到不战而屈人之兵的理想效果。

目前城市管理的工作任务繁重复杂，而城市管理的人力物力资源却有限，城市管理机构的设置和高标准建设更显得重要和弥足珍贵，科学合理的机构设置，高要求的规范化机构建设，将会为城市管理发挥更大的效能，避免城市管理机构与其他机构分分合合，影响城市管理工作的健康发展。中央城市工作会议后，各省（直辖市）、市按照中央的部署，统一思想，提高认识，加快了城市管理机构建设的步伐，2016 年 7 月 28 日北京市城市管理委员会挂牌成立，2017 年 7 月 31 日，重庆市城市管理委员会成立，9 月 27 日，重庆市城市管理委员会（重庆市城市管理综合行政执法局）正式挂牌，城市管理机构的不断设立，必将推动我国城市管理工作的科学发展和不断进步。

第六节　城市规划对城市管理的影响

城市管理往往与城市规划相联系，城市规划在城市发展中起着战略引领和刚性控制的重要作用，城市规划是城市建设和管理的依据，高质量做好城市规划工作对搞好城市管理工作具有重要的影响。城市政府要正确认识和处理城市规划与城市管理的关系，按

照“创新、协调、绿色、开放、共享”的新发展理念，创新城市管理服务的思路和方式，走出一条中国特色的城市发展新道路。

一、树立城市规划与城市管理一体的思想

目前，我国在城市发展中遇到许多难题和困惑，造成这么多城市问题，原因固然很多，但最主要的原因还是城市规划与城市管理的脱节。为解决城市在发展过程中普遍存在的“城市病”，我们必须要充分认识、尊重和顺应城市发展规律，下决心转变城市粗放发展的陈旧模式。城市是人们工作和生活的平台，城市发展要体现以人为核心，塑造城市特色风貌，提升城市生态环境质量。城市规划是研究城市的未来发展、城市的合理布局和综合安排城市各项工程建设的综合部署，是一定时期内城市发展的蓝图，是城市管理的重要组成部分，城市规划对城市的发展至关重要。城市规划是城市综合管理的前期工作，要改变目前普遍存在的城市规划与城市管理脱节的“两张皮”现象，树立城市规划与城市管理一体的思想。城市规划要创新规划理念，城市规划必须依据城市的实际情况，不要贪大求全、刻意模仿和盲目攀比，要把以人为本、尊重自然、传承历史、绿色低碳等理念融入规划全过程，结合城市的地域特点、地理特征、文化传统、民族特色、发展优势和实际承载力等因素进行科学规划，增强规划的前瞻性、严肃性和连续性，使城市规划与城市的发展和管理相吻合，并促进城市的发展。

二、城市的规划与管理的融合

城市持续健康发展，就要正确认识城市规划与城市管理紧密联系的关系，促进城市规划与管理的融合。过去我们对城市的发展认识存在一定的偏差，只重视城市的规划和建设，而对城市管理不够重视，认为城市管理是城市的末梢，还没有从城市永续发展地高度去认识城市规划是城市管理的一个重要组成部分。没有建立在城市管理基础上的城市规划，往往闭门造车，高度模仿，千城一面，城市规划前瞻性、严肃性、强制性和公开性不够，城市建筑贪大、媚洋、求怪等现象丛生，特色缺失，文化传承堪忧。城市规划成什么样子、建成什么样子，只能被动接受既成事实，被动地接过来管理，造成城市管理工作非常被动，发展受限，难以为继，拆了又建、建了又拆。城市管理部门面对一个混乱不堪总也建不好的城市，如何管理好城市，大家都懵懵懂懂，无从下手，只好头痛医头、脚痛医脚，疲于应付，感到管理好城市真的很困难。要找到搞好城市管理的“突破口”，就必须高度重视城市规划与城市管理的融合，把城市规划放在城市管理的大背景下进行科学合理规划，从区域、城乡整体协调的高度确定城市定位，谋划城市的可持续性发展，防止城市规划“纸上谈兵”。要提高城市设计水平，从整体平面和立体空间上统筹城市布局，体现城市的文化、地域、民族特征和时代风貌。通过城市有序建设、适度开发、高效运行，打造和谐宜居、富有活力、各具特色的现代化城市。

三、以规划为龙头，促进城市管理工作

城市管理工作要变被动管理为主要服务，变末端执法为源头治理，从源头上预防和减少违法违规行为的发生，保持城市健康有序运行，就必须改进城市规划工作，要让城市规划接地气、看得懂、听得明白。

（一）城市管理机构与城市规划机构的融合

长期以来，城市管理机构和城市规划机构分设，由于城市发展建设的需要，城市规划机构在城市中的地位和分量要远远高于和重于城市管理机构，城市"头重脚轻"的现象严重，城市发展首尾不能相顾，造成城市发展不断失衡，乱象丛生，给城市管理带来很大的难度，也使城市的可持续发展逐渐丧失后劲，越来越感到发展难度大。要做好城市工作，必须转变思想观念，将城市管理机构与城市规划机构相融合，将这两个机构整合为一个机构。这个机构代表城市政府管理城市，相当于城市的"业主"，统筹城市的发展规划和管理，城市建设部门依据城市规划进行组织建设，建成后的美丽城市由这个城市管理机构进行长期有效管理。

（二）提高城市的规划水平

规划是城市建设之本，我国在 1989 年 12 月就制定颁布了《城市规划法》，2007 年 10 月重新修订，颁布了《城乡规划法》。一个城市的发展是从规划开始的，规划的水平决定城市的水平，要创新规划理念，改进规划方法，改变"低头是铺装、平视是喷泉、仰头看雕塑、台阶加旗杆、中轴对称式、终点是政府"的规划套路和模式，杜绝抄袭和盲目照搬照套，应具有独立的城市设计思想，提高城市规划水平。依法加强规划编制和审批管理，严格执行《城乡规划法》规定的原则和程序，认真落实总体规划由本级政府编制、社会公众参与、同级人大常委会审议、上级政府审批的有关规定。经依法批准的城市规划，必须严格执行，不得随意修改，违反规划的行为要严肃追求责任，并予以纠正。

（三）坚决遏制违法建设

随着城市的发展，违法建设已从最初的乱搭乱建、零星违建，逐步发展为游资介入、成片违建、建筑体量越来越大的严重局面，成为城市管理普遍存在的难题。城市发展到哪里，违法建设就发展到哪里，如影随形，现在一个单体违法建设高达十几二十层、违建面积达上万甚至数万平方米屡见不鲜。城市规划部门、城市管理部门等各管一摊，信息不通，工作步调不一致，理不清责任，在漫长的扯皮中违法建设如雨后春笋般"成长"起来，大城市的违法建设大都达到上亿平方米，有的甚至数亿平方米，如此"海量"的违法建设整治难度非常大，让人无从下手，而且有的城市新增违法建设还在不断涌现，越拆越多。遏制新增违法建设和强制拆除存量违法建设最根本的办法，是要实现城市规划建设管理无缝对接，让游资无缝可钻，无利可图。对历史形成的违法建设，依照有关政策法规分门别类进行处理。

（四）维护城市规划的严肃性

城市规划要遵循城市发展的规律，城市规划的蓝图最终要落地变为现实，必须要有城市管理的支撑，要接地气，不能仅仅停留在图纸上，成为“空中楼阁”，或者成为任人打扮的“小姑娘”，换一任领导就进行一次大的修改。城市规划一旦确定，要一张蓝图干到底，若无真的必要，切不要拍脑袋随意修改，以显示高明，即使要修规也要严格履行修改程序。城市是人民的城市，发展建设城市是为了让人民在美丽的城市里幸福生活，为维护城市正常持续运行，城市管理是永恒的事业，只要有城市存在，就离不开城市的管理者。规划是城市管理的一个部分，规划的调整只应是特殊情况时的个别现象，要经过严格的修改程序和审批管理。频繁地修改城市规划只会扰乱城市发展的进程，给城市管理不断带来新问题和不必要的麻烦，往往得不偿失。

理清城市管理与城市规划的关系，使我们深刻认识到城市规划对城市管理的巨大影响，二者密不可分。西方发达国家的城市（如巴黎）也在不断地发展，为什么他们的城市管理现在没有遇到那么多的问题，主要原因就是其在城市发展之初，就做到了城市规划与城市管理的融合，城市规划要目光长远，充分考虑城市今后的发展和运行管理。我们改进城市管理工作，既要做好城市发展的前期规划工作，又要使城市规划深深根植于城市管理的沃土中，从而使城市规划符合中国城市发展的实际，切实可行，行之有效，有利于城市今后的可持续发展和科学管理，营造安全、舒适的城市环境，让人民在美丽的城市里享受更美好的生活。

第三章

城市管理的运行过程

随着社会的进步和生产力水平的提高，尤其是大工业时代的到来和飞速发展，促进了城市大量出现，并逐步发展壮大，形成庞大的城市城镇群，信息时代更是促进城市的大发展。城市的快速发展带来城市管理的矛盾和问题不容忽视，城市管理在城市中的地位越来越重要，也逐渐形成了日益清晰的“城市综合管理”概念和行为，城市管理日渐成为人们所关注和研究的重要课题。城市管理是一种行为，也是一个过程，城市管理作为城市政府的主要职责之一，日渐摆上城市政府的重要议事日程，城市政府有责任对城市的一切事物进行总体安排和协调，城市管理部门作为城市综合管理的执行部门，要依法履行城市综合管理的职责，保持城市的正常运行。对于城市管理我们注重结果是对的，但又不能只注重结果，而忽视对城市管理过程的研究和安排，城市管理的运行过程是搞好城市综合管理的关键环节。

第一节　供给侧改革对城市管理工作的启示

习近平总书记在2015年11月中央财经领导小组第11次会议上，提出了“推进供给侧结构性改革”的概念。供给侧结构性改革是在正确判断我国经济形势的基础上作出的科学判断，是主动适应经济发展新常态、妥善应对重大风险挑战的正确决策部署。供给侧结构性改革是基于中国实践的理论综合性集成创新，城市管理与经济发展紧密相连，深入学习掌握供给侧改革理论，并运用到城市管理工作实际，可以给予我们搞好城市管理工作诸多有益的启示。

一、供给侧改革理论给城市管理提供了新的思路

目前我国经济发展面临的问题在供给和需求两侧都有，但供给侧是矛盾的主要方面。城市管理是伴随着经济社会发展和城市化而产生、形成和发展的，城市管理最初解决的是城市管理需求侧的问题，经过近三十年的发展，城市管理目前面临的主要是管理体制机制、城市管理法律体系建设、城市管理队伍建设和提升城市管理综合执法水平等方面

的问题，这些方面的问题都可以归结为供给侧的问题。供给侧改革理论给城市管理提供了新的思路，《中共中央国务院关于深入推进城市执法体制改革改进城市管理工作的指导意见》（以下简称《指导意见》），与供给侧改革理论一脉相承，对近年来城市管理工作凸显的问题进行了全面的详细的梳理，为理顺城市管理执法体制，解决城市管理面临的突出矛盾和问题，消除城市管理工作中的短板，进一步提高城市管理和公共服务水平等，都提出了十分具体的指导意见。城市政府及其城市管理部门应以贯彻《指导意见》为契机，转变城市管理工作发展思路，在城市管理供给侧方面做好文章，切实推进城市管理工作的新发展。

二、城市管理要主动适应供给侧改革的新趋势

目前我国经济发展进入新常态，城市管理与经济发展紧密相连，经济转型升级必然影响城市管理发展趋势的变化，解决城市管理中供给端不足的问题，或者说是城市管理中有心无力的问题，表现为制约城市管理发展的各种因素，这些问题长期存在，亟待解决。

（一）最大限度地提高城市管理和执法能力

城市管理发展到今天，与改革开放之初的城市管理不可同日而语，不再是赶赶“小贩”那么简单，各种利益群体纠结在一起，具有前所未有的复杂性和艰巨性，引起了党中央和国务院的高度重视。搞好城市管理，最关键的是提高城市管理部门的地位和作用，提高城市管理部门管理城市事务的能力和执法力度。要通过深入推进城市管理和执法体制改革，切实改进城市管理工作的方式方法，发挥城市管理部门的重要作用，提高城市综合管理和执法工作能力，有效解决城市发展中出现的各种问题，促进城市管理的运行高效有序，实现城市让生活更美好。

（二）形成激励相容的城市管理的动力机制

城市管理问题牵涉方方面面，单靠城市管理部门一家难以完成，需要各部门和广大市民的积极配合和支持。在城市管理中，城市管理部门一方面要牢固树立为人民管理好城市的理念，积极作为，努力工作，管理好城市。另一方面，也要树立人民城市人民管的理念，充分发挥城市各职能部门、社会团体、民间组织和广大市民群众的作用，调动他们积极参与和支持城市管理的热情，打造激励相容的城市管理动力机制，形成合力，使城市管理走上正常健康轨道，避免出现对城市管理的不理解、不配合和城市管理干多错多、广受诟病的现象。

（三）构建城市管理能力增长的体制机制

城市管理不是一层不变的，随着经济社会发展和城市化进程而不断发展变化，会不断出现新情况、新问题，城市管理能力也要不断地增长，才能适应城市管理工作不断发展变化的形势要求，避免重复出现今天城市管理工作面临的困惑局面，而处于被动状态。城市管理能力的增长来源于城市管理体制机制的创新调整、城市管理队伍建设和完善的保障机制，城市管理部门要增强创新发展意识，多管齐下，多措并举，构建好城市管理

能力有效增长的体制机制，以应对不断出现的城市管理的新情况、新问题。

三、在供给侧改革理论指导下形成城市管理的新常态

城市管理要终结目前各城市八仙过海、各显其能、各自为政的状况，就要在供给侧改革理论启示和指导下，形成全国统一的城市管理的新常态。

（一）形成稳定的城市管理体制

《中共中央国务院关于深入推进城市执法体制改革改进城市管理工作的指导意见》对理顺城市管理体制给予了明确和具体的规定。首先是框定了城市管理的几大职责，主要是市政管理、环境管理、交通管理、应急管理和城市规划实施管理等。其次是明确了主管部门和综合设置管理机构，从中央到省和市县的城市管理主管部门和机构设置进行了规范，以期结束全国城市管理机构设置的乱象。最后是推进综合执法和下移执法重心，规定了城市管理综合执法的范围，按照属地管理、权责一致的原则，合理确定设区的市和市辖区城市管理和执法部门的职责分工，既保证城市管理工作的集中统一领导、又保证基层城市管理工作能够落到实处。

（二）建设一支高素质的城市管理和执法队伍

城市管理和执法队伍不仅代表城市管理执法人员的形象，也是城市管理工作落到实处的重要力量保证。城市管理部门要高标准严要求大力加强城市管理队伍建设，尤其是要加强城市管理综合执法队伍建设，城市管理执法队伍直接面对市民群众，统一着装后，更要加强规范化建设，严格执法队伍教育管理，优化执法力量，注重城市管理专业人才的培养和纪律教育，加强岗位技能培训，进一步加强城市管理协管员队伍建设，提高城市管理执法队伍的待遇，努力打造一支素质高、能力强、作风硬、形象好的城市管理和执法队伍。

（三）不断提高城市管理执法水平

城市管理执法是城市管理不可或缺的措施，是城市管理的强制手段，在城市管理中发挥着不可替代的重要作用。城市管理执法水平的高低决定城市管理水平的高低，不断提高城市管理执法水平，是城市管理的重要工作内容。首先要全面清理调整现有城市管理和综合执法职责，制定权责清单，摸清职责任务底数。其次是完善执法程序、规范办案流程，明确办案时限，提高办案效率，进一步规范各项城市管理执法制度。最后是改进执法方式，坚持处罚与教育相结合的原则，根据违法行为的性质和危害程度，灵活运用不同的执法方式，及时化解矛盾纷争，改变城市管理执法“你追我赶、打打杀杀”的印象和程式，促进社会和谐稳定。

四、城市管理的结构性改革

中国特色社会主义政治经济学是供给侧结构性改革的理论基础，是从整体调整、全面改革、协调发展的角度展开。根据城市管理面临的困难和任务，也应从整体调整、全

面改革、协调发展的角度来开展城市管理的结构性改革。

（一）构建新型城市综合管理模式

《指导意见》对完善城市管理进行了明确的规定，框定的城市管理范围较广泛。城市管理首先是市政管理，市政管理只是狭义的城市管理，广义的城市管理范畴较广，包括城市公共空间、城市交通、环境卫生、城市部件、城市规划和城市应急管理等方方面面的综合管理，搞好城市综合管理必须构建与管理范围相符的新型的城市综合管理新模式，即“大城市管理”管理模式，才能适应现代城市综合管理的新要求。随着科学技术和信息技术的广泛运用，智慧城市的建设发展，数字城市管理也在城市管理中发挥着重要作用。

（二）创新城市治理方式

根据“创新、协调、绿色、开放、共享”的发展新理念，积极创新城市治理方式，改变城市管理部门单打独斗的局面，使城市管理逐步向善治方向转变。推进城市社区网格化管理，将城市管理、社会管理和公共服务等事项纳入网格化综合管理。发挥社区作用，增强社区自治功能，充分发挥社会工作者等专业人才的作用，促进城市居民自治管理。发挥市场作用，吸引社会力量和社会资本参与城市管理，促进城市管理的发展。动员公众参与城市管理，倡导城市管理自愿服务，形成多元共治、良性互动的城市治理新模式。

（三）完善城市管理的保障机制

城市管理需要强有力的保障机制，《指导意见》对此专门进行规定。首先是法律保障，借法执法终究不能长久，要加强城市管理和执法方面的立法工作，完善配套法规和规章制度，构建完整的城市管理法律法规体系。其次是保障经费投入，城市政府要将城市管理经费单独列入同级财政预算，并与城市的发展速度和规模以及经济状况相适应。最后是加强司法衔接，建立城市管理部门与公安机关、检察机关、审判机关信息共享、案件通报、案件移送等制度，实现行政处罚与刑事处罚无缝对接。

供给侧结构性改革的根本目的是提高社会生产力水平，落实好以人民为中心的发展思想。深入学习和把握供给侧结构性改革理论基础和原则，充分借鉴和运用供给侧改革对城市管理工作有益的启示，总结和提炼城市管理工作的经验和规律，将对改进城市管理工作起到积极的促进作用，使城市管理工作更符合城市经济、社会发展的要求。

第二节　城市管理运行的组成要素

“城市管理”这一概念在不同的国家有不同的界说，我国许多高校、研究机构的专家学者和城市管理工作者通过对古今中外城市管理的研究，对厘清城市管理的概念做了大量的工作，目前关于城市管理的定义有很多种，说法很多。住房城乡建设部专家对城市管理有个比较准确的定义，即现代城市管理是以综合管理为重点，以大城市管理架构为纽带，以数字城市管理系统为手段，瞄准城市正常运行和一定应急反应能力的政府、企业、社区合作行为。城市的正常运行是城市管理部门追求的工作目标，也是本书所要讨论的核心内容，城市管理的运行具有许多基本的组成要素。

一、城市综合管理的基本形态

城市管理是一种行为，是城市政府通过设置相关职能部门或授权对城市所有事物进行管理，以达到综合管理目标的实现。城市管理属于综合管理，具有其独有的形态要素特征。

（一）城市管理职能部门的设置

目前我国城市化发展迅速，城镇化率已达 54.77% 以上，还在以较高的速度增长，由此形成的城市管理工作已引起党中央和国务院的高度重视。2015 年 12 月 20 日至 21 日，中央召开城市工作会议，强调要推进城市管理机构改革，创新城市工作体制机制。科学合理地设置城市综合管理机构，并进行高标准规范化建设，是搞好城市综合管理工作的关键，将会为管理好城市发挥更大的效能。中央、省级政府和城市政府的城市管理机构如何设置，城市政府城市管理部门的内设机构和直属单位如何配置和分工，城市辖区及街镇基层城市管理机构如何设置和管理，是一个非常复杂的问题，既要能保证城市综合管理统一协调，又要使城市方方面面的管理工作细致周到、井然有序，促进城市正常有效运行。要在中央城市工作会议精神的指导下，统一思想，搁置争议，解决长期以来城市管理机构设置缺位、不健全，城市管理机构设置与其他职能机构混设的现象，在全国形成上下对应、相对统一、政令畅通、稳定高效和坚强有力的城市综合管理机构。

（二）城市管理法律体系建设

城市管理法律法规是城市管理工作的重要依据，城市管理法律体系建设是城市管理中最基础性的工作。长期以来，城市管理法律缺乏和法律体系不完整困扰着城市管理部门，城市管理工作广受质疑、饱受诟病，构建完善的城市管理法律体系越来越紧迫、越来越重要，以满足日益繁重的城市管理工作的需要。城市管理法律体系框架应当依据城市管理的目标和内容，分别从国家层面、省级政府层面和地方城市政府层面三个层次进行设计。首先国家要有一部完整的城市管理法律法规总揽全局，对城市管理部门的权利和义务、法定职责以及履职范围等问题作出明确规定，解决城市管理上位法缺失的问题。其次是省级政府根据国家的城市管理法律法规，并结合本省城市管理工作实际，制定全省配套的城市管理的法律法规。最后是各地方城市政府根据国家、省级政府城市管理法律法规，结合各城市的实际情况制定具体的操作性强的城市管理法规或规范性文件。通过国家、省和城市三个层面的城市管理的法律制度的设计，构建起一套完善的城市综合管理法律体系，解决城市管理的法律依据问题。

（三）城市管理内容的确定

虽然《指导意见》框定了城市管理的主要职责，但目前对城市管理的具体内容，无论是学术理论界，还是城市管理部门，都还处在“摸着石头过河”的探索阶段，还没有完全形成一致的、固定的统一看法和做法。城市管理内容有广义和狭义之分，城市管理内容的不确定性给城市管理部门的实际工作、存在空间和建设发展等都带来很大的制约，应予以尽快厘清城市管理的边界，确定城市管理的基本内容。城市管理的内容确定非常重要，要突破狭隘的观念，通过对城市各种事物和行为的有序管理，不留管理盲区，使城市真正成为人民追求幸福生活的有力依托。城市管理属于综合管理，应从广义范围探讨对城市无用物质、有用物质和物质所有者即人三个层面进行管理的内容，不要这也不管，那也不管，只想动口讲大道理而不愿意动手具体落实责任，要根据城市的发展和运行规律，科学合理确定城市管理的具体内容，做到应管尽管，不留遗漏，使城市事物各安其位。只有管理内容清晰，城市管理才能结束“摸着石头过河”的状态，才能科学设置城市管理机构，制定完善的城市管理法律体系，建设一支过硬的城市管理执法队伍，采取合理有效的管理措施，真正使城市管理进入科学健康的发展轨道。

（四）城市管理队伍的建设

全面提升城市管理队伍整体素质，激发城市管理干部职工的创造活力，是适应城市管理新体制和全面发展的迫切需要。按照“一流综合素质、一流业务水平、一流工作作风、一流服务形象”的要求，以习近平总书记重要讲话精神为指导，以促进科学发展为宗旨，以落实岗位责任制为基础，以开拓创新为核心，广泛开展理论武装、道德工程、队组建设、管理考核、文化引领、激励关爱等方面工作，不断提高城市管理队员的思想政治素质、业务技能和创新意识，努力建设一支素质高、业务精、作风硬、形象好的城市管理队伍。一是通过开展理论学习、思想道德教育、文体活动和加强城市管理业务技能培训，提高干部职工的政治、业务、文化和身体等综合素质。二是通过开展岗位练兵、技术攻关、技能竞赛和技能合作，提高干部职工的创新能力、技术技能、技术应用能力和业务工作水平。三是通过加强制度建设，开展责任教育、岗位学雷锋等互帮互助活动，增强干部职工的纪律观念、城市主人翁意识、奉献精神和团结友爱等意识，树立优良的作风。四是通过开展精神文明建设、职业道德建设，规范职业语言、仪容着装等，提高干部职工的内在素质、精神境界和外在形象，筑牢为人民服务的思想，架好畅顺的与市民沟通桥梁，树立城市管理队伍良好的文明形象。

二、城市管理的有效运行

城市每天都在运作，城市管理每天都要进行，城市管理部门有句俗话，就是城市管理工作每天都是新的，都要从头开始。城市管理伴随城市相始终，周而复始，永不停歇。

（一）城市管理问题的发现和有效处置

城市管理问题的发现和处置是城市管理正常运行的核心内容，城市管理部门发现和处置城市管理问题的能力是衡量城市管理水平高低的重要标志之一。如何及时发现城市管理问题、并迅速进行有效的处置、使城市保持正常运行是城市管理部门工作的终极目标，也是城市管理部门存在的意义所在。随着社会进步和现代通信技术的发展，城市管理问题的发现途径不断增多，城市管理问题的发现分为主动发现和被动发现两种形式。根据全国各地城市管理部门实际工作情况，城市管理问题的发现主要包括运用“城管通”、视频监控、全民城市管理系统和 12319 城市管理投诉专线（12345 政府服务热线）、微信微博、市民来信来访等多种方式。目前，全国各地城市的城市管理部门普遍感到，无论是主动发现还是被动发现城市管理问题，城市管理问题的发现都没有太大问题，城市管理问题基本上都能够发现，但城市管理问题的处置却很难，由于受许多因素的制约，有些难点问题的处理是个长期存在的问题。有效处置城市管理问题是城市管理部门的重要工作任务，考验着城市管理部门的工作能力和水平。

（二）城市生活垃圾的处理

随着国家经济社会发展，城市常住人口增长迅速，由此产生大量的城市生活垃圾，并且每年以 8% 左右的速度增长，据统计，2013 年全国城市生活垃圾清运量就达 17238.6 万吨，人均日产垃圾约 1.2 公斤。尽管城市生活垃圾处理事业发展迅速，但与国家生态文明建设规划和城市环境可持续发展要求还存在较大的差距，近 30 年来，随着经济社会和城市建设的发展，城市生活垃圾处理也经历了从简单填埋到卫生填埋再到焚烧发电资源利用的过程。最终实现城市生活垃圾完全无害化处理、资源有效利用和减量化，还需要做大量的工作，特别是要推进垃圾分类工作，解决一系列制约城市生活垃圾处理事业发展的主要因素。有效解决城市生活垃圾处理问题，特别是垃圾处理设施建设中资金不足和投融资速度慢的问题，必须对城市生活垃圾处理设施投融资和建设管理模式进行市场化企业化改革。城市生活垃圾处理是一个世界性的难题，许多城市为此投入大量的财力人力物力，算清生活垃圾处理的经济账，选择正确的垃圾处理方式，对搞好城市生活垃圾处理具有非常重要的意义。

（三）城市综合管理执法工作

城市管理执法是城市管理的重要强制手段，党的十八届三中、四中全会报告连续在深化行政执法体制改革中对城市管理执法工作提出要求。深圳市是最先在全国成立市容环境执法队的城市，从 20 世纪 80 年代末到现在，近 30 年来，市容环境、城建监察、公用事业等执法队几经整合和发展，城市管理综合执法队伍逐渐形成规模，目前全国城市管理队伍已接近五十万人。在中国快速城市化的进程中，城市管理执法队伍为维持城市的正常运行秩序发挥了重要的作用。党中央十八届三中、四中两次全会都对城市管理执法工作进行部署，体现了党中央对城市管理工作的高度重视，是过去从来没有过的，全国城市管理部门和广大城市管理工作者深受鼓舞，增强了工作的荣誉感、责任感和信心。党中央高瞻远瞩，从城市管理执法体制、执法机构建设和执法服务水平三个层面要求加强城市管理执法工作，切中了当前城市管理执法工作存在问题的要害。提高城市管理执法和服务水平，既是党中央对城市管理部门的要求，也是城市管理部门自身建设和发展的需要，加强城市管理综合执法队伍建设是提高执法和服务水平的关键，城市管理部门要下大力气抓好执法队伍建设。我们也要认识到城市管理综合执法工作毕竟是一项具有强制性的刚性工作，使用过多对执法者和被执法者都可能会造成伤害，所以在城市管理过程中，能够说服教育的，尽量不使用强制手段，以减少矛盾冲突，建设和谐社会，这对城市管理和文明执法工作提出了更高的要求，将促进城市管理工作不断上新的台阶。

（四）数字化城市管理的重要作用

"数字城市管理"是将现代科技手段尤其是信息技术应用于城市管理的新模式，在全国大中型城市的城市管理中广泛应用。数字城市管理的应用空前提高了城市管理问题的发现和处置效率，使被动发现城市管理问题逐步向主动发现城市管理问题转变。一是精确定位，数字城市管理信息系统由于共享了数字市政 GIS 地理信息和部件数据，能够对城市管理问题进行精确定位，克服了传统城市管理模式指令下达后，基层城市管理执法部门却因定位不够精准找不到地方而浪费大量人力物力的弊端。二是快捷处理城市管理问题，无论是城市管理问题的信息采集，还是城市管理问题的立案、分派和处理结果反馈等，都能通过轻点鼠标在极短的时间内完成，大大缩短了案件在传递过程中耗费的时间。三是大批量地处理城市管理问题，城市管理问题每天都成百上千，处理这些问题需要在市、区、街及职能部门之间传送各种指令和具体的情况内容，工作量之大难以想象，数字城市管理信息系统实现了网络化、电子化，只需很少的人力通过终端设备就可完成，节省了大量的人力资源。四是应急指挥调度，城市管理往往有很多紧急情况发生，需要及时进行处理，一旦有紧急情况，可以马上调动指挥全市城市管理资源及相关资源进行处理。五是实现"全民城管"，人民城市人民管，管好城市为人民，管理好城市需要全民积极参与。可以开发"全民城市管理"系统,市民通过下载"全民城市管理"软件，用移动终端设备（如智能手机）就可对城市管理问题进行信息采集，并上传到数字城市管理信息系统进行处理，发挥人民群众的集体力量。

（五）城市管理突发公共事件的应急处置

在城市管理工作中，常常会遇到各种突发大规模的公共安全卫生等事件，突发事件应急处置能力是现代城市管理不可或缺的重要能力，城市管理部门在处理城市突发事件中往往扮演重要的角色，要依托数字化城市管理信息系统，建设城市管理指挥中心，建立起城市综合管理快速反应机制和社会联动机制。构建高效的城市管理应急指挥系统，建立功能强大的即时通信系统尤为关键，城市管理部门要采取有力措施，加强即时通信手段建设，例如通过加强 800 兆数字集群网平台等建设，将 800 兆数字集群对讲应用范围扩大至全市范围，实现即时通讯全覆盖。通过 800 兆共网的统一指挥调度，使各类城市管理应急事件、重大整治行动等指挥调度指令能够迅速畅通下达，平时也可以通过畅通的对讲系统协调和调度城市管理工作，按照城市管理问题轻重缓急，进行分级指挥调度管理，进一步提高城市综合管理水平和效能。

（六）城市管理的综合考评

城市管理问题绝大部分都是城市的末梢问题，处理和解决城市管理问题主要还是依靠区、街和社区等基层单位，尤其是街道和社区的力量。如何促进基层单位履行职责，积极做好城市综合管理工作，各城市目前普遍采取开展城市综合管理考评工作，即以年度为单位，年初制定印发考评方案，规定考评内容、方式和奖惩措施等，中间进行暗检或明检，年底进行检查验收和达标评比，评比结果纳入城市政府对各区政府目标管理考核的内容，以引起各区、街的重视和任务落实。有的城市政府还建立“以奖代拨”制度，专门拨出一笔资金，用于对各区城市管理工作达标的奖励。在城市管理工作还未成为各级政府、各单位和居民的自觉行为时，城市综合管理考评工作作为一项检查督促措施，对于促进城市综合管理工作的提升还是具有很大的积极的意义。

三、城市管理的可持续发展

城市管理要讲求成本效益，树立永续发展的思想，不断改进工作思路，提高工作效率。要采取科学有效的工作措施，实现社会效益与经济效益相结合的可持续发展的道路，避免走弯路、回头路或者徘徊不前。

（一）积极构建城市综合管理新模式

中国城市发展与国外有很大的不同，具有独特的魅力和鲜明的特色，我国现代城市管理发展到今天的局面，历经三十多年的发展变化，逐渐形成了统一的城市综合管理的思想认识。我们要积极探索具有中国特色的城市综合管理新模式，使城市管理能够在保持较低成本的基础上维持城市的正常运行，提高城市管理的效能。城市管理部门作为一个新成立和正在组建的新单位，不可能只管一项或几项工作，如果那样，城市管理部门就失去组建和发展意义，设立城市管理部门就是将原来分散的城市管理职能集中起来集约管理，发挥城市综合管理的积聚效应。综合行政执法的结果也是要形成“大城市管理”的城市管理模式，对属于城市管理运行范围内的任务，不要推诿扯皮，或者事不关己、漠然处之。一般来说，对于维护城市运行的职责任务，如果已有其他政府职能部门在有效进行管理，城市管理部门可以先不要去争抢，维持现状；如果没有部门管理或者有部门管理但管理缺乏手段和力量，城市管理部门要当仁不让，勇于担当，及时补位。城市管理既不能乱作为，也不能不作为，要通过不断地职能调整或授权等方式，履行城市管理综合管理和执法的职能，逐步构建“大城市管理”城市综合管理新模式。

（二）城市生活垃圾的分类

“垃圾是放错了位置的资源”，为了资源的回收利用，世界上许多国家和城市开展垃圾分类工作。自从 2011 年 4 月 1 日广州市率先正式施行《广州市城市生活垃圾分类管理暂行条例》以来，我国各大城市纷纷开展城市生活垃圾分类工作，垃圾分类工作从宣传教育阶段逐步进入具体实际操作阶段。城市生活垃圾分类将改变市民群众多年来形成的丢弃垃圾的习惯，也将改变环卫部门传统的垃圾收运模式和系统，完全实现垃圾分类将是一项长期的艰巨任务，虽然各城市做了大量探索工作，也取得了一定的效果，但目前仍处于初级阶段，还没有取得实质性和突破性进展，最终实现垃圾分类仍需要一个循序渐进的漫长过程。垃圾分类是一项系统工程，中国城市生活垃圾组分与国外不尽相同，不可能完全照搬国外经验，需要结合中国城市的实际，做大量的调查研究、立法、分类收集运输处理系统建设、人员培训和宣传等前期准备工作，探索出一条适合中国国情的垃圾分类之路。

（三）城市生活垃圾焚烧发电

焚烧发电可以将垃圾中的有机成分和能量几乎全部转化为电能，并通过燃烧把垃圾中的有害物质进行分解，体积减小 80% ~ 90%，只剩下 10% ~ 20% 体积的灰渣，可用于工业制砖，或者进行填埋处理。电能的市场需求比较稳定，目前电价还处于上升期。卫生填埋资源回收率几乎为零，需远离人口密集区和城市发展地带，对地表水系的要求也非常高。堆肥和生化综合处理的工艺虽成熟，但占地面积大，处理周期长，产品质量不稳定，市场需求也不稳定，垃圾中的有害物质分解不彻底，重金属含量高，易造成二次污染和污染扩散。综合比较起来，垃圾焚烧发电比其他处理方式具有难以比拟的优势，应当成为城市生活垃圾处理的主要方式。垃圾焚烧发电设施占地面积小，使用寿命较长，人们克服对垃圾焚烧产生二恶英的恐惧心理后，垃圾焚烧发电厂可以建在城区或近城区，这样还可以大大缩短垃圾运输里程，从而节约大量的垃圾运输成本。

（四）城市的生态环境建设

在城市的建设和发展中，注重城市的经济繁荣、人口增长和城区规模的扩大是正确的，但同时也要注重城市的自然资源和人文资源的保护和开发利用，保持城市和谐的生态环境，以过度消耗自然资源和毁坏人文资源换取城市快速发展是不可取的。城市发展不要一味地追求高楼大厦和宽阔的柏油马路，过度填湖推山发展会严重破坏城市生态环境的平衡，人口和工商产业过于密集会产生很多难以解决的城市管理问题，应合理调控城市规模、人口和产业，充分考虑城市的环境承载力。城市应加强山林、河流、湖泊、湿地等自然资源的保护，维护城市生态平衡，科学布局新型城市化的发展道路，加强人文资源的保护和开发利用，保持城市可持续发展的能力。2017 年 4 月 1 日，党中央、国务院决定设立雄安新区，疏解北京非首都功能，用最先进的理念和国际一流的水准进行城市设计，调整优化城市布局和空间结构，探索人口经济密集地区开发新模式，打造城市建设的标杆和发展的典范，对中国城城市发展建设和科学管理，具有重大的现实意义和深远的历史意义。

总的来说，城市管理的运行过程是个非常复杂的过程。实践证明，单个任务的管理往往会使城市管理失效，“多头管理”既费时费力，又难以管理好城市，使城市处于混乱无序的状态。搞好城市管理必须怀有赤子情怀，抛弃功利之心，对城市实行综合管理，提高城市管理效率，这是城市管理历经曲折发展后所取得共同认识和经验，也是搞好城市管理的一条基本规律。违背这条基本规律，就难以搞好城市管理，就难以找到管理好城市的正确路径。保持城市正常有序的运行，是城市政府赋予城市综合管理部门的日常工作任务，城市管理部门要深入研究城市管理运行的机理，把握城市管理运行的规律和特征，制定科学的管理办法，针对城市管理的内容和发展变化趋势，采取相应的有效的管理措施和手段，才能取得实际的管理效果。

第三节　城市管理的目标和内容

经历了一段较长时间的争论和探索，人们对城市管理的重要性和意义的认识比较统一，都认为要切实加强城市综合管理工作，营造干净整洁、平安有序、美丽舒适的城市环境。但对城市管理到底要管什么？如何管？管到什么程度等问题众说纷纭、莫衷一是、分歧较大，始终困扰着我们。搞清楚这些问题，对于我们搞好城市管理工作很有必要，也会给城市管理具体工作带来较大帮助。

一、城市管理的目标

任何一个管理行为都应有一个明确的目标，否则难以使用管理职能进行控制。从早期国务院有关文件和绝大部分研究文献来看，比较一致的看法是，大家都认为城市管理是市长的主要职责之一，是指市长代表城市政府对城市的一切事物进行总体安排和协调。城市管理尽管非常繁杂，涉及的内容包罗万象，但也具有明确的目标。《指导意见》对我国城市管理到2020年总体目标进行了规定。

（一）城市管理目标概念

所谓城市管理的目标，是指城市管理所要达到的预期目的。城市管理的宗旨是不断满足城市居民的合理需求，即保证城市供给，提高城市服务质量。人民城市人民管，管好城市为人民，城市管理者既要服务于城市公共事业，帮助城市居民特别是贫困的城市居民改善生存生活条件，又要与广大市民一道，共同推动城市管理问题综合治理的实施，建立一个真正的、可持续发展的城市。

（二）城市管理目标的具体表现

城市管理目标远比公共管理和企业管理复杂得多，城市管理的多层次性，决定城市管理目标的多元化，既要寻求公共利益目标，还要兼顾不同群体和个体的利益。具体来看，可以表现为以下几个方面：一是协调、强化城市功能，实现城市功能完善、运转高效、环境优美、结构合理、社会文明的现代化目标。二是通过管理与服务，保证城市的长期、稳定、协调发展和良性运行。三是保证城市发展计划的实施，促进城市社会与居民的健康发展。四是努力促进城市全面发展，提高城市竞争力。

（三）城市管理目标的演化

在城市发展的不同时期，城市管理的目标会发生相应的变化，但是无论如何改变，每个时期城市管理的目标都对应于城市所亟待解决的问题。最初阶段的城市功能主要是贸易的集散地，发展目标是以繁荣市场为主，城市管理是以市场管理为主。随着城市经济的转型、建设人居城市要求城市提供良好的生活环境和服务，社会秩序、环境污染的治理、积极为市民提供更加完善的公共服务等变为城市工作的重要内容，和谐社会建设成为城市管理的核心目标。

尽管每个时期城市的管理目标在不断改变，但都是围绕城市功能发展而变化。从城市发展的过程来看，城市管理的目标是一致的，即城市管理目标是为城市功能服务的。无论城市发展到哪一个时期，其根本宗旨都是反映市民的切身利益，城市管理满足市民的实际需求的长期目标是永恒的。当然，城市管理目标也有短期与长期之分，一般来说，短期目标主要与年度计划等短期计划相对应，比较明确、具体、详细；长期目标是由城市管理规划来确定，比较抽象、简单。总的来说，城市管理的终极目标是安全、人性、便利。

二、城市管理的内容

目前，无论是学术理论界，还是城市管理部门都还处在“摸着石头过河”的阶段，对城市管理的内容还没有一致的、固定的看法和做法。各个城市的城市管理部门的职能设计千差万别，对于城市管理应该管那些方面，争议较大，大家普遍认为城市管理部门该管的没管好，不该管的管了很多，但哪些该管、怎样管好等关键问题，大家思想意识还很模糊，还没有形成比较一致的、清晰的认识和概念。

城市管理内容有广义和狭义之分，城市管理内容的不确定性给城市管理部门的实际工作、存在空间和建设发展等带来很大的制约，应予以尽快厘清城市管理的边界，确定城市管理的基本内容。狭义城市管理比较容易理解，本书主要从我国近三十年城市管理实践和借鉴国外城市管理经验，从广义上探讨城市管理的内容，分三个层次探讨。

（一）城市废弃物（垃圾）和有害生物的管理

城市每天都产生大量的废弃物（垃圾），成千上万吨，许多都是有害的，这些废弃物（垃圾）如果不管理好、处置好，势必影响城市的秩序和正常运行。城市废弃物（垃圾）中尤其以生活废弃物（垃圾）的产生量为最大，其他工业、医疗、建筑等废弃物（垃圾）的危害也不容忽视。

1. 生活废弃物（垃圾）的管理

生活垃圾是每个市民每天都产生的，目前我国城市的市民日产生生活垃圾量约为 1.2 公斤，此量随着人民生活水平的提高还会随之增长。根据我国人口规模大、土地供应紧张和物质资源有限的实际状况，不管愿不愿意，决定了我国城市生活垃圾管理终归要走分类管理的道路。

（1）垃圾分类收运和处理。垃圾分类不是赶时髦，目前和今后相当长的时期，我国人多地少，生活资源都会相对紧缺。城市生活垃圾中含有大量可回收利用的物质，应当通过分类收集、分类运输、分类处理的方式，将所有有用的物质分出来进入循环回收利用系统，而不是进入垃圾终处理设施被埋掉或烧掉而白白浪费。垃圾分类虽然难，但并非不可为，古人说，事在人为，何况世界上已有日本、德国等较成功的例子可供借鉴。

（2）垃圾焚烧发电。目前世界上处理生活垃圾主要有填埋、焚烧、堆肥三种方式，根据我国土地资源状况，难以提供足够的土地供建设生活垃圾填埋场，在无其他更好办法的情况下，垃圾焚烧发电将成为我国处理生活垃圾的主要方式。由于技术不断改进和发展成熟，垃圾焚烧产生的有害物质得到有效的控制，经济发达、在全世界配置资源的美国在垃圾处理中也在逐步提高焚烧发电的比例。

（3）垃圾处理设施建设和管理。由于群众环境意识的提高和各种利益诉求，无论是垃圾卫生填埋场还是垃圾焚烧发电厂的建设，都面临着很大的困难，尤其以垃圾焚烧发电厂为甚。应建立与群众良好的沟通机制，加快垃圾处理设施建设，解决日益临近的垃圾围城的问题。对已投入使用的垃圾处理设施要按一流的标准管理好，减少扰民，力求在设施运行过程中不出生产安全事故。

（4）有害生活废弃物的管理。粪便、动物尸骸、市民家庭使用的电池、光管、过期药品等都含有各种有害物质，混入生活垃圾后危害极大，尤其是填埋处理后，会严重污染土壤和地下水，要加强与有关部门的合作和沟通，加强对有害生活废弃物的管理，分别建立处理设施进行专门无害化处理，避免将它们混入生活垃圾。

2. 其他废弃物（垃圾）的管理

城市的工业、医疗、建筑等行业在生产过程中产生大量的废弃物（垃圾），这些废弃物（垃圾）与生活垃圾不同，有其特殊的特性和危害，要分门别类进行管理好。

（1）工业垃圾。工业垃圾一般都含有大量的有毒的化学成分和重金属污染物，一旦混入生活垃圾，无论是填埋或焚烧处理，都可能对土壤或空气造成巨大的危害。

（2）医疗垃圾。医疗垃圾一般都含有大量的病菌和残留的药液，需要进行专门的收集、运输和处理，以防病菌扩散引起或传播疾病。

（3）建筑垃圾。建筑垃圾的成分主要是余泥渣土和砖石瓦片等，一般为无机物，填埋浪费土地，焚烧没有热值，还可能对焚烧设备造成不良影响，需另外处理。

以上垃圾需要特殊处理，如果管理不善，极易混入生活垃圾，进入生活垃圾处理系统，可能引起环境污染、疾病流行和安全生产等重大问题和事故。

3. 有害生物的管理

城市里存在大量的有害生物，如老鼠、蚊子、苍蝇、蟑螂等，性喜肮脏阴暗环境，是传播病菌的媒介，必须进行有效的控制和杀灭。

（二）城市部件的有限管理

相对城市废弃物的管理，城市组成的部件都是正在使用的有用的物质，与废弃物无主相区别，城市部件一般都是有主的。城市部件有用有主的属性，决定其管理性质和方式不同于对城市废弃物的管理，城市部件的管理主体一般是其产权所有人，城市管理部门实施的应是有限管理。

1. 地面以上空间城市部件的管理

城市地面以上空间是我们能直接视力所及的城市形态，其好坏直接反映城市管理水平的高低，也是人们通常意义上所理解的城市管理的基本内容。

（1）固定构建筑物及其附属设施的管理。构建筑物是城市组成的基本元素，一般比较固定。由于其固定性和城市空间所限，城市构建筑物的建设必须通过规划审批许可，凡是未经规划审批或不按规划许可建设的构建筑物都是非法的，应自主拆除或强制拆除，恢复原状。其附属设施，尤其是其立面和顶部空间属城市公共空间，必须统一规划和管理，不允许随意侵占。

（2）城市容貌和景观的管理。城市一般都是商业中心，为营造商业氛围，商家采取各种手段进行宣传，设置标语、广告、招牌，招贴等。为美化城市生活居住环境，种植各种树木花草等。这些都需要进行管理和引导，不能放任自流，否则就可能影响城市容貌和环境。

（3）城市临时设施的管理。为保证城市正常运行，城市有大量的不可或缺的临时公共设施，例如路牌、路灯、架空线路、交通灯、道路交通指示牌、治安视频探头、治安亭、书报亭、电话亭、邮筒、电话电力网络交换箱、消防栓、燃气调节箱、垃圾桶、果皮箱、自行车保管站、公交车站、环卫工具房等等，这些设施根据需要和情况变化随时移动，经常出现破损需要维护，以维持其正常功能，这些虽是细节，却都关乎城市管理的大局，需要细致的管理和服务。

（4）城市大型基础设施的管理。城市尤其是大、中城市有许多大型基础设施，如飞机场、火车站（高铁站）、港口、汽车客运站、高架路桥、地铁、体育场（馆）、发电厂、自来水厂、批发市场、垃圾处理厂（场）等，这些大型的城市基础设施一般都有主管部门和专门的管理机构进行管理和维护，要做好统筹协调工作。

2. 地面及以下空间城市部件的管理

城市地面及以下空间与地面以上空间同样复杂，地下井渠管网密布，并敷设大量的设施，需要加以细致分类管理，确保安全，以保证城市正常运行。

（1）地面空间的管理。城市公共地面空间主要是人行道、车行道、广场、公园、绿地等，这些地面都经过改造，铺设地砖、沥青、各种井盖、种植花草树木等，以满足不同的功能，这些地面及附属设备都容易破损或毁坏，需要加强日常维护的管理。

（2）地面以下空间的管理。城市地下空间非常复杂，地下庇护所、地铁和各种电信电力缆线管道等纵横交错，自来水管道、污水管道和雨水管道等遍布全市，虽然这些地下设施都有主管部门，但需要宏观统筹管理，避免管理盲区和扯皮，维护地下空间正常有序使用和运行。

（3）城市水体的管理。城市水体介于地面和地下空间之间，城市水体对城市的生存和发展非常重要，要加强城市水资源尤其是饮用水源的保护和治理，禁止向城市水体排放污水和乱扔垃圾，定期检测水质，监控水里悬浮物质和浮游生物的含量，防止浮游生物过度繁殖引起水质变化，预防城市水质性缺水。

3. 城市自然和人文资源的保护

每个城市都处于自然界，是自然界的一部分，都拥有一定的自然资源，是大自然赐予城市的宝贵的财富。在城市发展过程中，会留下许多人文景观资源。在城市建设和管理中，要加强对城市山川湖泊、古树名木、火山湿地、人文景观等自然和文化资源的保护，不要破坏自然和人文资源，造成城市自然生态失衡和人文资源的丢失。

（三）对人违反城市管理法规行为的管理

现代城市管理理论认为，城市管理不应仅限于对物的管理，由于有用的物往往属于人，物本身不会违法，违法的是物的所有者，所以还应包括对物的所有者即人的管理，应对违反城市管理法规行为进行处罚。一般来说，目前常见的违反城市管理法规行为有以下几种：

1. 违法建设行为

违法建设问题是近年来城市管理遇到的最大的问题，有的城市愈演愈烈。按照法规规定，违法建设一律予以拆除，但由于对违法建设行为没有法律规定进行处罚，所以在拆除过程中遇到很大的困难，违法建设行为人和利益相关群体会想方设法阻挠，拆除违法建设很难执行甚至受到暴力抗法，并且容易滋生腐败。

2. 违法摆卖、占道经营等行为

违法摆卖和占道经营是城市发展之初就凸现的问题，也是长期困扰城市管理尚未解决的另一大难题，城市管理法规虽然规定可以暂扣物品，但对违法摆卖行为并没有规定处罚，在暂扣物品的过程中，往往遭到物品所有人的强烈反抗甚至暴力抗法，时常发生人身伤害事件。媒体也热衷于炒作此类事件，甚至“妖魔化”城市管理形象。

3. 乱倒、乱扔、乱贴、乱吐等行为

乱倒乱扔乱贴乱吐等违反市容环境卫生管理规定的行为，在城市里非常常见，虽有处罚措施，但处罚非常温和，只有罚款，而且罚款金额普遍较低，执行程序复杂，处罚成本较高，在城市管理实践中，这些处罚措施很少运用。

4. 公司企业法人乱倒乱排行为

有的工厂企业向城市水体乱排污水，有的建筑企业乱排乱倒余泥渣土和建筑垃圾，有的运输公司向城市水体、下水道等排放淤泥和粪便等，这些违法行为非常恶劣，都是在极隐蔽的情况下进行，他们都非常狡诈，要抓住他们的违法行为，取得足够的证据，需要长期跟踪伏击。

城市发展到成熟稳定期，需要建立起长效的城市管理机制，就必须增加对违反城市管理法规的自然人和法人的管理和处罚内容，加大自然人和法人违反城市管理法规的违法成本，这样才能有效地减少城市管理问题层出不穷的发生和花样地不断翻新，遏制城市管理问题的发生和发展变化。

（四）城市周边农村地区管理

城市一般分为建成区和未建成区，许多城市对建成区和未建成区实行两套管理制度和标准，一些城市甚至对周边的农村地区放任自流，疏于管理。应当逐步树立城市管理城乡一体化的思想，加强对城市未建成区的管理，尤其是要加强城市周边农村地区的生活垃圾和污水的管理，逐步纳入城市的生活垃圾和污水收集、处理系统。

《指导意见》框定了城市管理的主要职责和具体实施范围，基本确定了城市管理的主要内容。城市管理的目标和内容非常重要，只有目标明确、内容清晰，城市管理才能结束“摸着石头过河”的状态，才能根据城市管理的具体内容，科学设置城市管理部门的内设机构和直属单位，赋予相应的职责任务，解决“管了不该管的、该管的没管或没管好”等问题，并采取合理有效的管理措施管理好城市，真正使城市管理进入科学发展轨道。

第四节 城市突发事件的应急处置

城市在正常运行过程中，难免会发生一些突发紧急事件，尤其是突发大规模的自然灾害和公共安全卫生等事件，将会对城市的安全和正常运行造成重大影响，必须采取紧急应对措施，科学有效地进行应急处置，消除突发事件带来的影响和恐慌，尽快恢复城市正常的运行秩序。城市突发事件的应急处置是对城市日常管理行为的一个重要补充，保证城市在紧急情况下依然能够正常运行，考验城市政府和城市管理部门管理城市的水平和能力。

一、制定突发事件的应急处置预案

城市突发事件具有突发性、蔓延性、危害性大等特点，除少数能被预报外，很多事前都没有太多的征兆，即使有些许征兆但也容易被忽视。一般有大规模群体性事件、重大交通事故、重大自然灾害、重大火灾、重大安全生产事故、大规模疫情发生和恐怖袭击等等，这些事件突然发生，若不及时进行有效的干预和处置，会造成更大的损失，后果难以预计。城市政府和城市管理部门应未雨绸缪，时刻防范突发紧急事件，成立城市应急管理的领导机构和处置体系，按照突发事件的类型，制定各种城市突发事件的应急处置预案，建立各种应急队伍，储备各种应急救援物资，并在平时进行必要的演练，积累应对突发事件的处置经验，提高应急处置能力，最好根据一些突发事件发生前的预兆特征，在萌芽状态就予以重视和处置消除，或者做好应急准备。在突发事件发生后，要立即启动应急处置预案，按照预定的处置程序，根据事件的发展，有条不紊地组织各部门和应急队伍进行突发事件处理工作，科学有效地处置突发事件，将突发事件的危害、影响和损失降到最低程度，才不会对城市造成更大的伤害。

二、建立应急指挥系统

突发事件有效的应急处置，要依赖完善的功能强大的应急指挥系统，各城市要建立起突发事件应急指挥平台，作为城市管理的重要的中枢部门。突发事件发生后，要立即启动应急预案，通过应急指挥系统下达各项处置指令。应急指挥系统建设标准要高，要充分运用现代信息技术和先进的通讯装备，建设全天候、全覆盖、多层次、高效率的应急指挥平台。应急指挥系统平时要保持畅通，每天24小时有人值守，一旦突发紧急情况，要迅速进入应急处置状态，采集突发事件各种信息，通知应急领导小组成员迅速到位指挥，确定突发事件性质、等级和发展趋势等，根据应急领导机构做出的决定指示，迅速发布应急指令和各种信息，调集应急队伍、装备和物资，疏散人员，按照应急预案有序地组织开展应急处置工作，直至突发事件平息，逐步恢复正常状态。

三、各种突发事件的处置

突发事件具有不确定性，往往会在人们意想不到的时候和地方发生。城市突发事件的种类很多，一般有以下七种较常见的类型，不同种类突发事件处置方法有所不同，要按照突发事件的性质启动不同的应急预案。

（一）自然灾害

城市从建立起，就经常会受到自然灾害的侵袭，自然灾害主要有台风、暴雨、地震、海啸、泥石流、山体塌方等。人们逐水草而居，城市也不例外，城市一般都建在江河湖海边，城市越大越靠近大江大河。城市最常见的自然灾害是洪涝灾害，夏季暴雨季节，抗击洪涝灾害是各个城市都会遇到的问题，要根据洪涝灾害程度开展排水泄洪、加固堤防、疏散群众等抢险工作。西南高原城市有地震地质灾害，东南沿海城市有台风、海啸灾害，北方城市有雾霾和风沙灾害，山区的城市有泥石流和山体塌方灾害等。自然灾害过后，不要掉以轻心，还要防止因次生灾害的发生而造成的二次伤害。特大的抗洪抢险和地震救灾甚至要出动部队官兵。

（二）大规模群体性事件

城市在发展的过程中，由于征地拆迁、工人下岗、电力和垃圾处理等公共设施建设、产业结构调整等原因，往往会引发一些大规模上访等群体性事件。这些利益诉求往往会与社会稳定相联系，必须迅速妥善处理，不要引发更大规模的群体性事件。群体性事件发生后，要安慰情绪，按照有关规定要求上访者推选代表与有关企业、单位进行沟通谈判，对于教唆群众闹事并不听教育劝阻者，由公安机关按照有关法律法规进行处理。党的十八大以后，通过开展群众路线教育等活动，大规模群体性事件大幅度下降，已经很少发生。近年来，由于邻避效应，全国各地都发生了因城市管理（环卫）部门建设垃圾焚烧发电设施引起的较大规模群众上访事件，城市管理部门要会同属地政府做好维稳工作，化解矛盾冲突，同时也要加强城市管理的社会宣传教育工作，提高市民的城市管理意识，支持城市生活垃圾处理事业的发展。

（三）重大交通事故

由于我国机动车数量还在不断地呈几何增长，每年因交通事故死亡的人数高达十万人左右，“酒驾”入刑后，有效遏制了交通事故和死亡人数上升的势头，但数字仍然高企。由于司机疲劳驾驶、车速过快、光线过暗等原因，突发紧急情况时，司机来不及处理，重大交通事故一般都发生在深夜或凌晨在高速公路上，一般都是长途客车，死伤人数往往达数十人。重大交通事故的救护和处理一般都由路段地域所属的城市承担，要尽快启动应预案，抢救伤员，交警等管理部门要迅速到达现场，通过120急救系统迅速调派救护车到事故现场进行救护，清理现场，恢复交通。医院要迅速组织医护人员进行抢救，以降低死亡人数。有的城市客运轮船事故的专业救捞也要应急处理，及时调派救捞人员和船只。及时向社会发布重大交通事故处置的信息。

（四）重大火灾事故

消防安全是城市管理安全运行的重要内容，每个城市都有武警消防官兵驻守，可见其重要性。火灾事故一旦发生，必须立即予以扑灭，火势一旦蔓延，可能会烧毁整个城市，历史上是有这样的例子的。尤其夏秋季，天气炎热、秋干物燥，由于设施老化、用电用火不慎等原因，很容易发生火灾。较大火灾一旦发生，社区要组织居民先进行自救，疏散人员，同时拨打119消防热线，出动消防官兵进行专业灭火，控制火势，减少火灾造成的损失。要加强消防设备的配备和合格检查，平时要经常组织消防逃生、灭火等演练，增强各单位和市民消防意识和发生火灾后自救逃生能力。要加强城市危化品和危化仓库的管理，严格按照规范标准使用和管理危化品，防止其爆炸引起重大火灾事故。

（五）重大生产安全事故

城市里各行各业进行生产活动，生产安全事故也经常突然发生，有些生产活动造成群死群伤事件需紧急应对处理，以降低事件的损失和影响。目前在城市里，重大生产安全事故最常见的是建筑工地的安全事故，现在城市兴建的高层建筑较多，许多建筑工人高空作业，容易因各种原因发生高空坠落事件，高层建筑及地铁的地下深层开挖施工也容易发生伤人事故。石化工厂、炼钢工厂和燃气行业等高危行业都有可能发生重大安全生产事故，造成群死群伤。这些事件发生后，城市应急指挥系统要迅速运转，指挥各相关部门进行应急处理，卫生部门要对受伤人员及时进行抢救，降低死亡人数。有关专业人员对事故现场进行清理，消除发生次生事故的隐患。安全生产监督部门调查事故原因，分清责任，依法依规追究相关部门和人员责任，提出整改建议措施。

（六）恐怖袭击事件

城市人口密集，尤其是机场、车站、商业广场、学校等人流量大、人员密集，国内外分裂势力和恐怖分子容易选择这些地方进行恐怖袭击，以造成较大的社会影响。平时要加强这些敏感地方尤其是中小学校、幼儿园的安全保卫工作，制定防止恐怖袭击的应急预案，一旦发生恐怖袭击，要迅速启动应急预案，调集警力增援，制服恐怖分子，抢救受伤群众，及时发布事件处理信息，平息事态，消除恐怖气氛。城市燃气系统、电力供应系统、自来水系统也可能是恐怖袭击的目标，要加强城市这些重要系统的安全保卫和防范工作，保证城市的燃气、电、水的正常供应。

（七）重大疫情事件

登革热、乙肝等高传染性的疾病也容易在城市流行，发生重大疫情事件，特别是对致死率高的疫情，必须按照传染病防治法规和应急方案进行科学处置。要迅速隔离传染源，对患病人员进行隔离救治，使他们尽快康复。搞好城市环境卫生，清理卫生死角，消除“四害”等传播媒介生物的滋生环境，采取生化消杀措施，低毒消杀疫情传染媒介生物，切断传播途径。要做好保护易感人群工作，增强群众防止疫情的意识，养成良好的生活习惯和卫生习惯，增强抵抗力，防止疫情蔓延。定期发布疫情防治信息，消除市民的恐慌心理，尽快扑灭疫情，恢复城市正常的生产生活秩序。

不同城市突发事件有不同情况和特征，以上所列七种突发事件较为常见，但在各个城市也会有所不同和侧重。除此之外，可能还会有一些特殊的突发情况也会对城市公共安全造成重大影响，也需要制定和启动相应的应急预案，及时进行正确的紧急处置，避免突发事件蔓延，尽快消除影响，恢复秩序，以保证城市安全有序正常运转。各个城市要根据本城市的实际情况，制定完善的突发事件应急处置预案。

第五节　提高广大市民的城市管理意识

城市管理事业在党中央、国务院和地方各级党委、政府的重视下，近年来得到了快速的发展，城市管理已成为城市发展建设的一个不可或缺的重要组成部分，成为外界了解城市和城市向外界展示形象的首要“窗口”，在城市的经济、社会和文化生活等方面发挥着越来越重要的作用。但是目前市民群众的城市管理意识还普遍不高，与城市快速发展的要求很不相适应，也越来越制约城市的健康发展。增强市民的城市管理意识，对促进城市管理工作的发展进步，提高城市综合管理工作水平，具有十分重要的意义。

一、造成市民城市管理意识不强的历史渊源

如何提高市民的城市管理意识，应当首先从其形成的历史渊源上分析，来找出问题的主要症结。造成目前市民城市管理意识普遍较低的历史原因，主要应有以下几点：

（一）中国传统文化的影响

在我国几千年儒家思想占主导地位的传统文化中，着重强调的是人与人、人与社会的关系，而忽视了对人与自然、人与环境的关注和教育。古人“天人合一”思想是哲学命题，虽然也强调人与自然和谐统一，但其讲的自然并非是有形的山川河流、树木草原等自然环境，而主要强调的是一种天道，即“人法地，地法天，天法道，道法自然”。

（二）农业社会的影响

我国是农业大国，在过去相当长的时期内，由于生产力落后，人民群众生活水平一直较低，人们主要追求的是填饱肚子，不可能对周围的环境质量有很高的要求，对周围生活的环境是否脏乱和有无秩序已形成习惯，即便是脏乱无序也视若不见，积重难返。

（三）经济方式的影响

在我国农业经济长期占主导地位，自给自足的生产、生活的方式，人们长期生活在乡村，以血缘或地缘关系为纽带，形成的“小农”意识和乡土情结根深蒂固，使广大群众普遍缺乏社会公共意识，同时也非常缺乏城市生活的公共管理意识和生活经验。人们到城市后，关心更多的是如何尽快改变自身经济状况和改善生活条件，关心身边的亲戚朋友和父老乡亲的事务，而对此之外的城市公共事务、公共环境和秩序不够关心和注意。

（四）改革开放前城市发展缓慢

与欧洲的城邦制国家不同，过去长期以来，我国经济社会发展实行“城乡”二元制结构管理模式，乡村千年不变，城市的发展速度也较为缓慢。大规模的现代化的城市发展建设只是在改革开放以后，尤其是在20世纪80年代中期以后才开始奋起直追，大量城镇出现或扩大规模发展，令世界为之惊叹，但在城市规划建设管理中，对如何提高市民的城市管理意识，促进城市综合管理工作水平的提高，我们还普遍缺乏认识和经验。

二、市民城市管理意识低对城市管理发展的阻碍

20世纪90年代，城市管理随着城市建设的大发展，进入了快速发展时期，但由于城市管理意识的滞后，严重阻碍了城市管理事业的向前发展，主要表现在以下几个方面。

（一）城市“六乱”现象严重

在城市，尤其是在工商业发达、常住人口和流动人口多的大城市，由于广大市民、游客城市管理意识低，为贪图方便，有痰就吐、有垃圾就随手丢弃，有的甚至从车上、楼房上往外抛掷垃圾，使马路脏乱不堪，环卫工人扫不胜扫。乱摆乱卖、占道经营、乱搭乱建现象严重，自行车、三轮车甚至机动车乱穿乱闯、乱停乱放，严重阻碍交通和行人通行。乱拉横幅、标语，乱设广告等，影响市容景观，阻碍视线。乱开挖乱堆放建筑余泥和垃圾，污染马路，搞得城市尘土飞扬，使得城市“脏乱差”现象严重，处于混乱无序状态，阻碍城市的文明健康发展。

（二）影响各级领导和城市政府对城市管理工作的重视程度、决策和投入

城市管理是一项非常具体的、工作量极大的社会公益事业，其本身没有太多的经济效益，主要产出的是社会效益和环境效益，尤其是城市生活垃圾处理事业，需要大量公共资金的投入。加强城市管理是千年大计，城市管理事业的发展主要依靠城市政府和各级领导的重视和公共财政的支持，如果城市管理意识不足，势必会影响各级政府和领导对城市管理工作的决策和经费投入。在全国城市管理执法队伍统一制服和标志标识工作的决策中，习近平总书记高瞻远瞩，指出城市管理这支队伍太重要了，力主加强城市管

理执法队伍的规范化建设，勇于拍板决策。2017 年 1 月 11 日，国务院常务会议研究通过城市管理执法统一制式服装和标志标识管理办法，推进规范文明执法提升城市管理水平。

（三）影响社会各行业、各部门对城市管理工作的支持和配合

城市管理与各项社会活动和广大市民的生活息息相关，仅靠城市管理部门的力量是远远不够的，需要社会各行业、各部门的大力支持和配合，尤其需要规划、公安、工商管理、经济、旅游、交通、公共事业等兄弟部门、行业的全力支持和配合。由于形势的不断发展变化，违章建设、占道经营、机动车乱摆卖、乱搭建、乱开挖、乱拉乱挂、乱设户外广告、散体物料运输漏撒等不断出现新情况，都需要采取“城市管理＋”的模式进行整治，才能取得实际的效果。

三、提高市民群众城市管理意识的途径

人类是群居的群体，容易受环境的暗示和影响。提高城市管理工作水平，最根本的是要提高市民的城市管理意识。全面提高市民的城市管理意识，是一项艰巨的任务，应做到长规划和短安排相结合。

（一）城市管理意识教育进课堂

在中小学教育中，加入或加大城市管理的教育内容，做到把“提高城市管理意识从青少年抓起”。目前，由于学校过于注重应试教育，忽视素质教育，要加强“做一名合格的城市公民”的教育。在中小学教育内容中，人与自然、人与社会的教育内容少，且放在次要位置，而城市管理的教育则少之又少，难以起到应起的作用。把城市管理教育纳入中小学教育的内容，是提高市民的城市管理意识的根本途径，也符合社会、经济发展的规律和新型城市化以及现代城市发展的需要，是一件“功在当代、利在千秋”的伟大事业。

（二）加强城市管理的社会宣传力度

加强城市管理的社会宣传力度，提高市民的公共参与意识和热情，是提高市民城市管理意识最有效的途径。目前，认为城市管理是城市管理部门的事、与我无关的思想，在群众中还比较普遍。应当采取各种方式，加大城市管理的社会宣传力度，利用网络、电视、报刊、新媒体等新闻媒介，在飞机场、车站、码头、大型公共场所设立大型的宣传警示牌，广泛宣传或告知城市管理工作，使市民群众树立牢固的城市管理意识，自觉维护城市环境和秩序。

（三）各相关部门协助配合

在大城市管理的框架下，交通、旅游、公共事业等部门是城市综合管理的组成部分，接受城市政府的城市管理工作领导协调机构（如城市管理工作领导小组，组长通常由市领导担任）的协调领导。这些部门要在宣传城市管理及城市管理法规中扮演重要角色，利用自身优势条件发挥重要作用。以上部门服务的对象是广大的市民群众，要在火车、地铁、公交车等公共交通工具的播音宣传中包括城市管理的宣传内容，在车厢宣传栏里

也应含有宣传遵守城市管理有关规定的内容。不要只顾经济利益和部门利益，而忽视城市管理的社会责任。

（四）建立城市管理监督员等制度

充分发挥城市管理特约监督员和志愿者的作用，应建立健全城市管理特约监督员和志愿者制度，发挥社会力量共管共治，弥补城市管理力量不足。特约监督员要经常检查，发现问题及时监督指正。要经常组织城市管理志愿者开展志愿服务活动，进行城市管理的社会宣传，或者协助城市管理队员维持城市日常秩序，在重大整治行动和处理城市管理疑难问题中，也可以发挥志愿者的力量，协助城市综合管理和执法工作等。

古语说："仓廪实而知礼节"，城市经济繁荣发达以后，随着生活水平的提高，应当提高市民的城市管理意识，这是搞好城市管理工作的重要环节之一，城市管理部门要充分认识其重要性，努力做好城市管理的宣传教育工作。市民的城市管理意识增强了，不仅能自觉遵守城市管理的法规，而且还会自觉维护城市的正常运行秩序，减少城市管理问题的发生量，使城市管理部门不再疲于奔命，穷于应对各种违反城市管理法规的行为，使城市管理工作收到事半功倍的效果。

第六节　创建国家卫生城市与全国文明城市

随着城市的发展，城市在国家中的地位越来越重要，为使各项工作能够在城市里落到实处，国家有关部门先后在城市中组织开展了多项创建活动，至今方兴未艾，其中以创建国家卫生城市和创建全国文明城市活动的影响最为广泛深远。这些在城市中广泛进行的创建活动，激发了各城市政府建设美丽、文明、卫生、安全、和谐、有序城市的热情，纷纷下大力气开展整治城市"脏乱差"现象，加强城市生态环境建设，提高城市安全文明程度，创造城市生产生活安定和谐、文明幸福的美好盛世图景，有力地推动了城市的发展和建设，同时也促进了城市综合管理工作的深入发展。

一、创建国家卫生城市

1990 年，为营造干净、整洁、舒适、优美的城市环境，全国爱国卫生委员会办公室开始组织开展创建"国家卫生城市"活动，全国爱国卫生运动委员会颁布了《国家卫生城市标准》。各城市按照《国家卫生城市标准》开展创建国家卫生城市工作，极大地促进了城市的市容市貌和环境卫生状况的改善。《国家卫生城市标准》要求很高，分为健康教育、市容环境卫生、环境保护、重点场所卫生、食品和生活饮用水安全、公共卫生和医疗服务、病媒生物预防和控制等方面。国家卫生城市的考核验收也很严格，尤其是暗访和技术评估环节，如果不下大力气进行综合整治，很难达标通过，所以"国家卫生城市"称号的含金量极高。有的大城市坚持不懈连续创建十八年才成功摘取"国家卫生城市”桂冠。城市若获此殊荣，全城欢欣鼓舞，作为难得一遇的盛事进行表彰庆祝和宣传报道，以展示城市管理水平，扩大城市的影响力。

1990 年 6 月，山东省威海市是第一个获得“国家卫生城市”称号的城市，被誉为中国最干净的城市。“国家卫生城市”创建为三年一个周期，分为申请、审核、调研、暗访、技术评估、合格命名等步骤。国家卫生城市不是终身制，每三年进行复审，复审第一次不合格，给予通报批评并限期改正，第二次复查仍不合格，取消“国家卫生城市”称号。20 多年来，创建“国家卫生城市”活动方兴未艾，截至 2009 年 12 月，全国有 118 个城市经过创建获得“国家卫生城市”称号，约占全国城市总数六分之一。2009 年以后，又有一批城市被授予“国家卫生城市”。

二、创建全国文明城市

全国文明城市是中国城市的最高荣誉。2004 年 9 月，中央精神文明建设指导委员会印发《全国文明城市测评体系（试行）》，开始评选命名“全国文明城市”。全国文明城市是反映城市整体文明水平的综合性荣誉称号，创建难度最大，含金量最高。全国文明城市创建周期也是三年，2015 年修订的《全国文明城市（地级以上）测评体系》共由 12 个测评项目、90 项测评内容、188 条测评标准构成。12 个测评项目分别为理想信念教育、社会主义核心价值观建设、培育文明道德风尚、廉洁高效的政务环境、公平正义的法治环境、诚信守法的市场环境、健康向上的人文环境、有利于青少年健康成长的社会文化环境、舒适便利的生活环境、安全稳定的社会环境、可持续发展的生态环境、长效常态的创建工作机制。还建立动态管理措施，列出负面清单 30 条，出现负面清单所列问题，视情节轻重给予罚扣测评分数直至取消全国文明城市荣誉称号的惩戒。

创建全国文明城市是最高级别的城市荣誉称号，对城市环境卫生有较高的要求，一般情况下，城市要先取得“国家卫生城市”后，才随即开展创建全国文明城市工作。全国文明城市测评主要采取听取汇报、材料审核、问卷调查、网络调查、实地考察、整体观察等方式进行。2005 年 10 月，中央精神文明委首批授予厦门等 12 个城市（直辖市的区）为“全国文明城市”，截至 2015 年 2 月，全国共有 88 个城市被授予“全国文明城市”。2017 年 11 月 14 日，经中央文明委批准，中央文明办发布第五届全国文明城市名单，授予山东省济南市等 89 个城市为“全国文明城市”，复查确认继续保留荣誉称号的往届全国文明城市 83 个。全国文明城市也不是终身制，每三年进行复检，有些城市因复检不合格或城市主要领导违纪违法等原因被摘牌，大多数城市被摘牌后知耻而后勇，经过努力创建和复检合格后，又被复牌为“全国文明城市”。

三、城市创建活动的意义

城市发展到一定阶段，城市在国家中具有举足轻重的地位，城市发展过程中出现的各种问题会越来越突出，国家需要开展各种创建活动制定各种标准来规范城市的运行，保持城市的健康发展。全国文明城市和国家卫生城市都是含金量极高的国家级城市创建活动，二者相辅相成，互为影响，是城市非常重要的无形资产和战略资源，对推动城市发展和管理起到了十分重要的作用。国家卫生城市的创建使城市政府高度重视城市环境卫生和生态建设，详细的国家卫生城市的标准都是硬指标，严格的暗访和技术评估，要求城市政府要大力整治城市“六乱”，彻底清理卫生死角，提高城市保洁标准，保持干净整洁的城市环境，使城市彻底告别“脏乱差”现象。全国文明城市的创建使城市政府高度重视提高城市文明程度和市民整体素质，虽然全国文明城市测评内容大部分看起来是精神层面的，是软性的，但也设计了一些测评的数据指标。创建全国文明城市是建设和谐社会的重要载体，有力地促进城市的物质文明、政治文明、精神文明、生态文明和文化生活等建设，使城市走上科学健康发展之路。

创建国家卫生城市和全国文明城市等创建活动，是城市发展到一定阶段和规模后，尚未形成完善的城市综合管理体制机制，保持城市正常运行和可持续发展必然要进行的创建目标，是对城市管理的有益补充。有人认为，中国的城市化才刚刚进入中期，中国城市化还有相当长的路要走，城市综合管理自然还需要较长时间进行探索。城市政府要高度认识城市文明程度和安全卫生对城市发展和管理的重要作用，注重城市的精神文明建设和治安交通、食品安全、市容环境卫生等方面的综合治理，积极参与国家有关部门组织的各种城市创建活动，努力打造干净整洁、平安有序、文明向上、优美舒适的城市环境。

第四章

城市综合管理和执法问题研究

城市管理是由一个个具体的城市管理行为组成的总过程，从本章开始，着重考察和研究城市管理的具体行为，力求勾勒出城市管理的复杂过程。

城市是个巨大的、复杂的、开放的系统，实践证明，多个单一粗放的管理方式难以有效地管理好城市，要加强城市综合管理的研究和实践，通过城市各个方面管理的综合协同，发挥城市综合管理的整体优势和积聚效应，来实现城市综合管理目标，促进城市总体协调发展。根据《中共中央国务院关于深入推进城市执法体制改革改进城市管理工作的指导意见》，城市管理的主要职责是市政管理、环境管理、交通管理、应急管理和城市规划实施管理等，这是广义城市管理的思维，切合“大城市管理”的发展思路，把准了中国城市管理的命脉，城市管理要实行综合管理，才符合中国城市发展的实际情况和管理需要。

城市综合管理并不是说城市一切事务都由城市管理部门来直接具体管理，应有宏观管理和微观管理之分，对有些事务实施宏观调控管理，具体管理由有关专业职能部门负责，而对一些直观的事务如垃圾处理、“六乱”整治等具体事务实施微观管理，由城市管理部门直接负责实施精细化管理。城市管理部门既要像绣花一样管理城市，又要解放思想，勇于担当作为，承担起城市宏观调控管理的责任，积极研究和探索城市综合管理的规律、特点和实现路径。城市管理和城市管理执法是城市管理工作中两个重要的概念，有时候会混淆，或者以执法代替管理，弱化城市综合管理和服务，往往城市管理执法又难以到位，结果就会造成城市管理问题越积越多，让城市政府和城市管理部门颇为“头痛”。住房城乡建设部《关于印发全国城市管理执法队伍“强基础、转作风、树形象”专项行动方案的通知》（建督 [2016]244 号）中要求改进工作方式，倡导“721”工作法，让 70%的问题用服务手段解决，20%的问题用管理的手段解决，10 %的问题用执法的手段解决，说明城市管理工作要以管理服务为主。

第一节　城市管理问题的发现和有效处置

城市管理问题要早发现、早处置，才不会对城市的运行造成太大的影响。城市管理问题的发现和处置是城市管理的核心内容，城市管理部门发现和处置城市管理问题的能力是衡量城市管理水平高低的重要标志之一。如何及时发现城市管理问题、并迅速进行有效的处置、使城市保持正常运行是城市管理部门工作的终极目标，也是城市管理部门存在的意义所在，城市管理问题的发现和处置应受到各个城市的各级城市管理部门的高度重视，并为之不懈努力探索和创新，不断提高城市管理问题的发现能力和处置工作水平。

一、城市管理问题的发现

随着社会进步和现代通信技术的发展，城市管理问题的发现途径不断增多，城市管理问题的发现分为主动发现和被动发现两种形式。根据全国各地城市管理部门实际工作情况，城市管理问题的发现主要包括运用城管通、视频监控、全民城市管理系统和 12319 城市管理投诉专线（12345 政府服务热线）、微信微博、市民来信来访等多种方式。

（一）城市管理问题主动发现形式

1.“城管通”系统

“城市管理通”是目前各城市的城市管理部门较为广泛使用的城市管理问题信息采集方式，“城管通”系统是基于手持智能移动终端进行开发，系统面向基层城市管理巡检人员，具备案件信息登记、3G 传输、现场拍照取证和 GPS 定位等功能。城市管理部门聘请城市管理巡检队员使用该系统，按照划定的区域或单元网格，巡检队员发现城市管理问题，现场采集相关信息，通过 3G 网络迅速上传到数字城市管理信息系统进行分派处理。“城管通”可广泛用于发现城市管理部件（如井盖等）、市容环境、施工管理、建设规划管理等类别城市管理问题的信息采集，以上类别的城市管理问题一般约占城市管理问题总量的 50%。

2. 视频监控平台

目前，各城市都建设了大量视频监控探头，广泛用于社会治安、城市管理等领域，发挥了重要作用。城市管理部门要积极共享视频监控资源，通过自建或接入了全市视频专网，实现对市区主要干道城市管理重点区域进行高空全景实时监控，适时查看全市视频专网进行街面秩序监控。视频监控适用于乱摆卖等“六乱”街面秩序类的城市管理问题的发现，并进行截图立案，分派给各基层城市管理执法队进行查处，街面秩序类案件一般约占城市管理问题总量的 35%。

3. 全民城市管理信息系统

城市管理部门应充分调动广大市民参与城市管理的积极性，开发全民城市管理信息系统，招募城市管理志愿者。全民城市管理信息系统是基于“城管通”系统，面向市民开发的智能手机客户端软件，具有信息录入、案件上报、拍照取证和数据查询等功能。宣传鼓励市民下载“全民城市管理”软件，通过移动终端设备（如智能手机）对城市管理问题进行信息采集，并上传到数字城市管理信息系统进行处理。为激励市民参与城市管理的热情，可探索建立奖励机制。

（二）城市管理问题被动发现形式

1.12319 城市管理投诉专线（12345 政府服务热线）

12319 是城建服务热线，是国家住建部和工信部确定的全国建设行业公益服务专用电话号码，目前全国已有 20 个左右城市开通使用 12319 服务热线。随着城市建设和管理的分开，12319 城建服务热线逐步转变为城市管理的投诉热线。12319 城市管理专线服务系统实现了电话语音接服、信息录入、电话录音、自动回访、满意度调查统计、座席管理等功能，向市民提供各类城市管理问题的投诉、举报、咨询、查证等服务。有的城市 12319 城市管理服务热线整合并入 12345 政府服务热线，12319 热线（12345 政府服务热线）是有些城市的城市管理问题信息采集的主要方式。

2. 微信、微博和邮箱等

由于互联网技术的广泛运用，有的城市的城市管理部门开通了微信、微博公众账号和主任（局长）邮箱等，接受市民群众的城市管理问题的投诉，进一步拓宽了城市管理问题的信息采集渠道。微信、微博和邮箱等是近年来发展起来的一种新的城市管理问题采集方式，目前市民通过网络反映城市管理问题的总量虽然还不太大，但作为城市管理问题收集途径的有益补充，扩大了城市管理问题发现的覆盖面。

3. 市民来信来访等

市民来信来访是一种传统的城市管理问题的信息采集方式，由于电话投诉热线的开通和网络技术的发展运用，人们反映城市管理问题更加方便快捷，来信来访反映城市管理问题呈大幅度下降趋势。但对于一些情况复杂、长期得不到解决的城市管理疑难问题，有些市民还是坚持采取来信甚至来访的方式不断到城市管理部门进行投诉。

（三）提高城市管理问题主动发现能力

城市管理问题若不严重影响市民的生活，市民一般也不会反复投诉，城市管理问题严重影响城市的正常运行，为城市健康发展带来巨大的隐患，也被广大市民所深恶痛绝。城市管理部门作为城市政府的城市管理的行政主管部门，应积极采取多种措施，提高城市管理问题的主动发现能力，不要被动等待市民投诉。要采取措施有效地处置城市管理问题，使城市管理问题在萌芽或初始状态就能够得到有效解决，减少市民对城市管理问题的投诉量，并努力杜绝新闻媒体曝光和炒作城市管理问题，使城市管理问题复杂化，维持城市良好的运行秩序，保持“干净、整洁、平安、有序”的城市环境，提高市民对城市管理工作的满意度。

二、城市管理问题的有效处置

目前，全国各地城市的城市管理部门普遍感到，无论是主动发现还是被动发现城市管理问题，城市管理问题的发现都没有太大问题，城市管理问题基本上都能够发现，但城市管理问题的处置却很难，有效处置城市管理问题是城市管理部门的重要工作任务，考验着城市管理部门的工作能力和水平。

（一）城市管理问题的分派

一般来说，中等以上规模的城市的城市管理问题数量庞大、种类繁多，城市管理问题最终处理还是由城市管理基层单位或城市管理执法队来落实完成，大量的城市管理问题需要及时分派给各城市管理基层单位进行处置，传统的城市管理模式显然不适合现代城市管理的需要。2004 年 10 月数字化城市管理信息系统在北京市东城区首先上线运行以来，截至 2013 年，不到 10 年时间，全国已有 258 个城市建立了数字化城市管理信息系统，为各城市海量的城市管理问题的分派和有效处置提供了可靠的技术保障。

（二）城市管理问题的督办

由于多种复杂的原因，许多城市管理问题目前解决起来存在许多困难，如何有效地督促城市管理基层单位和执法队想方设法解决城市管理难题，是搞好城市管理工作的关键。基层城市管理人员经常与具体的城市管理问题及其相对人接触，时间久了难免会出现视觉疲劳等现象，对城市管理问题麻木和消极应付，有的甚至与制造城市管理问题的麻烦制造者长期厮混纠结在一起，出现违反纪律的问题，放任城市管理问题的存在和发展。要建立公开、透明、有效的督办体系，对基层单位的处理结果是否真实进行核查，处理结果确实真实和问题得到解决才能结案，对弄虚作假要严肃追究责任。

（三）完善城市管理指挥调度系统建设

建立城市管理指挥调度中心，运用数字化城市管理信息系统对全市城市管理问题进行高效处置。通过加强软硬件设备建设，不断提升数字城市管理信息系统的功能，确保城市管理问题能够迅速、顺畅、准确分派和处理。建立健全城市的市区街三级城市管理指挥调度和应急机制，通过加强城市管理联动机构、通信设备和移动指挥平台等的配备和建设，进一步完善城市的城市管理指挥调度和应急反应系统，确保城市管理问题及时得到妥善解决。

三、提高城市管理问题发现和处置能力

城市管理问题的解决决定于城市的城市管理部门的城市管理问题的发现和处置能力，提高城市管理部门的城市管理问题的发现和处置能力，是城市管理部门要高度重视的首要工作。

（一）加强城市管理机构和队伍建设

城市管理问题的解决主要还是要靠高效运转的城市管理机构系统和广大的城市管理干部职工，城市管理机构的效率和城市管理队伍素质的高低，决定了城市管理问题解决的力度。要充分利用大部制机构改革的契机，加强城市管理的机构和队伍建设，提高城市管理的信息化水平，理顺城市管理的机制体制，提高执法和服务水平。加强城市管理队伍建设，人力物力向城市管理一线单位倾斜，最大限度地保证城市管理问题处理的力

量。根据工作需要，定期对全市的城市管理队员进行相关的业务培训和文明执法、廉洁从政教育，坚决杜绝个别存在的“吃拿卡要”的现象，提高城市管理队伍的整体素质和形象。

（二）建立完善城市管理工作的考核机制

要建立城市管理工作考评机制，以城市管理问题的发现和有效处理为主要考核内容，对各区的城市管理问题的发现和处置完成情况进行考核，总结经验和分析存在的问题，提出下一步的工作措施和建议。加强数字化城市管理信息系统建设的考核，实现全市数字城市管理信息系统的统一对接，达到无缝衔接，确保城市管理问题顺畅解决。在机构改革和部门职能整合的新形势下，加强城市管理机构和队伍建设的考核，不断加强和完善城市管理机构和队伍建设。通过较为全面的综合考评，促进城市管理工作水平不断提升。

（三）加强社区在城市管理中的作用

因为城市发展管理的需要，现在城市的街道和社区（居委）机构越来越完善，力量也越来越强大，已不是过去街道老大妈调节邻里纠纷的概念。许多城市的街道办事处是公务员单位，承担着许多城市基层治理和服务的职能，聘请的各类工作人员达到上百人甚至数百人。城市管理问题绝大部分确实是城市的神经末梢问题，但末梢一旦“发炎”，的确会影响到城市的“神经”系统，严重的还会影响城市的功能和正常运行。要充分发挥社区在城市管理中的作用，将绝大部分城市管理问题解决在社区层面，做好城市管理工作主要依靠基层社区和广大市民群众，这是搞好城市管理工作的一条规律。街道及社区应加强城市管理具体的细节工作，街道一般都设有城市管理科，街道城市管理科作为城市管理的基层部门，要组织协调好各社区（居委）做好城市管理工作，保持城市神经末梢和“细胞”的健康。

（四）加强信息技术在城市管理工作中的应用

现代城市综合管理需要先进的信息技术作支撑，信息技术日新月异，城市管理工作要适应城市管理问题复杂、面临的形势严峻的需要，必须加强信息技术的运用。要广泛采用新的科技手段和措施，不断提升城市管理信息系统和执法系统等功能，配备科技含量高的管理执法装备，进行城市管理问题精确、高效指挥调度和处置，从而提高工作效率和质量。按照“智慧城市”和“智慧城管”的建设目标，制定城市管理科技发展规划，不断提高城市管理的智能化水平。

现阶段，我国的城市管理问题还具有多发易发和反复性强等特点，不可能一劳永逸。为维持正常的城市运行秩序，城市管理部门还需做大量艰苦的工作，目前尤其要在城市管理问题的发现和处置上花大功夫，并积极采取有效的预防措施，既要“治标”，还要多做“治本”的工作，遏制城市管理问题反复发生和不断翻新的现象，使城市管理工作逐渐走上科学规范法治的轨道。

第二节 数字化城市管理在城市管理中的重要作用

本节以广州市为例，阐述数字化城市管理在城市管理中发挥的重要作用。现代城市管理是以数字城市管理系统为手段，“数字城市管理”是将现代科技手段尤其是信息技术应用于城市管理的新模式，一经产生就在全国大中型城市的城市管理中广泛应用。2010年8月，随着广州市城市管理委员会大部制改革，成立了广州市城市管理监控指挥中心，负责广州市数字化城市管理的建设和运行管理。七年多来，广州市数字化城市管理建设取得巨大成绩，基本实现了城市管理全天候、全覆盖的监控巡检和指挥调度体系，在全国同行中处于先进行列，为不断提高城市综合管理水平和效率发挥了重要作用。

一、数字化城市管理的起源与发展状况

数字化城市管理起源于北京市东城区。21世纪初，北京市东城区委当时主要领导苦于城市管理问题定位难的实际情况和需要，受伊拉克战争中美军精确打击模式的启发，萌生了将精确定位技术应用于城市管理工作中的想法，经与中国电信公司的领导沟通探讨，认为将数字技术运用于城市管理中切实可行，两家合作在北京市东城区创建了“数字城市管理信息系统”，在城市管理中实际应用并取得了成功。2005年国家住房城乡建设部向全国推广数字化城市管理工作，短短十几年间，全国已有258个城市的数字城市管理通过国家住房城乡建设部验收。2007年4月广州市申报全国第三批数字化城市管理试点城市，2012年8月通过了国家住房城乡建设部的考核验收。广州在创建数字化城市管理工作中，积极借鉴第一、第二批数字化城市管理试点城市经验，并结合广州市实际，采用“两级监督、两级指挥”管理模式，应用万米单元网格管理法、城市部件管理法等方式，综合运用计算机、宽带网络、多媒体等现代信息技术，整合城市管理资源，体制管理实现规范化，指挥调度实现高效化，综合巡检实现精细化，管理主体实现全民化，基本建成现代化的数字化城市管理模式。

二、数字城市管理模式与传统的城市管理模式的区别

数字城市管理技术含量较高，借助现代科技手段，可达到传统城市管理模式难以实现的功能。一是快速准确地发现城市管理问题，可通过视频监控、“城管通”等多种信息采集方式，将城市管理问题快速准确地汇集到市级城市管理中枢指挥调度平台。二是分工协作地协同处理城市管理问题，通过数字城市管理信息系统进行立案、分派、督办、结案等流程，将城市管理问题进行立案，分派到各区和市直各职能部门及时进行处理。三是科学透明地考核评价城市管理问题处理情况，每一个城市管理案件的每一步处理情况在数字城市管理信息系统中都有真实留存和痕迹显示，无法更改，杜绝工作扯皮和材

料缺失等现象发生。四是可实现形式多样的城市管理社会参与，广大市民可通过电话、网络、来信、来访和使用全民城市管理系统等各种形式，向城市管理指挥中心反映和提供城市管理问题，最大限度地拓宽发现城市管理问题的渠道。

三、数字城市管理在城市管理中发挥的重要作用

数字城市管理的应用空前提高了城市管理问题的发现和处置效率，使被动发现城市管理问题逐步实现向主动发现城市管理问题的方向转变，在中等以上规模的城市中应用尤为必要。广州市是人口过千万的超大城市，每年市、区两级城市管理部门被动发现和主动发现的城市管理问题各约 15 万个，每年总计约 30 万个城市管理问题的及时有效处理不是一件容易的事，数字城市管理发挥了重要的作用。具体有以下五个方面。

（一）精确定位

数字城市管理信息系统由于共享了数字市政 GIS 地理信息和部件数据，能够对城市管理问题进行精确定位，根据定位，基层城市管理部门能够迅速找到城市管理问题的位置，克服了传统城市管理模式指令下达后，基层城市管理或执法部门因位置描述不准确而找不到地方、浪费大量人力物力的弊端。

（二）快捷处理城市管理问题

数字城市管理信息系统建成使用后，无论是城市管理问题的信息采集，还是城市管理问题的立案、分派和处理结果反馈等，都能通过轻点鼠标在极短的时间内完成，大大缩短了案件在传递过程中的时间，提高办案效率。

（三）大批量地处理城市管理问题

大城市不同于小城镇，城市管理问题每天都成百上千，处理这些问题需要在市、区、街及职能部门之间传送各种指令信息和具体的情况内容，工作量之大难以想象。数字城市管理信息系统实现了网络化、电子化，只需很少的人力通过终端设备就可完成，既节省了大量的人力资源，也可避免传统人工传递模式差错率高的缺点。

（四）应急指挥调度

城市管理往往有很多紧急情况发生，需要及时进行处理，目前广州市、区两级城市管理指挥中心已实行全天 24 小时值班，一旦有紧急情况，可以马上调动指挥全市城市管理资源进行应急处理。在广州市创建国家卫生城市、全国文明城市和 2010 年举办“亚运会”等重大工作活动中，上级部门均在市城市管理指挥中心搭建中枢指挥平台，为圆满完成城市的重大工作任务发挥了重要的作用。

（五）实现全民城市管理

人民城市人民管，管好城市为人民，管理好城市仅靠城市管理部门一家是不行，需要全民积极参与配合。广州市城市管理指挥中心在2012年就开发了“全民城市管理”系统，市民可通过下载“全民城市管理”软件和移动终端设备（如智能手机）就可对城市管理问题进行信息采集，并上传到指挥中心的数字城市管理信息系统进行分派处理。

四、数字化城市管理的城市管理问题信息采集的主要渠道

南方城市与北方城市不一样，一般说来，南方城市市民对城市管理问题比较关注，并会经常拨打12319城市管理投诉服务专线，每年电话量约达10万个以上，是南方城市的城市管理问题信息采集的主要渠道，北方城市电话投诉量很少，城市管理问题主要是聘请信息采集员持“城管通”巡检发现。2015年7月1日，广州12319热线与12345政府服务热线整合划入市政务办管理，在此之前广州市城市管理监控指挥中心的主要工作就是维护12319城市管理热线有效运作，广州12319城市管理热线在2004年10月19日建成并投入运行，全年365天，每天24小时，话务员们无论刮风下雨、暑去冬来，都坚守在工作岗位上接听市民的投诉，甘于平淡，爱岗敬业，在幕后默默工作，期间发生了很多动人的故事，10年多来共接受市民投诉180多万个。2014年，广州市城市管理委员会开展推进公共服务廉洁化工作，“提升12319城市管理热线的功能和服务水平”是城市管理委员会的10件民生实事工作之一，广州市城市管理监控指挥中心积极拓展城市管理信息管理系统的功能，确保市民投诉的城市管理问题能够顺畅处理解决，不断提升服务质量和服务水平，打造市民满意的12319城市管理热线。2014年7月1日，举办了公共服务廉洁化演讲比赛，12名干部职工围绕“为民、务实、清廉”的主题登台进行演讲，广州市城市管理委员会领导应邀到现场观摩并给予指导，取得较好的教育效果。我们还组织干部职工撰写公共服务廉洁化座右铭，用以自警自励自省，完善服务承诺和服务公约，开展12319热线业务知识竞赛等，通过开展一系列的活动促进12319热线工作人员熟练掌握业务知识和工作技能，不断提高工作能力和服务水平。成绩来之不易，经过十多年的努力，取得了巨大的成就，广州市12319城市管理热线班组先后获得了“全国五一巾帼标兵岗”、“广东省巾帼文明岗”、“广州市青年文明号”和“广州市工人先锋号”等荣誉称号。

五、数字化城市管理队伍建设

加强数字化城市管理队伍建设是高质量完成工作任务的重要保证，数字化城市管理的管理机构要非常重视加强队伍建设工作，按照“一流综合素质、一流业务水平、一流工作作风、一流服务形象”的要求，不断提高数字化城市管理队伍的思想素质、业务技能和创新意识，努力建设一支素质高、业务精、作风硬、形象好的数字城市管理队伍。首先是要加强管理机构的领导班子建设，通过开展理论学习中心组的集中学习教育、党员领导干部民主生活会和建立领导班子议事规则等制度，建设一个政治坚定、团结进取、坚强有力的领导班子。其次是加强党团员队伍建设，通过加强基层党建工作和党建带团建工作，充分发挥党员的先锋模范作用和团员青年的生力军、突击队作用。最后是加强干部职工队伍建设，结合数字城市管理队伍年纪轻、学历高和女同志多的特点，采取多种途径加强队伍建设。一是通过开展理论学习、道德教育、文体活动和加强业务技能培训，提高干部职工的政治、

业务、文明和身体等综合素质。二是通过开展岗位练兵、技术攻关、技能竞赛和技能合作，提高干部职工的技术技能、创新能力、技术应用能力和业务工作水平。三是通过加强制度建设，开展责任教育、岗位学雷锋等互帮互助活动，增强干部职工的纪律观念、主人翁意识、奉献意识和团结友爱等意识，树立优良的作风。四是通过开展精神文明建设、职业道德建设，规范职业语言、仪容着装等，提高干部职工的精神境界，筑牢为人民服务的思想，架好与市民沟通的畅顺桥梁，树立良好的城市管理队伍形象。数字城市管理之所以能够取得今天的成绩，是与全体干部职工的不懈努力和辛勤工作分不开的。

六、数字化城市管理未来发展的思路和方向

信息技术日新月异，信息系统首先是精确，其次是高效，利用信息技术手段，进行城市管理问题精确、高效指挥调度，是数字化城市管理今后发展的思路和方向，主要应做好以下三个方面的工作：一是要进一步拓展数字城市管理信息系统功能。依照《智能化城市管理与运行体系顶层设计方案》要求，及城市管理信息化工作“十三五”规划，深入调研数字城市管理运作的技术需求，在上级有关部门的指导下申报信息化建设项目，力求进一步拓展数字城市管理信息系统功能，使之能够上接12345政府服务热线系统，下连各区社会网格化管理平台，进一步提高数字化城市管理信息系统的实际应用能力。二是要逐步实现城市管理的高智能化，目前城市管理虽然应用了一些科技手段，但还停留在数字技术管理运用的初级阶段，离智能化还相距甚远，在具体的城市管理工作中方式和手段还比较原始，远不能适应城市越来越复杂的城市管理形势的需要，要在监控巡检、调查取证、跟踪处理、巩固成果等方面加强智能化管理手段的应用，逐步实现“数字城管”向“智慧城管”的转变，进一步提高城市管理的效率和水平。三是建议从事城市管理信息系统开发的公司开发“通用”的城市管理信息系统。目前全国各城市的城市管理信息系统大多是基于某一任务专门开发的，大多互不通用，若情况变化了，旧的系统满足不了需求，又要改造升级。虽然全国各地城市管理的内容和特点各不相同，但都大同小异，只有局部和细微差别，开发全国“通用”的城市管理信息系统，既节约资金和开发时间，又相互通用，就像购买“汽车”一样，买来就能使用，这对数字城市管理应用的普及和广泛发挥作用，具有十分重大的意义。

城市规模越大，城市发展越成熟，城市精细化管理越深入，数字化城市管理在城市管理中的作用就越明显，各城市应根据城市规模、发展趋势和实际情况，建立相应的城市管理信息处理系统，提高城市管理的水平和效率。

第三节　城市综合管理执法工作研究

国外许多城市的违反城市管理法规的行为都是由警察进行执法管理，但我国与国外

情况不同，在公安部门的执法体系外，另有一套行政执法体系，承担行政管理部门的执法任务。城市管理综合执法属于行政执法范畴，是城市综合管理的重要强制手段，据有关专家研究，城市管理队伍在宋朝就有了，北宋时期都城东京（今河南开封）人口鼎盛时达到 130 万，有一支 500 人军队管理城市秩序，开封城繁荣富庶，但秩序井然，市民安居乐业。北宋画家张择端的风俗画《清明上河图》，反映了当时开封的城市面貌和各阶层市民的生活状况。20 世纪 80 年代末，深圳市率先在全国成立第一支市容环境执法队，近 30 年来，市容环境、城建监察、公用事业等执法队几经整合和发展，城市管理部门和城市管理执法队伍逐渐形成。据统计，截至 2015 年 2 月，全国城市管理执法队伍达到 45.5 万人，其中在编人员 23.4 万人，辅助人员 22.1 万人。

在中国快速城市化的进程中，城市管理执法部门为维持城市的正常运行秩序发挥了重要的作用，如果没有城市管理，城市将无法想象。但毋需讳言，人们认识和接触“城管”大多是从“城管”在街头抓小贩开始的，过去一段时间，“城管”成了“抓小贩”的代名词，一提到“城管”，人们脑子里立刻浮现出“城管”追小贩的场景，“城管”的形象不佳。城市管理综合执法远不止抓小贩那么简单，为进一步推进城市管理工作，必须切实改进和规范城市管理执法工作，提高城市管理执法和服务水平。

一、深刻理解党的十八届三中、四中全会《决定》关于城市管理综合执法工作要求的精神

党的十八届三中全会《中共中央关于全面深化改革若干重大问题的决定》提出“理顺城市管理执法体制，提高执法和服务水平”。党的十八届四中全会《中共中央关于全面推进依法治国若干重大问题的决定》进一步强调指出“理顺城市管理执法体制，加强城市管理综合执法机构建设，提高执法和服务水平”。党中央两次全会都对城市管理执法工作进行部署，体现了党中央对城市管理工作的高度重视，是从来没有过的新指向，全国城市管理部门和广大城市管理工作者深受鼓舞，增强了工作的荣誉感、责任感和信心。党中央高瞻远瞩，从城市管理执法体制、执法机构建设和执法服务水平三个层面要求加强城市管理执法工作，切中了当前城市管理执法工作存在问题的要害。城市管理部门要深刻领会中央全会《决定》的精神，按照中央全会的部署要求，积极主动探索城市管理体制改革，加强城市管理一线机构建设，提高城市管理执法和服务水平，促进城市管理工作不断取得新的发展进步。

二、厘清城市综合管理和执法关系，理顺城市管理执法体制

由于城市管理执法部门往往先于城市管理部门形成的历史原因，造成有些城市的城市管理部门与城市管理执法部门平级并行、管理与执法两套机构人马、管理与执法关系不清、城市管理执法体制不顺等现状，需要在城市管理机构改革中加以认真对待和理顺解决。

（一）正确认识城市管理与执法的关系

城市管理执法部门初成立时，往往是通过授权等方式借法执法，管理职能分属于政府的各职能部门。2000年以后，在历次政府机构改革中，各城市政府日益重视城市管理工作，将分散在各职能部门的城市管理职能集中起来，成立城市管理部门，出现城市管理部门和城市管理执法部门平级并存的现象，两套机构人马过去并没有太多的交集，由于体制机构和思想认识等原因，若不进行有机的融合，容易造成管理与执法脱节、各自为政、甚至相互牵制削弱的两张皮现象。要正确认识管理与执法的关系，执法只是管理的重要手段，一个和尚挑水吃显然比两个和尚抬水吃更有效率。城市管理问题大部分要通过管理和服务来解决，只有少部分要通过行政执法的手段来处理，城市综合管理部门要履行职责，大胆管理，通过管理和服务解决绝大部分城市管理问题。城市管理综合执法部门要放下架子，接受城市管理部门的领导和管理，而不是与管理部门平起平坐，平分秋色，更不要感觉良好甚至要高过一头，这样才能充分发挥城市管理及执法的积聚效能，而不至于扯皮、内耗影响城市管理工作的发展。

（二）合理划分各级城市管理执法机构的职能和人员分配

设区的城市的城市管理执法机构一般分为市、区（县）、街（镇）三级，三级城市管理执法机构的职能如何划分和人员如何分配管理是科学设置各级城市管理执法机构的关键，从工作实践来看，过于集中和过于分散都不利于城市管理执法工作的开展。各城市应根据本市城市管理工作的实际情况和需要，合理划分各级城市管理执法机构的职能和人员分配，该属上级执法机构的职能不推给下级执法机构，该属基层执法机构的职能，上级执法机构也不要越俎代庖。执法人员的专业就是执法，执法人员的分配应遵循“小机关、大执法”的原则，将更多的人力充实到一线具体的执法工作中，而不是越来越多的人浮在机关高谈阔论，文来电往，使城市管理执法问题解决在基层，最大限度地发挥城市管理执法队伍的强制威慑作用。

（三）正确处理执法人员下沉与管理下放的关系

城市管理执法人员充实下沉到基层和一线，人员的管理是否也要下放到基层街道值得研究。执法人员下沉并不代表人员的管理下放，如果城市管理执法人员的人、财、物的管理也完全下放到街道，就会造成城市管理执法队伍过于分散，难以形成统一有效的管理，也难以形成城市管理队伍的整体震慑力。城市管理执法队伍完全由基层街道管理，在执法时就会因地缘和人际关系熟悉等因素，受到许多制约和限制而影响执法力度、难有作为，长此以往就会客观导致城市管理执法队伍不断出现庸懒散的现象。城市管理部门要正确认识和处理执法人员下沉与人员管理下放的关系，不要将执法队伍一放了之，城市管理执法队伍应实行市、区两级管理为宜。一般情况下，设区的城市派驻到街道的城市管理执法队的人、财、物管理应由区城市管理部门负责，街道协助管理。也可以考虑人、财由区城市管理部门管理，物由区城市管理部门和街道共同管理的模式。只有在非常特殊的个别情况下，因为特殊环境的需要或体制根本不同，才可以考虑特殊的管理模式（即城市管理部门不直接管理的模式），但应不影响城市管理执法工作的有效开展。

（四）建立迅速有力的城市管理及执法处置机制

城市管理非常复杂，即时性强，易引发紧急突发事件，有的甚至会对公共安全造成影响，需要建立迅速、有力、高效的城市管理及执法处置机制。各城市为加强城市管理工作力度，应对日益严峻的城市管理形势，纷纷组建新的城市综合管理机构，统一行使城市管理职能，并加强数字化城市管理信息指挥系统建设，快速准确地调动全市城市管理系统的各基层单位和执法队伍及相关职能部门，及时发现和处理城市运行中出现的问题。城市管理部门还要牵头建立城市管理应急社会联动机制，处理突发的大规模的紧急的城市管理问题，使问题能够及时得到处理和解决。通过建立完善的城市管理及执法处置机制，使各类城市管理问题都能得到及时有效的处置，城市管理工作切实取得实际成效。

三、推进综合行政执法，加强城市管理综合执法机构建设

20 世纪八九十年代，为解决城市里普遍存在的“七、八顶大盖帽，管不了一个破草帽”的问题，提出了综合行政执法的概念。经过试点取得成功经验，综合行政执法工作逐步在全国各城市中推广。

（一）综合行政执法工作的开展

1997 年 12 月，国务院法制局批复同意在广州市开展城市管理综合执法试点工作，广州市率先在全国开展城市管理综合执法工作。2002 年 10 月，国务院办公厅转发中央编办关于清理整顿行政执法队伍实行综合行政执法试点工作意见的通知，但各行政执法队伍承担的职能都不同，有很大的差异，如何将各个行政执法队伍顺利整合为一支行政综合执法队伍，考验着各城市政府的执政能力。十多年来，各城市政府在综合行政执法上不懈努力探索，取得了很大的成绩和好经验，使行政执法九九归一，基本上解决了五花八门的大盖帽满天飞令人眼花缭乱的现象。

（二）城市管理综合执法机构建设

相对于其他行政执法，城市管理执法涵盖的范围更广，执法队伍规模更大，在实行综合行政执法的过程中，城市管理执法往往扮演着重要的角色。一般来说，综合执法机构和队伍都是在城市管理执法机构和队伍的基础上进行整合组建，城市管理综合执法机构建设对推进综合行政执法和城市管理工作都至关重要，执法机构是具体的强制执行单位，应按照精干、快速、有力、高效的要求进行设置，以适应大量城市管理问题及时处置的需要。市级城市管理执法机构主要承担制定政策、发展规划、宏观管理、督查督办等工作任务，组织协调重大城市管理问题的处理。要以块为主，重点加强区、街城市管理综合执法机构的建设和管理，加大日常城市管理和巡查工作的力度，以强力手段坚决遏制城市管理问题的发生和蔓延，维持城市的正常运行秩序。

（三）积极构建“大城市管理”城市管理模式

中国城市化和城市发展有其特殊性，完全照搬国外城市管理经验肯定行不通，要积

极探索具有中国特色的城市管理模式。城市管理部门作为一个新成立的单位，要富有进取意识和责任担当，不要安于现状。城市管理部门不可能单管一项或只管几项工作，如果这也不想管那也不愿管，总是强调这不是城市管理的管理内容，那也不是城市管理的管理内容，城市管理部门就失去存在的基础和意义，城市管理部门就会陷入平庸，失去发展的动力和潜力，很快就会"泯然众人矣"。综合行政执法的结果就是要形成"大城市管理"的城市管理模式,应树立广义城市管理的思想,对属于城市管理部门管理的任务，不要拒之门外，或者无所作为、不愿作为。一般来说，对于影响城市运行的问题，如果有其他政府职能部门在有效进行管理，城市管理部门不要去争抢，如果没有部门管理或者虽有部门管理但管理缺乏手段和力量，城市管理部门应当仁不让，勇于担当，通过职能调整或授权等方式，履行城市管理综合行政执法的职能。

（四）授予城市管理执法部门一定的权力

全国统一城市管理执法队伍服装和标志标识后，城市管理执法队伍作为一支重要的国家行政执法力量，将在行政管理中发挥重要的作用，应当拥有一定的有效的执法手段，建议公安部门授予城市管理执法部门在执法时有一定的身份检查权。城市管理执法部门在查处"六乱"时，为什么管理对象敢于跑，或者敢于对抗，不服从管理，就是因为如果管理对象不配合，城市管理执法部门根本就无法知道是谁在违法，所以管理对象就一跑了之，城市管理队员在后面追，上演"猫捉老鼠"的游戏。管理对象清楚知道城市管理执法人员不知道他是谁，就你进我退，或者胆大的无理搅三分，不把城市管理执法队员当回事，反正你能奈我何？顶多也就是暂扣其物品。要对城市管理违法对象实行"实名制"管理，对其违法行为记入居民户籍管理系统和社会诚信系统。当然，城市管理执法部门的身份检查权要严格限制在特定范围和环境，应当是正式队员在进行城市管理综合执法时、着城市管理制服、两名以上正式队员、使用公安部门统一配置身份检查装备时才能进行，并全程进行执法录像记录，防止身份检查权被超范围滥用。对于不配合进行身份检查的管理对象，依照有关规定交由公安机关进行后续处置，以此震慑违反城市管理法规的行为。

四、加强城市管理综合执法队伍建设，提高执法和服务水平

提高城市管理执法和服务水平，既是党中央对城市管理部门的要求，也是城市管理部门自身建设和发展的需要。加强城市管理执法队伍建设是提高执法和服务水平的关键。由于社会对城市管理执法人员存在较深的偏见，城市管理执法人员形象欠佳，部分城市管理执法队员有自卑感，觉得当城市管理执法人员不被理解，没有尊严，有的甚至消极怠工，严重影响城市管理工作的开展。

（一）加强思想教育，提升综合素质

强基础首先要全面加强思想教育和道德建设，磨刀不误砍柴工，要把组织开展政治教育、理论学习、道德实践等作为经常性工作来抓，提高城市管理执法队员的思想政治

素质。深入开展社会主义核心价值观教育活动，加强对城市管理执法队伍的共同价值追求的塑造和培育，使广大城市管理执法队员深刻认识到城市管理工作的光荣感、责任感和使命感，杜绝思想滑坡、道德失范、行为不检现象的发生。加强作风建设和纪律教育，坚决反对“四风”问题，教育要求执法队员严守党的政治纪律、组织纪律和廉政纪律。通过深入开展思想政治工作和作风纪律教育，不断地提升城市管理执法队员的综合素质，增强他们的事业心和责任感，正确认识城市管理工作的重要性、紧迫性和复杂性，努力工作，文明执法，以适应城市管理工作目前面临的严峻形势和更高要求。

（二）加强业务培训，提高执法水平

城市管理综合执法工作内容丰富、庞杂、涉及面广，应用的法律法规条文多且分散，要加强执法队员对城市管理法律知识、执法程序、工作方式等的培训，针对各种城市管理问题的处置进行实践锻炼，不断提高执法队员业务素质和处理城市管理问题的能力。定期组织召开典型案例分析研讨会，对在城市管理中遇到的疑难问题进行“会诊”，交流办理疑难案件的经验，加强对城市古树名木、历史建筑的保护。要开展执法业务竞赛和交流活动，加强执法装备、设备使用的训练，熟练掌握城市管理执法通等高科技设备、信息系统的操作技能，提高网上办案的能力和执法工作效率。加强执法队员协同、配合、支援等科目的训练，经常进行紧急情况下突发应急事件处置的演练，提高处置复杂重大城市管理问题的能力。通过经常开展一系列的城市管理业务知识培训和技能训练，使一线执法队员跟得上执法方式和手段的发展，不断提高执法工作的水平。在日常巡查和执法行动中，城市管理执法正式队员要带头冲在前面，而不是由城市管理协管员唱主角，保证城市管理执法的实际效果和执法水平。

（三）加强文明建设，提高服务水平

城市管理执法队员是城市秩序的守护者，理应受到社会的尊重和市民的拥护，但现实却往往与之相反，要改变目前城市管理执法队伍形象尴尬的现状，重塑城市管理执法队伍文明威武之师的新形象。要加强城市管理执法队伍的文明创建工作，大力加强城市管理文化建设，广泛开展城市管理“文明执法队”、“文明示范岗”等创建活动，教育执法队员严格遵守规章制度和纪律，严格执行岗位工作标准和规范，依法行政、文明执法、仪容严整，精神焕发。树立和宣传城市管理先进典型，教育城市管理执法队员牢固树立“执法为民”的理念，增强“管理即服务”的意识，管理对象绝大部分并不是敌对分子，不是敌我矛盾，在执法过程中要态度端正、语言文明、耐心细致、依法依规，不卑不亢、刚中有柔、柔里带刚，杜绝因语言不当、行为粗暴引发冲突，即便是强制执法，也要有理有据有节，保持较高的城市管理文明服务水平。

（四）加强物质建设，提高福利待遇

城市管理综合执法人员要经常外出巡查和执法，工作性质类似交警，工作环境和条件比较艰苦，要与各种违反城市管理法规的人员打“游击”，既要付出脑力劳动，又要付出体力劳动，而且经常遭遇暴力抗法和群众围观谩骂攻击等现象，应当适当提高城市管理综合执法人员的待遇，享受与公安交警的同等待遇。建立城市管理综合执法人员职务晋升机制，使长期在一线执法的队员有较多的职务晋升机会。适当提高城市管理协管员的待遇，使他们能够维持基本生活并略有节余，能够有尊严的工作和生活，消除协管员“吃拿卡要”的思想行为存在的必要性，如果发现协管员有违纪行为，应当严肃处理甚至立即予以辞退。通过加强物质建设，提高城市管理综合执法人员的待遇和拓宽职务晋升渠道，最大限度地减少城市管理执法队员因心理不平衡等因素而产生的消极怠工、违法乱纪和以权谋私等不良现象。

城市管理执法工作具有强制性，在执法过程中，容易产生矛盾冲突，但行政执法毕竟不同于公安部门的刑事执法，一般说来，能够说服教育解决的，尽量就不要使用强制手段。有的城市如武汉市的城市管理执法部门等，探索采取柔性执法，在实际执法中尝试了诸如围观执法、眼神执法、鲜花执法等执法方式，也是有益的探索，只要能够达到管理好城市的效果就好。城市管理部门要深刻领会党的十八届三中、四中全会和中央城市工作会议精神，切实厘清城市管理和执法的关系，理顺城市管理执法体制，加强城市管理综合执法机构和队伍特别是基层执法机构和队伍建设，不断提高城市综合管理执法水平，促进城市管理工作不断上新的台阶。

第四节　城市“六乱”的整治

城市“六乱”是在城市快速发展的过程中，特别是城市化发展的初期，由于城市管理尚未跟上城市发展的步伐，城市中的部分单位、市民、游商、建筑施工单位和店铺从商人员等为了谋求个人私利或小集体利益，肆意占用城市公共空间，堵塞城市交通和视线，产生大量垃圾和污水，造成城市“脏乱差”现象严重，使城市处于混乱无序的状态，严重影响城市的正常运行。

一、城市“六乱”的概念及影响

城市“六乱”是指乱搭建、乱摆卖、乱停放、乱拉挂、乱堆挖、乱张贴等，主要是指几种严重影响城市秩序、容貌和环境卫生的违法行为。每个城市的具体情况不一样，六乱的内容会有所不同，但基本内容大致相同，集中表现在游商乱摆乱卖、店铺占道经营、市民在楼顶和阳台乱搭建雨棚和防盗网、流浪人员乱搭窝棚栖身、商家乱设招牌乱贴广告、各单位乱挂标语、施工部门乱开挖、乱堆放建筑垃圾以及市民群众乱丢垃圾乱吐痰等等。“六乱”作为城市“顽疾”，屡禁不止，更有甚者在城市里随意露天烧烤，乌烟瘴气，夜间的路边摊、饮食大排档等，食客宵夜饮酒，高声喧哗，影响市民休息，成为市民投诉的热点问题。“六乱”问题由于相互影响，容易造成矛盾冲突，引发打架斗殴等社会治安案件，使城市变成一个杂乱无章的大集镇，让城市蒙垢蒙羞，不再美丽如画，整治“六乱”成为城市政府和城市管理部门一项较为头痛的工作。

二、城市“六乱”的形成

由于过去城市“摊大饼”式的发展模式，吸引大量的农村人口涌入城市，城市人口急剧增长，这么多的人口要在城市里生活居住，而城市的住房和配套的基础设施不足，难以立即满足需要。一些人就像“吉普赛人”一样，在城市边缘地、闲置地块或相对偏僻处搭建临时窝棚居住生活。为了在城市立足和生存，一些人批发一些常用的日用小商品在人流密集的地方摆卖，快速赚取一些钱维持生活，并以期改善经济状况。店铺为招揽生意和扩大经营规模，也纷纷将商品摆出门口占道经营。市民为了扩大居住和活动空间，也纷纷在楼顶搭建雨棚用于养花种菜或堆放杂物，不能在楼顶搭建的，便伸出阳台搭建封闭式飘棚、防盗网等，占用城市公共空间。施工单位为贪图方便，施工时不进行围蔽，野蛮作业，搞得尘土飞扬，泥土污染马路，阻碍交通。有的单位和商家为了营造宣传气氛和商业氛围，乱拉乱设横幅、标语、广告。市民群众随手抛弃垃圾，乱吐痰和香口胶等，使城市变得乱哄哄、脏兮兮，污水横流，环境卫生状况连农村都不如，与人们心目中城市美好形象很不相符，相差甚远，到了非整治不可的地步。

三、城市“六乱”的整治

到了20世纪80年代末期和90年代初期，城市“六乱”已严重影响到城市的正常运行，城市政府开始组建城市管理执法队伍，着手重拳整治城市“六乱”。为快速取得整治效果，采取了暂扣物品、强制拆除等雷霆手段，使城市逐渐恢复正常的运行秩序，保证城市的生产生活正常进行，但同时由于采取了“暴力执法”、“以暴制暴”等强制手段，也使城市管理执法人员遭受非议，形象差强人意。

（一）乱摆卖的整治

整治乱摆卖是城市管理执法最初的源头，乱摆卖是每个城市发展初期都会遇到的问题，严重时会阻塞交通，使行人和车辆难以通行甚至无法通行。乱摆卖（地摊）都是无证经营，卖的都是日常用品，由于没有店铺租金、税收等经营成本，在价格上比商店里的商品便宜，乱摆卖一般都是在人流密集的路边，所以不用进商店，很方便，很多市民贪图便宜和方便，都会购买地摊上的商品，所以乱摆卖的生意一般都会很好，能够很快“发家致富”，即便是受到驱赶和日晒风吹雨淋，甚至物品被暂扣，也还有很多游商（南方俗称“走鬼”）依然“乐此不疲”，与城市管理执法人员打“游击战”。整治乱摆卖是城市管理的一项经常性工作，现在也还是城市管理执法工作的主要内容之一，对于乱摆卖行为，应当先进行教育劝导，屡教不改的要依法依规进行暂扣物品和罚款处理。城市管理执法部门在暂扣和罚款过程中，要依法依规按照程序进行，注意文明执法和执法宣传工作，不要引起群众围观和误解，更不要与执法对象和围观群众发生暴力冲突。对于利用机动车辆进行摆卖的，要联合交警部门采取联合执法行动，由交警部门依法暂扣和处理机动车辆。对于可能遇到的暴力抗法行为，要提前联合公安部门和属地管理部门坚决予以制止和处理。整治乱摆卖也可以采取强制与疏导结合的方式，建立或指定临时的摆卖疏导区，作为过渡措施加强对摆卖行为的管理。待市民素质提高与城市发展和人口稳定后，也可借鉴国外流动商贩的管理经验，在不影响城市管理的情况下，通过行政许可审批发放一定的数量牌照，使流动商贩的经营合法化。

（二）乱搭建的整治

乱搭建不仅破坏了城市的整体容貌，而且存在着安全和卫生隐患，必须坚决予以整治。对于流浪人员在城市各个角落搭建的临时窝棚，要及时发现并按照程序进行人员清理和拆除。对于市民在房顶和阳台等处搭建的飘棚、雨棚、防盗网等，应当依照相关法规进行规范整治或强制拆除，市民在阳台搭建防盗网严禁超出阳台范围，并保证在发生火灾时能够由里向外打开顺利逃生。对商家和市民以各种理由，占用公共空间临时搭建的各种固定的或移动的活动棚、架、亭等设施，应责令限期自行拆除或移走，对不自行拆除的或移走的，应根据相关市容环境管理法规予以暂扣或强制拆除。装在室外的空调部分要统一规范，不影响市容景观，空调支架要焊接牢固，防止室外空调部分及其支架坠落伤人。乱搭建行为肆意占用城市空间，破坏城市容貌，如果不及时进行制止，将会愈演愈烈，使得城市像一条被堵塞的河流（血管），就像得了脑血栓的“病人”，不能正常运行，若不进行限制和管理，可能最终也会造成城市的瘫痪。

（三）占道经营的整治

店铺占道经营在城市里也非常普遍，店铺占道一般占用的是门前的人行道，影响市民的正常通行。市民为了通行，往往会靠近或在机动道里通行，带来很大的安全隐患，也可能会引发行人因行走不便与店铺发生纠纷，占道经营必须予以坚决纠正和制止。店铺经营者合法经营获取利润无可厚非，但应当在店内经营，也要承担起城市“守护者”的责任，对店铺门前的管理也要负起相应的责任，而不是肆意地占用门前的人行道等公共空间用于扩大经营区域。要实行“门前三包”责任制，店铺在城市里赚钱，要承担起社会责任，协助有关部门管理和门前的秩序、卫生和安全等，而不是只顾赚取利益、唯利是图，甚至破坏公共秩序和环境卫生。对占道经营行为应予以纠正，屡教不改者，应当予以处罚。

（四）违法广告的整治

为营造城市的商业氛围，宣传商品的价值和用途，达到推销商品的目的，许多商家采取各种方式设置商业广告。一个城市由于商业和社会公益宣传等的需要，商业广告和社会公益宣传广告也不可能完全禁止，要合理存在。为规范广告的设置，避免泛滥成灾而影响城市的景观和视线，城市管理部门要建立广告审批制度，对广告设置的位置、时间和规模大小数量以及内容等进行严格控制，科学规范合理地设置城市广告。未经批准设置的各类违法广告牌或超过期限的广告牌要责令自行拆除，拒不拆除的依法依规进行强制拆除。对于非法悬挂的各类横幅、标语等责令拆除，拒不拆除的予以暂扣或收缴。

乱贴乱涂非法小广告严重影响市容景观，被称为城市“牛皮癣”，对广告中的联系电话使用语音宣传系统（呼死你）进行遏制，并联合电信部门依法进行查处。通过严格的审批和执法管理，改变过去城市广告铺天盖地、目不暇接的乱状，保持城市的整洁和秩序。

（五）乱停乱放的整治

各种车辆、物品在马路边或人行道乱停乱放的问题在城市里也非常严重，有些机动车甚至停在人行道，不仅阻碍行人通行，而且会压坏人行道路面的地砖，交警部门应予以教育和处罚，并将机动车拖离人行道。自行车、三轮车等非机动车辆停放在人行道严重影响行人通行，一些店铺将遮雨（阳）棚、宣传指示牌、垃圾桶、拖把等物品放在店铺门口或门口的人行道，既影响行人通行，又影响市容景观，城市管理部门应予以劝导和纠正，拒不整改的要进行处罚。现在许多城市投放了大量的共享自行车，方便了市民群众的出行，但共享自行车的停放问题也日益突出，应采取措施加强对共享自行车停放的管理。

（六）乱开挖乱堆放的整治

施工单位在进行道路维修、铺设地下管线等市政施工中，有时未经审批就开挖城市道路，有的虽经审批取得施工许可证，但在施工中，为贪图方便和节省成本，不进行工地围蔽，胡乱施工、随意堆放工具、施工材料和渣土等，污染道路、阻碍交通。城市管理部门要督促施工单位开挖道路时要先履行严格的审批制度，施工中要文明施工，进行围蔽作业，有序使用和放置施工的工具、材料，对施工中产生的渣土要及时清理或回填，不予配合的要进行责令整改直至停工处罚。对单位和个人在城市偏僻处随意堆放的废品和垃圾，要及时进行制止或处罚，限期进行清理。对城市居民乱排家庭装修垃圾和乱丢乱吐等行为进行教育，屡教不改的要依法进行处罚。对在城市公共空间的无主的堆放物要及时组织环卫部门进行清理，维持城市干净整洁的环境。

城市“六乱”问题看起来似乎都是小问题，只是城市的“皮外伤”，但是这些问题如果听之任之，放任自流，不及时进行制止和解决，将会愈演愈烈而一发不可收拾，“皮外伤”也可能会酿成大问题，会对城市的容貌景观、安全卫生、生态环境和市民群众的生产生活等造成很大的影响，甚至会阻塞城市的道路和交通，长此以往就会很严重，可能会造成城市的瘫痪。营造“干净、整洁、平安、有序”的城市环境，必须首先治理好城市的“六乱”问题，约束城市单位集体和居民个人的行为，养成良好的城市生活生产习惯，共同维护城市良好的秩序。

第五节 城市违法建设的成因和治理

随着城市的发展和城市规模的不断扩张，城市违法建设问题逐渐凸显，甚至有超过“六乱”之势，成为城市管理中的最主要最突出的矛盾问题，严重制约城市的正常运行和发展后劲，衍生出诸多城市管理问题，成为城市政府和城市管理部门最为头痛和最为棘手的问题之一。如果说“六乱”是城市的“皮外伤”，违法建设就是城市的“毒瘤”，则是城市的“内伤”，各类违法建设的存在，对城市的规划和经济建设造成非常大的负面影响，违法建设查控工作，将直接影响到城市建设和经济发展的战略目标的顺利实现。

一、违法建设的概念辨析

违法建设是目前行政管理中尤其是城市管理中的常用概念，是指在规划控制区范围内，未经建设、规划行政主管部门批准或违反建设审批规定的建设项目，未按规定取得有关建设许可证的建设行为。在城市管理的工作实践中，违法建设更多时候是指违法建设行为所造成的结果，即违法建成的构建筑物。目前在国家立法层面并无“违法建设”的专属概念和相关定义，但在实际城市管理工作中，又常常将违法建设行为和违法建成的构建筑物混为一谈，扩大了违法建设概念的内涵，使违法建设的概念更为复杂难辨。由于违法建设概念不清晰，导致目前普遍存在的对违法建设查控难的问题。考察和研究违法建设问题，首先应厘清违法建设行为和违法建设行为结果两个不同方面的概念，违法建设应是指违法建设行为，违法建成的构建筑物只是违法建设行为造成的结果。只有弄清楚和准确确定“违法建设”的概念，才能对症下药，有针对性地分别采取相应措施进行治理。整治“违法建设”问题，要在违法建设行为刚开始时的萌芽状态就予以强行有效制止，不要将违法建设行为演变成违法建设的结果，才会取得令人满意的实际治理效果。

二、违法建设的成因

中医将疾病分为未病和已病，借鉴中医对疾病的划分，我们可以将违法建设行为看作“未病”,将违法建成的构建筑物看作“已病”。违法建设作为城市的“毒瘤”非法存在，其形成有多种原因。

（一）城市的快速发展

违法建设一直都存在，并不是什么新概念和新生事物，只不过是在过去很长一段时间和城市大规模发展的初期问题并不是特别突出和明显。当城市进入快速发展的高峰期，大量农村人口涌进城市，城市周边的大量农村被规划进城市发展用地范围，城市不断向四周扩展，在城市向周边农村地区不断拓展的过程中，由于村民居住的实际需要和利益驱动等原因，在城市原属农村地区不断出现呈几何增长的违法建设。伴随着城市的发展，在许多城市形成了普遍的“城中村”现象，由于“城中村”生活成本较低，大量的外来人员租住、生活甚至工作在“城中村”里，外来人员逐渐超过原住民，有的甚至超过数倍、十数倍，有的“城中村”甚至藏污纳垢，给城市管理工作带来许多新的问题。

（二）增长过快的城市常住人口的实际需要

近年来许多城市的人口早已翻番，而且有增无减，城市规模还在不断扩大，这么多的外来人员来到城市谋生发展，需要安身居住下来，不能长期漂泊露宿在街头，但城市中心区或建成区又容纳不下，市场上的商品房价高也购买不起。由于城市发展规划的原因，城市对规划控制区范围的建设实行严格的审批制度，规划控制区的原农村居民由于家庭人口增长，大量涌入城市的外来人口需租住廉价的村民房屋等原因，刺激村民不断兴建、改建或加建房屋，用于自住或出租给外来人员居住或者从事各种生产经营活动等，甚至有的村、社等集体也兴建店铺、厂房等用于出租获利，这些构建筑物大都没有取得合法手续，大多数属于违法建设的构建筑物。

（三）巨额拆迁补偿的利益驱动

目前各城市违法建设屡禁不止，愈演愈烈，除以上两个原因外，最主要的还是巨额拆迁补偿的利益驱动。许多城市“摊大饼”式的建设模式席卷了大量城市周边的农村地区，在城市建设征地的过程中，田地的征地补偿费用较低，但对房屋等构建筑物的补偿费用却逐年攀高，有的城市一户居民获得的补偿款高达数百万，个别甚至上千万。目前无论是修路或者是其他城市建设项目，征地拆迁补偿的费用已高达建设总费用的一半以上。由于巨大利益的驱动，许多村、社集体和居民为了获取高额的拆迁补偿款，甘冒各种风险，想方设法进行违法建设，有的甚至社会游资参与其中，坐等获取拆迁补偿款分成获利，资本要生利，游资参与违法建设，使违法建设更加复杂而难以控制和拆除，使城市的发展建设成本越来越高，严重影响城市的发展步伐和发展潜力。

三、违法建设的治理

城市违法建设发展到今天，已不是单纯的原农村居民家庭由于人口自然增长的居住需要问题，一些违法建成的构建筑物无人居住，长期空置，有的甚至只建成框架，并不具备使用功能，只是等待有朝一日获取巨额拆迁补偿款。有的居民为获取高额的拆迁补偿款，漫天要价，屡屡发生暴力抗法、自焚等极端事件，极易引发社会矛盾等问题，有的由于拆迁补偿难以达成一致，致使城市建设或改造工作陷于停滞等等情况，不一而足。城市违法建设已成为阻碍城市建设和发展的一道愈来愈深的鸿沟，如何治理，如何逾越，是摆在城市政府和城市管理部门面前的一道难解的难题。

（一）严控违法建设行为

违法建设行为是“未病”，为何“未病”能够发展到“已病”，是因为违法建设行为得不到有效的制止。造成违法建设行为屡禁不止，越控越多的原因虽然很多，但最主要的还是因为违法建设行为与其他城市管理违法行为一样，违法成本很低，投入少却能取得数倍的利益。一般说来，违法建设行为持续时间不是很长，短则十天半月，长则也不过数月，而且具有一定的隐蔽性，又与农民的利益纠结在一起，城市管理执法部门发现后要按程序进行查处，在查处过程中，如果违建者不配合，城市管理执法部门缺乏对违法建设行为有效的强行制止手段。应从立法层面提高违法建设行为的违法成本，建立严厉的违法建设行为强制处罚措施，才能从根本上控制住违法建设行为的发生和蔓延。

（二）违法建成的构建筑物的治理

由于违法建设行为得不到有效的制止，城市发展规划到哪里，哪里的村民就会与游资结合，大规模地抢建违法建设，导致目前许多城市违法建成的构建筑物面积成为一个天文数字，有的城市高达上亿平方米甚至数亿平方米，给城市未来发展和建设带来很大的困难。目前的违法建设是指没有合法手续的已建成的构建筑物，是“已病”，非常难治，应当花力气摸清现有违法建设的底数，不要是一本糊涂账，什么时候建的，为什么要建，建设资金来源、使用情况等登记造册，进行甄别，分门别类进行治理。制定违法建设治理政策和细则，厘清村民确因家庭人口自然增长的合理需要和为了获取高额补偿款的恶意建设等各种情况，依法依规制定相应的治理政策区别对待，避免各种情况搅成一团，严厉打击社会游资参与违法建设补偿分肥。

（三）合理调整农村集体土地上房屋的拆迁补偿政策

违法建设之所以泛滥，主要是利益驱动。在拆迁中对构建筑物进行拆迁补偿是合理的和必要的，是维护房屋所有者的合法权益的体现，但农村宅基地建房不同于商品房，情况较为复杂，补偿不能搞一刀切，不要简单地按照房屋面积进行补偿，应当综合考虑居民实际居住需要、家庭人口数、房屋性质和使用情况等多种因素，合理调整农村集体土地上房屋的拆迁补偿政策，避免拆迁补偿政策客观上起到鼓励违法建设的现象。应探索建立根据构建筑物的性质、面积和使用情况等进行综合补偿的新机制，该补偿的一定要补偿，不该补偿的就不要补偿，手续不完备的应少补偿。拆迁补偿政策可以考虑从以下几个方面进行调整。一是房屋性质来看，手续完备的合法构建筑物可以全额补偿，手续不完备的争议不清只补偿成本价，完全没有的手续的一分钱都不要补偿。二是从使用情况来看，村民用于自住的具有合法手续的房屋的可以全额补偿，用于出租创收的应当少补偿或只补偿成本价，完全不使用等待拆迁补偿的就不要补偿。可以尝试通过拆迁补偿政策调整，斩断违法建设利益驱动的利益链条。三是拆迁补偿时要考虑到村民的家庭人口数和实际居住需求，超过实际居住需要的面积要少补或只补建筑成本价。

四、加强基层城市管理综合执法队伍建设

近年来，一些基层城市管理综合执法人员涉嫌违纪违法，被纪律处分或判刑的，屡见不鲜，其中许多就涉及违法建设问题，收受违法建设者的贿赂，教训不可谓不深刻。造成这种状况既有个别城市管理执法人员自身要求不严的问题，也有城市管理体制机制方面的原因，面对城市管理综合执法工作的复杂环境，要大力加强基层城市管理执法队伍建设。一是强化纪律教育，教育广大城市管理执法人员和协管员遵纪守法，坚决抵制违反城市管理法律法规人员的腐蚀拉拢，干净干事，坚持原则，忠诚事业，行使好城市管理职责。二是增强工作的责任心，加强对违法建设等城市管理问题的巡查，及时发现违法建设行为，并立即在现有执法手段的条件下坚决制止，不给违建者任何可乘之机，不让“未病”演化成“已病”。三是理顺基层城市管理执法体制机制，城市管理执法力

量要下沉，用于加大执法力度和覆盖面，但城市管理的权力要适度收紧，避免因太熟悉而使执法力度松弛，给城市管理执法工作带来很多干扰，客观上也会造成基层城市管理执法人员容易滋生腐败，定期对基层城市管理执法人员进行轮岗。四是对履职不力进行追责，对违法建设实行存量和增量管理，对存量逐年进行治理，提出整治消化目标，逐年减少违法建设的存量，对增量实行严格管理，杜绝违法建设增量，若有增量，按照相应的数量对相应人员进行相应的责任追究。近年来，许多城市的基层城市管理部门和城市管理执法部门也有不少人员因违法建设被追究责任。

违法建设的危害远比“六乱”严重，虽然沉疴难治，但并不是不可治理，切不可有畏难情绪，若不采取有效措施加紧治理，必将对城市今后的发展和管理都带来极大的困难。违法建设建了拆，拆了建，越拆越多，造成建筑资源的极大浪费，令人心痛。我们要弄清楚城市违法建设的成因，分清情况，因病施药，针对不同情况采取相应的治理措施，依法公正执法，杜绝在违法建设方面可能存在的广受非议的选择性执法问题，才能遏制住违法建设蔓延的势头。

第六节　城市水域的管理

人类自古以来都是逐水草而居，城市一般都靠近江河湖海建设，古今中外，概莫能外。江河一般都穿城而过，河流越大城市就会发展建设得越大。蜿蜒的河流日夜不息地奔腾流淌，滋润着河两岸的城市和广大市民，被誉为城市的“母亲河”。如何管理城市水域，保护好“母亲河”，是城市综合管理的一项重要内容。

一、城市水域管理的现状

城市水域是城市的血脉，城市水域不仅包括流经城市的河流，还包括河流的支流、河涌和城市的湖泊、水库等水体，保持城市水域干净整洁、河流顺畅流淌是城市健康发展的必要条件。虽然我国在发展初期，曾经想避免走西方国家发展“先污染、后治理”的老路，但在发展的过程中，还是对环境造成了很大的污染。改革开放以来，由于城市工商业的发展和城市人口急速膨胀等原因，大量的工业废水和生活污水未经处理直接排入城市水域，市民为贪图方便，向城市水域倾倒或抛掷垃圾和粪便等排泄物，建筑垃圾运输船只为取得更大的利润，向城市水域偷排建筑余泥等，种种破坏城市水域环境的不法行为，造成城市水域变黑发臭，各种垃圾堵塞河道，水流不畅，污染严重，使“母亲河”难以承受哺育城市之重，市民意见很大。一些餐饮饭店贪图风景风光，也开在城市水域周边，有的甚至开到水面上，就便向城市水域排放餐饮垃圾和污水，污染城市水环境。许多城市的水质状况堪忧，治理城市水域的环境卫生、改善水质已成为摆在城市政府面前一项刻不容缓的重要事情。

二、建立城市水域保护机制

河流虽然有自我净化的功能，但城市产业和人口过于密集，产生大量的污水和废弃物，如果不对河流加以保护，水体会被迅速污染。我们要正确认识城市水域对城市的重要作用，保持城市水域洁净如新、碧波荡漾，必须建立完善的城市水域保护机制。

（一）制定城市水域保护法规

保护城市水域环境十分重要，仅靠宣传教育显然不够，必须要立法进行严格的保护。城市政府要制定水域保护的地方性法规，禁止一切向城市水域排放污水和乱丢废弃物的行为，并做到有法必依、执法必严，对破坏城市水域环境卫生的违法行为决不姑息迁就，要予以严厉的惩处。通过严格管理、严格执法，保持良好的城市水域生态环境。

（二）设立城市水域管理和执法机构

为使城市水域管理法规落到实处，城市要设立专门的城市水域管理机构，对城市水域依法实施有效的管理。城市水域管理部门要加强日常巡查，依法管理好水域周边的环境和秩序，禁止在水域周边开办高污染的企业，禁止乱搭乱建，禁止水域周边的单位、店铺和居民等向水体抛掷垃圾和直接排泄污水。城市综合管理执法机构要严格执法，履行职责，对违反水域管理法规的行为进行严肃查处。

（三）建立城市水域保护联动机制

河流源远流长，我们不仅要加强对流经城市的河段加强保护，还要加强河流上下游的联动保护，才能保证城市水域的保护取得成效。要建立跨地区跨城市间的联动保护机制，定期召开联席会议，研究问题，分解责任任务，加强河流流经地区和城市间的联动保护行动，共同行动治理河流污染问题。积极推行“河长制”，城市各级政府主要负责人担任河流流经不同城市河段或支流、河涌的河长，主要领导亲自挂帅，切实共同努力把城市水域环境治理好。

（四）加强城市湿地的建设和保护

城市湿地对城市气候环境很重要，有湿地的城市要加强城市湿地的建设和保护，为避免城市湿地受到城市开发建设等人为因素的破坏，应建立城市湿地公园，加强城市自然资源的保护，发挥城市湿地调解城市气候的功能，成为市民休闲的好去处，成为候鸟的天堂。

三、城市水域环境的治理

城市水域的治理是一项系统工程，既要源头治理，又要治理已污染的城市水环境，要多管齐下，耗费巨资，启动城市水域治理工程，还“母亲河”水清河晏的原貌。

（一）污水的治理

城市水域是为城市提供水源和涵养环境气候的，不是用来排污的。隋朝初期，长安城由于长期受生活污水污染，地下水“水皆咸卤”，不再适宜居住，隋文帝不得已另外选址重建新长安城。要吸取历史教训，花大力气搞好城市污水处理工作，严禁企业废水直接排入城市水域，由于污水处理运营成本较高，有的企业为节约成本、增加利润，虽建有污水处理设施，但平时并不运转使用，只是在应付检查时才使用，装装样子，企业废水必须经过处理达标后才能排入城市水域，否则予以重罚和停产，追究法律责任。要对城市生活污水实施截污工程，所有生活污水都要收集到污水处理厂，经处理达标后才能排入城市水域。要加快城市生活污水处理设施建设步伐，使城市的生活污水处理能力与城市生活污水的产生量相匹配，生活污水能够百分之一百地得到处理。

（二）清理水域垃圾和疏浚河道

组建城市水域保洁专业队伍，配备垃圾打捞船只，清捞水面垃圾，不断扩大水域保洁范围，保持城市水体的整体干净卫生。定期疏浚河道，防止河道淤塞，保持水流顺畅。由于水域保洁作业的特殊性，管理人员要加强对水域环境卫生的检查，督促水域保洁人员对水面漂浮垃圾及时进行清理打捞，保持水面洁净如镜。对“水浮莲”等水生漂浮植物季节性大量繁殖阻塞河道的现象，要组织足够的力量进行打捞，尽快恢复河面整洁和水流通畅。

（三）加强对水域周边的管理

城市水域的垃圾和污水主要是周边的工厂、单位、店铺和居民排放的，要对他们加强水域环境保护的宣传教育和管理，定期检查排污口的水质，超标的立刻予以责令停工停产进行整改，对往水域乱丢垃圾和乱排污水的行为要坚决予以打击和处罚。坚决拆除水域岸边的乱搭乱建，坚决关闭城市水域周边的养猪场、养鸭场等高污染养殖行业，对水域周边的餐饮企业能关闭的要关闭，一时关闭不了的要加强管理，不准向水域丢餐厨垃圾，餐饮污水要经过处理达标后才能排放，严禁向水域直排污水，违者予以重罚直至关闭。

（四）严厉打击向城市水域排泄废弃物的违法行为

加强对城市水域船舶的管理，船舶垃圾应运上岸进入城市生活垃圾收运系统，严禁船舶向水域排放垃圾和污水。严厉打击建筑垃圾运输船只向城市水域偷排建筑淤泥的严重违法行为，发现一起严肃处理一起，追究责任并给予重罚，彰显城市政府治理水域环境的决心。禁止向城市水域丢弃动物尸体，倾倒粪便、生活垃圾等废弃物。城市管理执法部门要加强对违反水域管理法规行为的处罚力度。

（五）加强对城市水资源的保护

城市水资源尤其是饮用水源，是城市赖以生存和发展的重要资源，要加强对城市水资源的保护，定期对城市水体的水质进行监测，既要严禁生活污水、工业污水等直排污染水体，又要密切关注水中悬浮物、浮游生物和有害物质的含量，许多浮游生物对环境变化很敏感，可作为水质的指示生物。要防止一些有害生物如藻类等大量繁殖，引起水质的恶化，使水体发臭变质。

城市水域管理是城市管理的重要组成部分。随着城市化进程的加快和人民生活水平的提高，人们对生活环境的质量和内容的要求也越来越高。城市政府要组织实施水环境污染综合保护和整治工作，加强城市污水处理工作和水面保洁，强化城市饮用水源的保护工作，打击各种污染水源的违法行为，不断改善水质状况，至少使城市的水域能够游泳，亲水娱乐，城市因水而美丽灵动，而不是使市民因水域被严重污染发黑发臭而对城市水体敬而远之。

第七节　城市其他重要事务管理

在“大城市管理”的架构下，城市管理内容非常庞杂，需要管理的事务很多，除了大家常见的生活垃圾处理、“六乱”整治、违法建设治理等城市管理问题，还有大量的与市民生活息息相关的重要的城市管理问题，需要城市管理部门加强管理力度和广大市民的支持配合，使这些问题得到妥善处理，维持城市的正常运行秩序、安全和环境。

一、粪便的处理

城市每天都会产生大量的粪便，由于排便的隐蔽性，大家可能感觉不到粪便处理的问题，但此问题真实存在，不容回避。一个城市粪便的产生量与生活垃圾的产生量成正比，数量也是非常巨大的，超大城市每天产生的粪便量也有上千吨甚至数千吨。由于生活水平的提高，人们大量食用肉类和油脂，粪便有害物质含量高，不能直接排入城市的水体，否则就会严重污染城市水体，破坏城市的水环境。城市应当建立粪便无害化处理厂集中收集和处理粪便，粪便经生化处理水质达到排放标准后才能排放，粪渣也要处理安顿好，最好能够加以利用。城市里的狗、猫等宠物也会产生少量粪便，要加强宠物室外排便的管理，督促宠物的主人及时清理宠物粪便，以免污染城市环境。

二、工地、余泥渣土和泥头车的管理

城市发展要兴建大量的高楼大厦、道路和基础设施，很多城市在发展过程中就像一个大工地，到处都是工地在施工建设，要加强工地安全管理，使工地按照规范文明施工，杜绝野蛮施工的不文明现象。大型建筑的基础工程施工开挖、地铁的建设等都会产生大量的余泥渣土，旧建筑的拆除和装修会产生大量的建筑垃圾，大城市每年都会产生上千万立方米甚至数千万立方米的余泥渣土和建筑垃圾，余泥渣土和建筑垃圾不能随意倾倒和偷排。城市要加强余泥渣土受纳场的建设，用于接纳城市建设产生的余泥渣土和建筑垃圾。泥头车伤人事故，各城市屡有发生，影响较为恶劣，要加强泥头车的管理。为不影响城市交通，余泥运输一般都是在夜间进行，有条件的城市，可以建立泥头车管理信息系统，对泥头车统一安装定位跟踪装置，限制泥头车按照规定路线行驶。泥头车车厢要加装密闭装置，符合散体物料运输的要求。通过一系列的管理措施，制止泥头车为

追求最大效益，超载超速、多拉快跑的违法行为，防止泥头车撒漏污染城市道路和引发严重交通安全事故等问题。

三、动物尸体和有害肉类的处理

城市每天都有大量的猪、牛、鸡等禽畜和老鼠等动物死亡，这些动物尸体很多都是病死的，携带大量的病菌，要及时收集起来进行高温无害化处理，以免因腐烂而污染环境、危害人民健康。城市应当建立专门的动物尸体管理机构和处理设施，建立专业收运队伍专门收集和处理动物尸体，指定收集地点或公布收集渠道和联系方式，不要让动物尸体无处可去而被随意丢弃到城市角落、水体中腐烂发臭或者混入城市生活垃圾，消除可能造成城市卫生安全的危险因素。肉菜市场的死鱼烂虾、变质肉类或检验不合格的各种肉类及肉制品也需要集中无害化销毁，不能流入百姓的餐桌，危害城市居民的身体健康。

四、燃气的管理

城市生产生活需要大量的热能，现在城市能源大量使用天然气，给市民的生活带来极大方便，在大力发展燃气事业的同时，也要加强燃气行业的管理，严格审批燃气企业，加强安全检查，防止燃气安全事故的发生。一是要加强管道燃气的管理，定期进行燃气管道安全检查，更新老旧管道，防止漏气。二是要加强对罐装燃气的管理，定期检查燃气罐的安全性能和使用年限，过期的燃气罐坚决不能使用。三是大力发展管道燃气，逐步取消燃气罐，增加燃气使用安全系数。四是加强燃气炉具的管理，使用安全性能高的燃气炉具。五是加强对燃气充气站的管理，定期进行安全检查，规范作业，对发现的问题限期整改，消除事故隐患。

五、有害垃圾的管理

灯管、电池、过期药品、杀虫剂等因含有重金属等有害物质需要单独收集、单独进行处理，有害垃圾不能混入生活垃圾中。有害垃圾要加强管理、妥善存放，达到一定量时由专业处理企业进行专业处理，否则就有可能污染土壤和地下水，对城市生态环境造成不可逆转的损害。要加大有害垃圾危害性的宣传，教育市民不要随意丢弃有害垃圾，要投放到专门收集的容器内，使市民养成分类投放垃圾的好习惯。医疗垃圾也要专门收集、运输和处理，卫生部门要建立专门的医疗垃圾焚烧处理设施，无害化处理医疗垃圾，防止医疗垃圾污染环境，传播疾病。

六、公共厕所和果皮箱的管理

公共厕所、果皮箱等都是城市不可缺少的环卫设施，由于过去城市许多家庭的老房子没有配置厕所，市民上卫生间需要到附近的公共厕所。人有“三急”，市民外出时也需要到公共厕所方便。要合理规划建设足够数量的公共厕所，对过去的旱厕要进行升级改造成水冲式卫生公厕，如果公共厕所不足，应制定政策开放临街的酒店、商场和机团单位的厕所，设置公共厕所位置的指示标牌，以满足市民的需要。要加强公共厕所的保洁和管理，做到干净整洁无臭味。为避免市民乱扔垃圾，要在街道、马路边按照规定的距离合理设置分类垃圾桶、果皮箱等，并加强清洗、维护和管理，保持垃圾桶、果皮箱外观完整无缺、干净卫生，及时清理箱内垃圾，不要过满外溢，杜绝垃圾落地。

七、病媒生物的防治

城市人口密集，传染病一旦大规模爆发，发生公共卫生安全事件，后果将不堪设想。老鼠、蟑螂、苍蝇、蚊子等害虫携带大量病菌，是烈性传染病的主要传播媒介，要加强病媒生物的防治，对“四害”予以消杀，最大限度地控制有害生物的数量。一方面城市要保持环境的干净整洁，不要形成卫生死角和积水，消除“四害”的滋生环境。另一方面“四害”的生存能力和繁殖能力都很强，要根据各种有害生物的习性特点进行化学消杀，不要让“四害”滋生蔓延，猖獗横行，杜绝苍蝇到处飞，蚊子咬死人，蟑螂到处爬，老鼠到处跑，有的老鼠甚至跑到城市高架路上漫步、在电线上表演“走钢丝”。这些现象如果不消除，就可能会给城市公共卫生安全带来威胁。

八、控制吸烟工作

据世界卫生组织统计，全世界每年约 300 万人因抽烟而死，我国是烟草生产、消费大国，约有 3 亿人吸烟，占世界吸烟人数的三分之一。吸烟严重危害健康，二手烟危害更重，要严禁在公共场所吸烟。许多城市制定和颁布了控制吸烟的地方性法规，国家正积极推进控烟的立法工作，2013 年 12 月，中共中央办公厅、国务院办公厅印发了《关于领导干部带头在公共场所禁烟有关事项的通知》，控制吸烟工作已成为大家的共识。要在公共场所张贴禁烟标志，加强控制吸烟的宣传教育力度，已出台控烟法规的城市要加大联合执法力度，对违反法规的吸烟行为予以处罚。

九、城市部件的管理

要加强城市的井盖、路牌、路灯、树木、岗亭等各种部件的管理，防止因井盖的缺失、路牌树木岗亭倒塌伤人事故。特别是要加强井盖的管理，城市有大量的上下水道、通信电缆管道等井盖，数量往往几十万个甚至上百万个，由于老化破损、被盗、人为破坏等各种原因，造成井盖缺失，对行人安全造成很大的威胁。要建立井盖管理信息系统，对缺失井盖及时发现并通知督促井盖的业主尽快修复。规范设置路牌、岗亭，定期修剪树木，以免影响行人通行，保持城市秩序。路灯数量多，长期使用容易损坏，发光装置容易烧毁而灭灯，要及时发现和修复。城市部件种类很多，数量也很大，要分门别类建立起管理规范和应急措施，及时处理可能发生的城市管理问题。

十、绿化景观和市政道路维修等管理

市政管理是城市管理的重要范畴，要确定城市的主色调，加强城市建筑等色彩基调的管理。市政部门（城市管理部门）要重视绿化工作，加强城市公园、绿地和马路两旁的绿化带建设，种植一定数量的树木，不仅可以美化城市，而且可以改善城市的空气质量，消除城市的紧张感和市民的视觉疲劳感，让市民观赏和休闲。要加强城市绿化的维护，定期进行修剪、补种和预防病虫害等工作，严禁向绿地和绿化带扔垃圾。加强城市大型广告招牌的管理，禁止乱设广告阻碍城市的视线景观。加强城市道路的维护，对破损情况及时进行修复，定期对城市的下水道、沙井进行清污，保持下水道的通畅，防止堵塞造成污水外泄。

城市管理虽然千头万绪，但不能顾此失彼。要搞好城市综合管理工作，既要抓住城市管理的主要矛盾，又要进行科学合理的统筹规划和妥善安排，使城市的各项事务都能够得到有效的管理。城市生活垃圾管理是城市管理工作中的重中之重，如果管理不到位，很容易造成“垃圾围城”，会严重影响城市的正常运行，甚至会造成城市的瘫痪。城市生活垃圾管理问题日益引起城市政府的重视和社会各界的关注，搞好城市生活垃圾无害化处理，越来越考验着城市政府的执政能力和城市管理部门管理城市的能力。

第五章

城市生活垃圾管理

垃圾处理是世界性难题，至今还没有很好地解决，城市生活垃圾管理是城市综合管理工作的重要内容之一，城市政府切不可以掉以轻心，需要花费大量的时间、精力和资金来处理生活垃圾问题。要制定城市生活垃圾处理的中长期规划，构建起科学合理、优质高效的城市生活垃圾收集、运输、处理系统，这是城市正常运行的重要保证。进行城市生活垃圾收集、运输和处理等是城市管理（环卫）部门日常的基本工作行为，稍有懈怠，就难以保持干净整洁的城市环境。由于城市生活垃圾管理的重要性、复杂性和艰巨性，有必要专辟一章进行详尽的论述和探讨。

第一节　城市生活垃圾的收集和运输

城市每天产生大量的生活垃圾，把生活垃圾从城市的各个地方收集起来，并运送到城外的生活垃圾终处理设施，是城市管理（环卫）部门日常重要的职责任务。如何做好城市生活垃圾的收集和运输，而不使生活垃圾长时间滞留城中，保持“干净、整洁、有序、美丽”的城市环境，是城市管理（环卫）部门的重要工作目标之一。

一、城市生活垃圾收集和运输的重要性

城市生活垃圾的收集和运输是垃圾终处理的前端工作，城市越大、人口越多，生活垃圾的收集处理任务就越繁重和复杂。人们生活在城市里就必然产生生活垃圾，由于城市空间和容积的有限性，生活垃圾不能在城市里长时间的停留，每天必须进行统一收集，并运送到城外的垃圾处理场进行集中无害化处理，否则就会影响城市的正常运行，严重时甚至会造成城市的瘫痪。城市生活垃圾的收集和运输是城市管理的重要工作内容，小觑不得，要切实引起城市政府和城市管理（环卫）部门的高度重视。垃圾的收集和运输紧密相连，各城市要针对本地生活垃圾产生规律和组分特点等实际情况，制定详细有效的政策规定，采取各种有针对性的措施，建立有序高效的垃圾收集和运输系统，确保城市生活垃圾及时得到收运，把其对城市环境和市民生活的影响程

度降到最低。

二、城市生活垃圾的收集

城市生活垃圾是分散产生的，但不可能分散进行处理，必须集中起来运送到大型垃圾处理设施进行处理。一般来说，城市生活垃圾不同于农村垃圾，其产生的源头和种类比较复杂，产生量也比较大，归纳起来，主要有以下几种。

（一）城市保洁垃圾的收集

城市有大量的街道小巷和公共场所，由于自然和人为的原因，产生大量的垃圾需要进行室外清扫保洁。城市保洁垃圾主要是枯枝树叶和餐巾纸、果皮、烟头、包装盒、塑料瓶（袋）和食物残渣等，主要依靠人力进行清扫保洁，就是人们常见的环卫工人清扫马路，大的马路和街道可以使用扫路车等机械设备。为保持城市街面整洁，许多城市制定保洁制度，投入大量人力物力进行保洁，街面保洁垃圾是城市生活垃圾中的一个重要的组成部分。

（二）市民家庭垃圾的收集

城市居民家庭的生活垃圾也是城市生活垃圾的一个重要组成部分，随着城市居民生活水平的提高，其垃圾成分往往比城市保洁垃圾更加复杂，还有大量的厨余有机垃圾、电池等有害垃圾以及大件的旧家具等。市民家庭垃圾的收集主要是环卫工人上门收集，或者规定居民扔到指定的垃圾投放点。为保持城市环境卫生，要严禁市民乱扔家庭生活垃圾，尤其是高空抛掷垃圾等物品。

（三）机团单位和店铺、市场等垃圾的收集

城市里有大量的机团单位、商业店铺、学校、工厂、市场等，相比较而言，单个集体产生的垃圾可能会比较单一，例如专业的市场，但就整个集体产生的垃圾来讲，却是更加复杂多样。这些集体单位产生的垃圾量巨大，其收集主要是指定收集地点，大的单位也可自行收集后运输到城外的垃圾处理场，例如个别规模庞大的大学。

（四）城市生活垃圾的分类收集

城市生活垃圾成分复杂，数量巨大，既有大量可以回收利用的有用物质，又有大量的有害垃圾。目前许多城市认识到垃圾分类的重要意义，纷纷制定政策措施，积极推进垃圾分类工作。垃圾分类收集是源头分类，是垃圾分类处理回收利用的基础性工作，与垃圾中间分类或末端分类相比较，既可节约成本，又可避免垃圾的二次污染。

三、城市生活垃圾的运输

城市生活垃圾的运输需要专业的车辆等来进行，个人和小的集体不具备垃圾运输的条件，主要是靠城市管理（环卫）部门统一完成。城市人口过于密集，为保持城市的整洁卫生，杜绝疫情滋生的可能因素，城市当天产生的生活垃圾应当在当天清运完毕，做到“日产日清”不过夜。

（一）垃圾压缩中转设施的建设

为提高垃圾运输的效率，垃圾运输一般都使用大型的车辆，垃圾运输的起点不可能太分散，而且在运输前要将垃圾进行压缩，以降低垃圾的体积，节约运输成本。据测算，经过压缩的垃圾可节约运输成本一半。各城市要把垃圾压缩中转站作为城市建设不可缺少的配套的基础设施进行合理规划和建设。垃圾中转站周边的生活垃圾集中到该设施后进行压缩，装满后即可运输到垃圾处理场。垃圾压缩中转设施建设通常会遇到选址难和用地难的问题，其实可以尝试转变思想，树立“美”与“丑”包容共生的观念，就像再好的豪宅里也要有厕所一样，在城市公园、绿地、广场或者大厦的地下空间等辟出一定的区域进行建设，以解决环卫基础设施用地难的问题。

（二）垃圾临时装运点的选择和管理

由于城市化速度过快和规划滞后等原因，许多城市的垃圾压缩中转站往往不足，需要选择临时的垃圾装运点来满足垃圾装运的需求。垃圾临时装运点应选择在不扰民和不阻碍交通的地方，如果选择在马路边，不要在交通繁忙时段装运垃圾，尤其是在上下班交通高峰的时候。一般来说，垃圾临时装运点往往没有围蔽，设施不完备，露天作业，一定要加强管理，按照规范进行作业，垃圾不要落地。装运完毕后，要迅速恢复原状，避免对环境造成污染。

（三）运输路线规划和车辆管理

大型垃圾处理场一般离城市较远，城市规模越大，垃圾产生量越多，投入的运输车辆就越多，运输的路线也就越多。要合理规划垃圾运输路线，避免车辆空跑或载量不足而造成人力物力的浪费。垃圾运输车辆应保持整洁的车容车貌，严禁垃圾外露和飘洒，严防垃圾运输车辆的污水“跑冒滴漏”现象。运输车辆要遵守交通规则，文明驾驶，夜间运输更要注意安全防范，预防交通事故。

（四）城市生活垃圾的分类运输

随着垃圾分类的深入开展，城市生活垃圾运输最终要逐步实现分类运输，如果城市管理（环卫）部门不改变垃圾运输模式，混收混运将极大地挫伤市民的垃圾分类的积极性，影响垃圾分类工作的顺利推进，使垃圾分类劳而无功。虽然垃圾分类运输要比混收混运复杂精细，要投入更多的人力物力，但其对今后的垃圾分类处理意义重大，而且一部分可回收的垃圾可以带来收入补贴运输成本。各城市应根据本地的垃圾组分的特点和垃圾分类工作的进展情况，按照先易后难的原则，积极开展垃圾分类运输工作。

四、城市生活垃圾收集和运输应注意的几个问题

城市生活垃圾收集和运输基本上都是在城市里进行，对城市的环境秩序影响较大，又会受到广大市民的监督，需要注意以下几个问题。

（一）垃圾收集运输的密闭性

生活垃圾容易腐烂变质，发出恶臭的气味，观感也差强人意，所以垃圾的收集和运

输都应尽可能在密闭的状态下进行，以免给人们带来视觉感觉嗅觉等方面的不舒服。尤其是在垃圾装运的过程中，由于大量垃圾聚集在一起，对人们的感觉冲击更大，要提高城市管理（环卫）部门的工作水平，尽量在密闭的环境下进行文明作业，减少对市民生活的影响。垃圾运输车辆的车厢要密闭改装，防止垃圾在运输过程中，垃圾中渗滤液外泄污染城市马路的现象。

（二）作业机具的配备和保养

生活垃圾的收集和运输需要大量的各种类型作业机具，小到扫把、铲子，大到各种大型的环卫专业车辆，是环卫工人的“武器”装备。各城市由于自然条件和生活习惯等不同，垃圾成分有一定的区别，如南方城市气候温暖，树木较多，一年四季都有落叶，北方城市冬天下雪结冰，需要不同的作业机具。目前全国环卫作业机具尚没统一定型，各城市使用的环卫作业机具五花八门，要选择和配备充足的环卫作业机具，作业机具要适合本地的垃圾收集和运输，并保持作业机具的完好整洁，不要破破烂烂，脏兮兮的，使作业机具处于良好状态。

（三）作业人员的管理

环卫工人绝大部分都是从事垃圾（包括粪便等）的收集和运输工作，只有极少部分从事垃圾的终处理工作。垃圾的收集和运输与其作业人员有很大关系，我们一方面呼吁社会尊重环卫工人的劳动，另一方面也要加强作业人员的管理。环卫工人要着装整洁、文明作业，不要在作业过程中赤膊露背，叼烟嬉戏等；要按照规范进行清扫保洁作业，杜绝个别环卫工人为图方便将垃圾扫入下水道，在清扫作业时要注意避让行人，文明作业，避免碰到行人而与市民发生冲突，不要从事与作业无关的事情，不要因捡拾垃圾废品谋利影响作业质量和效率等。

城市生活垃圾的收集和运输是城市管理工作的重要环节，也是衡量城市管理水平的重要标志之一，保持城市干净、整洁的环境。随着城市生活垃圾量的不断增长，垃圾种类越来越复杂，城市管理（环卫）部门要按照供给侧结构性改革的要求，深入研究垃圾收集和运输的特点和规律，积极采取有效措施，提高城市生活垃圾的收集和运输工作的效率，进一步做好城市生活垃圾的“日产日清”工作。

第二节 城市生活垃圾“日产日清”建议

城市每天产生大量的生活垃圾，这些垃圾最终要被运出城市进行无害化处理，但垃圾何时运出、在城市停留多长时间，每个城市的情况各不相同。一般说来，生活垃圾在城市停留的时间越短，对城市的污染和危害就会越小，否则，就会对城市管理和公共卫生安全造成较大的不良影响。一些城市提出的生活垃圾“日产日清”工作要求，符合垃圾生成、收集和运输的规律，应当成为各地城市管理部门（环卫部门）追求和遵循的工作目标。

一、生活垃圾“日产日清”的重要性

城市与农村相比，具有地域相对狭小、人口密度大的特点，保持干净、整洁的城市环境是保持城市正常运行最基本的要求。城市生活垃圾产生量大，但能够用于存放的空间非常小，如果清运不及时，使垃圾大量堆积在城市的公共空间，就会对市民的日常生活造成较大的影响。生活垃圾成分复杂、含有较多的有机物，容易腐烂发臭，滋生有害病菌，并会吸引苍蝇、蚊虫、鼠类、蟑螂等有害生物，这些有害生物的生命力极为顽强，清洁环境尚难灭其踪迹，过夜存放的垃圾更是它们生存活动的乐园，将对市民的健康造成严重威胁。生活垃圾不宜在城市停留过久，比较科学合理的做法就是当天产生的生活垃圾当天运出城市，做到垃圾“日产日清”不过夜。垃圾“日产日清”虽然对城市管理部门（环卫部门）的工作要求较高，但对城市的正常运行具有重要的意义，是维护城市可持续发展的重要条件之一。城市管理部门（环卫部门）要充分认识生活垃圾“日产日清”的重要性，高度重视垃圾“日产日清”工作，采取有效的工作方式，克服现实存在的各种困难，科学合理地编排垃圾的收集和运输工作流程，使城市生活垃圾能够在最短的时间内得到全部清运。

二、垃圾“日产日清”现状和面临的困难

从全国的城市来看，有的城市基本做到了垃圾“日产日清”；有的城市过去做到了，但由于城市规模扩大，垃圾增长快，而运输工作没跟上，现在又没有做到；有的城市离垃圾“日产日清”还有较大的距离。由于每个城市的情况不尽相同，完全做到城市生活垃圾“日产日清”确实是一件非常困难的事情，尤其是垃圾产生量大、垃圾成分复杂的大城市和超大城市。综合生活垃圾产生的特点，垃圾“日产日清”面临的困难主要有以下几个方面。一是各种类型的垃圾产生的时间不一致，马路街道保洁垃圾、市民家庭垃圾、餐饮商场店铺垃圾都在不同时间生成和倾倒。二是垃圾成分复杂，数量不一，保洁垃圾、市民家庭垃圾和店铺垃圾的成分差异较大，不同时间垃圾产生的数量也不一致。三是垃圾产生量大，而城市管理部门（环卫部门）收集和运输垃圾的能力不足，难以对随时随地产生城市生活垃圾及时进行清运。四是城市管理部门（环卫部门）对垃圾的收集和运输的管理和安排还不够科学、精细，满足于将垃圾最终清运出城即可，没有提出更高的工作要求。以上几个原因造成了城市生活垃圾大量堆积和较长时间存放在垃圾转运站或临时收集点，然后再集中清运，许多垃圾在第二天甚至更晚时间才被运出城市。

三、垃圾“日产日清”建议

由于垃圾当天没有及时清运出城，许多城市每天早晨抢运前一天的垃圾，匆忙作业对市民出行、城市交通和环境都造成一定的影响，也增大城市公共卫生安全的风险。真正完全做到垃圾“日产日清”不是件容易的事情，需要做好以下几个方面的工作。

(一)严格规定垃圾投放的时间

城市生活垃圾是随时随地产生的，但城市管理部门(环卫部门)难以做到一天24小时都在运输垃圾，更不可能随时运输垃圾，为保证垃圾“日产日清”，必须规定每天最早和最晚投放垃圾的时间，这是极为关键的一环。各城市在制定或修订生活垃圾管理的地方性法规或规范性文件时必须予以明确。根据城市生活垃圾产生的特点规律和实际情况，建议规定每天最早投放生活垃圾时间为凌晨2点钟，最晚时间为夜晚10点钟，中间4个小时严禁任何个人和单位集体投放垃圾，并制定相应严格的处罚措施。若确需在此时间段内投放垃圾的，需建立严格的审批制度，经城市人民政府批准，建立特殊的垃圾收运渠道。

(二)对不同时间投放垃圾实行不同的收费标准

目前许多城市都征收垃圾处理费，对早晨6点钟至夜晚10点钟时间段内投放垃圾的按照正常标准征收垃圾处理费，由于深夜投放垃圾得不到及时清运，要对凌晨2点钟到6点钟这4个小时的时间段内投放垃圾的按照高于正常标准一倍以上征收垃圾处理费，以此调节垃圾的投放时间，鼓励城市居民和单位集体在每天夜晚10点钟前把生活垃圾投放完毕，减轻垃圾夜间在城市堆积和停留时间过久的压力。

(三)城市管理综合执法部门加大执法力度

城市管理综合执法部门要对夜晚10点钟到凌晨2点钟时间段内投放垃圾的违法行为进行查处，此时间段内投放垃圾的主要是宵夜档和烧烤档等经营者，他们往往还会占道经营或乱摆乱卖。城市管理综合执法部门可成立夜间执法队，联合公安部门，一方面查处其占道经营和乱摆卖违法行为，另一方面依法查处他们乱丢垃圾或者不按时投放垃圾的违法行为，处以严厉的罚款。对据不接受处罚的，屡教不改的可由公安部门核实其身份信息，由城市管理执法部门将其违法行为通报到其户籍所在地人民政府及其所在的街道、村社或居委，并要求其户籍所在地人民政府及其所在的街道、村社或居委配合对其进行教育和处罚。

(四)城市管理(环卫)部门合理编排垃圾收运流程

城市管理(环卫)部门要本着“当天工作当天完成”的精神和要求，按照各类生活垃圾的特性和产生的时间顺序，配备和安排充足的人力和车辆，科学合理地编排垃圾收运工作流程，从每天早晨6点钟开始至夜晚12点钟将城市当天产生的生活垃圾全部运到城外的垃圾处理场进行无害化处理，使垃圾“日产日清”成为垃圾收运工作的新常态，避免由于垃圾清运不及时，今天留一点明天漏一点，日积月累就可能会在城市里不断形成新的各种类型的卫生死角。垃圾“日产日清”功在平时，利在长远，不要等到创建国家卫生城市、创建全国文明城市等搞大清洁行动时再突击清运卫生死角，应在平时就消灭或杜绝卫生死角的形成。

(五)结合垃圾分类推进垃圾“日产日清”工作

目前许多城市开展了垃圾分类工作，垃圾“日产日清”与垃圾分类并不矛盾，反而会互相促进。把可以回收利用的垃圾资源分拣出来，进入垃圾分类运输系统，实现垃圾减量化，可以减轻垃圾运输的压力。对于不可回收利用的垃圾实行“日产日清”清运出城不过夜，进行卫生填埋或焚烧发电等无害化处理，使各类垃圾各得其所，各安其命。

城市生活垃圾收集运输是城市管理的重要工作内容，虽然垃圾“日产日清”工作要求比较高，比较精细繁琐，实际操作也存在许多困难，但只要我们多想办法，以严格认真的工作态度，积极改进垃圾的收运方式和流程，提高工作效率，也不是不能做到，而且垃圾“日产日清”有利于创建“干净、整洁、平安、有序”的城市环境，使城市更加安全卫生，在城市管理工作日益精细化的形势下，应当成为城市管理部门（环卫部门）努力追求的工作方向。

第三节　城市生活垃圾转运设施的建设和管理

城市生活垃圾随时随地产生，但垃圾运输使用大型机械车辆需要定时定点运行，为了垃圾运输方便，需要将城市分散的垃圾收集到垃圾转运站中转运输。垃圾转运站是环卫行业的重要设施，成为城市不可或缺的公共基础设施，随着城市文明程度的提高，高标准地建设和管理垃圾压缩中转站逐步成为城市综合管理的重要工作内容之一。

一、城市生活垃圾转运站建设现状

在城市化初期，由于城市规模小、人口少，垃圾总量小，城市普遍不重视垃圾中转设施建设，垃圾临时在指定地点堆积，即使建有垃圾中转站，大多是水泥垃圾池、垃圾房等简陋的设施。随着城市的快速发展，城市规模的扩大，城市构建筑物体量的增大，城市人口密度的增大，城市生活垃圾量呈几何数量增加，垃圾运输压力增大。为提高生活垃圾运输效率，许多城市采取垃圾压缩转运的运输方式，生活垃圾经过物理压缩，体积可以缩小一半，使运输效率提高一倍，节省一半的垃圾运输费用，减轻城市政府的财政压力。垃圾压缩需要在垃圾转运站安装压缩设备，使用大吨位的垃圾压缩运输车辆，对垃圾压缩中转站建设和管理标准要求较高。由于城市发展速度过快，在城市建设中往往没有足够重视垃圾压缩中转站的配套建设，垃圾压缩中转设施建设往往跟不上垃圾运输量增长的需要，垃圾压缩中转站缺口较大是城市普遍存在的现象。由于垃圾压缩中转设施的不足，许多城市不得不在马路边等位置设置临时的垃圾压缩转运点，占道转运城市生活垃圾，对城市交通和市民生活造成较大的影响，往往为市民所诟病和投诉。

二、城市生活垃圾中转设施的建设

城市政府和城市管理部门越来越认识到城市生活垃圾中转设施建设的重要性，城市每天产生的成千上万吨生活垃圾要及时清运出城市进行无害化处理，才能保证城市的正常运行。要采取有力措施，补足短板，规划完善城市生活垃圾中转设施的建设。

（一）城市生活垃圾中转设施建设存在的问题

城市生活垃圾中转设施存在建设难的问题，具体有以下几个方面制约因素。首先是选址难的问题，尤其是在老城区，寸土寸金，原有的垃圾收集点往往面积较小，只能建小型垃圾压缩中转站，满足不了垃圾日益增长的需要，需要另行选址建设新站。由于担心垃圾压缩中转站的影响，许多市民反对将垃圾压缩中转站建在自家附近。其次是建设资金的问题，垃圾压缩中转站需要安装压缩设备，并进行相应的土建工程，需要一定的资金，如果征地拆迁，更是需要大量的资金，如果城市经济发达就没有问题，但许多欠发达的城市还是有一定的经济压力。最后是垃圾压缩中转站的布局不太合理，由于建设和需要往往不够匹配，存在主城区的垃圾压缩站建设数量严重不足，而城市边缘区和郊区垃圾压缩站易于建设，转运容量大而“吃不饱”的现象。

（二）城市生活垃圾中转设施建设的建议

针对城市生活垃圾压缩中转站建设存在的问题，必须转变工作思路，找到破解难题的突破口，才能改变垃圾压缩中转站建设举步维艰的现状，建议从以下几个方面着手探索。

一是解决选址难的问题。随着城市经济的发展，选址难是制约垃圾压缩中转站建设的最大问题。城市建成区，特别是中心区、繁华地段，很难找到合适的地方建设垃圾压缩中转站，建议在城市公园、公共绿地靠近马路的角落位置辟出适当地块进行建设，也可以考虑在大厦、广场的地下空间建设下沉式垃圾压缩中转站，这样对市民的生活影响较小。其实只要管理得好，在公园、绿地和广场建垃圾压缩中转站并不会影响城市的整体美观，我们应当转变思想观念。如果城市公共空间不能建设垃圾压缩中转站，城市政府要从垃圾合理收运的角度出发选择适当位置，坚决进行征地拆迁，或收回闲置地块，用作城市公共事业用途，宁愿少卖点地少点收入，也要推进垃圾压缩中转站建设。

二是解决建设资金问题。经济发达的城市，垃圾压缩中转站的建设资金和压缩设备配置资金一般都不成问题，但征地拆迁费用很大，城市政府和城市管理部门要下决心舍得花钱，垃圾收运处理毕竟是城市政府的重要工作内容，拖得越久越不容易解决，哪怕投入巨资征地拆迁也要推进垃圾压缩中转站的建设问题，尽早一劳永逸地解决城市生活垃圾压缩转运问题。经济欠发达的城市也要想方设法筹措资金，哪怕是少搞或晚搞一点城市开发建设，也应安排相当的资金用于垃圾压缩中转设施的建设，既要量力而行，又要积极地逐步地推进垃圾压缩中转站建设。也可以考虑建立环卫公共设施捐建制度，为愿意捐建垃圾压缩站等环卫设施的企业和个人提供渠道，并给予相应荣誉。

三是科学合理规划垃圾压缩中转站的布局。要根据区域垃圾的产生量和增长率规划好垃圾压缩中转站的数量、规模、距离和建设计划，人口密集、垃圾产生量大的区域可以建大站（例如日转运垃圾 500 吨的大站）。站与站之间的距离要适当，不要让环卫工人往转运站运送垃圾距离太远，费时费力。合理划定每个站的垃圾收集区域范围，建设足够数量的垃圾压缩转运站满足实际需要，以免垃圾压缩站因数量不足而超负荷运转。通过完善垃圾压缩中转站建设，逐步取消垃圾临时压缩装运点。城市边缘区建设垃圾压缩转运站，要考虑未来人口增长和垃圾增长量，提前建好相应规模的转运站，以免日后扩建或补建。

三、城市生活垃圾中转设施的管理

垃圾压缩中转站的运行管理同样也非常重要，目前城市生活垃圾压缩中转站在运行使用中有两个问题经常被市民投诉，一是臭气，二是噪声，城市管理（环卫）部门应当通过加强管理减少压缩站臭气和噪音扰民的问题。

（一）制定严格的垃圾压缩操作规范

垃圾压缩设备一般使用液压技术，使用电力装置带动液压设备进行压缩操作，具有一定的技术性和危险性，所以要制定严格的垃圾压缩技术操作规程，并在实际工作中要严格按照操作规程进行作业，确保安全生产。对违反技术操作规范的要坚决予以纠正，并进行教育和处罚，杜绝违章操作行为的发生。

（二）严格按照操作规范进行垃圾压缩作业

目前国内垃圾压缩设备噪音普遍较大，要严格按照操作规程进行垃圾压缩作业，保养好垃圾压缩设备，对会对压缩设备造成损害的大件、坚硬的废弃物不要进入垃圾压缩中转站。城市管理（环卫）部门要督促环卫技术研究部门和环卫设备制造企业加强对垃圾压缩设备的研发，提高压缩设备的技术水平和质量，降低噪声。

（三）加强压缩站内环境和秩序的管理

垃圾从四面八方运送到垃圾压缩站，城市管理（环卫）部门要加强对压缩站环境和秩序的管理，合理编排垃圾进站压缩作业流程，保持垃圾进站秩序井然，不要在站内外长时间排队等候，垃圾在站内停留时间也不要过久，垃圾压缩装满一车厢后立即运走。保持垃圾压缩转运站内环境的干净整洁，垃圾不要落地，搞得到处都是，垃圾压缩作业完毕后要进行清洗保洁，如有需要，站内应安装除臭装置，或喷洒除臭试剂，尽量保持站内空气清新无臭味。

（四）加强操作工人文明作业教育

垃圾压缩站操作有一定的技术要求，操作工应是技术工人，应进行岗前培训，考核合格后持证上岗。垃圾压缩站操作工要爱护垃圾压缩设备，遵章作业、文明作业，杜绝违章操作，确保不损坏压缩设备。所有垃圾压缩站的工作人员要着装整洁，规范操作，在站内不要赤膊，不要袒胸露背、不要抽烟，不要野蛮操作，确保安全生产。

垃圾压缩中转站建设和管理是城市生活垃圾收集、运输和处理的重要一环，是垃圾运往城外的垃圾处理设施进行终处理前在城内最后停留的地方。城市政府和城市管理（环卫）部门要切实重视垃圾压缩中转站的建设和管理工作，根据城市生活垃圾收集和运输的实际需要，不断完善垃圾压缩中转设施的规划建设，使全市生活垃圾都能进入压缩中转站进行压缩转运，不要长期让垃圾在路边的临时收集点进行装运。要加强垃圾压缩中转站管理，努力做到不扰民，不被市民投诉，成为环保的示范单位。

第四节　利用城市地下轨道交通系统运输城市生活垃圾的可行性探讨

当前，许多大城市大力兴建地下轨道交通系统（又称地铁），尤其是有些超大城市已基本形成地下轨道交通体系，在城市交通中发挥重要的作用，地铁日益成为市民出行的一种主要的交通形式，地铁的发展大大促进了城市规模发展的速度。由于城市规模的扩大，人口的增多，大城市尤其是超大城市每天产生上万吨甚至数万吨生活垃圾，如果能通过地下轨道交通系统进行运输，将会对垃圾运输处理起到革命性的变革，深刻影响城市管理工作思路，产生巨大的社会效益和经济效益，我们应当积极进行可行性探讨。

一、地下轨道交通系统运输城市生活垃圾的理由

发展城市地下轨道交通系统的目的是缓解城市地面交通的压力，由于城市地面空间有限，建设地下轨道交通体系并加以充分利用，是城市正常运营的重要保证。

（一）提高地下轨道交通系统的利用率

从目前各城市地铁的建设和运营的情况来看，确实较好地解决了市民城内出行的问题，对城市的发展起到至关重要的作用。现在的地铁都还只是用于客运，一般在夜里12时前都会停运，第二天凌晨6时左右才会启运，每天有6个小时时间处于非使用状态，除了用于必要的检修外，可以考虑在这段空闲时间里运输城市生活垃圾，以提高地下轨道交通系统的利用率。

（二）城市生活垃圾产生量一般处于相对稳定的状态

一个城市的生活垃圾产生量一般不会大起大落，在一定时期内，保持相对稳定的状态，并按照每年约8%～10%的增长率呈上涨态势，与地铁的客流量存在正相关的关系。相对稳定的垃圾运输量适宜于地铁运行管理部门科学合理编排列车运行编组，使地铁既能承担完成垃圾运输任务，也不至于影响地铁主要业务客运的正常运行。

（三）可以大幅度降低生活垃圾运输资金

众所周知，铁路运输要远比汽车运输便宜得多。为了运输上万吨甚至数万吨城市生活垃圾，城市政府要购买上千台甚至数千台垃圾运输车辆，雇请大量司机和装卸工，征地建设数个停车场，燃油、车辆维修、税费和车辆报废更新等等都耗资巨大，使市、区财政每年都需要投入大量资金用于维持生活垃圾正常清运。如果利用地下轨道交通系统运输生活垃圾，可以节省大量的财政资金和土地资源。

（四）政府公共资源共享

地铁是城市政府投资兴建的，城市生活垃圾运输也是城市政府出资进行的，都具有社会公益事业性质。地铁如果仅用于客运，经营模式太单一，没有完全发挥出政府公共资源的效应。利用地下轨道交通系统运输城市生活垃圾，能够使城市政府更大限度地使用政府公共资源，提高政府投资的回报率，发挥更大的社会效益和经济效益。

（五）有利于达到垃圾“日产日清”

城市生活垃圾的运输追求最大的工作目标是做到垃圾“日产日清”,但在现实工作中，由于汽车单次运输量小,“蚂蚁搬家”式的运输难免造成遗漏。用地铁运输垃圾根本改变垃圾运输方式，具有汽车无法比拟的效率优势，列车单次运输量大，运输速度快，不受地面交通情况和天气等因素的影响，而且运输时间集中在深夜，此时城市生活垃圾已基本收集完毕，可以集中通过地铁迅速运到城外的垃圾终处理设施，容易做到城市生活垃圾“日产日清”。

（六）可以逐步取消地面垃圾压缩转运设施

由于地下轨道运输垃圾成本较低，普遍使用地铁网络运输垃圾后，垃圾压缩运输就失去意义和存在的价值。垃圾压缩转运是为了降低运输成本，通过压缩垃圾体积缩小一半，可以提高一倍垃圾运输效率，节省一半的垃圾运输成本，所以各大城市目前普遍使用压缩转运垃圾的运输方式。地下轨道运输成本低廉，单次运输量大，垃圾运输无需再费时费力进行压缩，直接装车运输即可，垃圾压缩中转设施就没有必要存在，可以逐步取消，这样既可以解决长期困扰城市管理（环卫）部门的垃圾压缩中转站建设难的问题，也不再存在垃圾压缩站臭气和噪声扰民等问题。

二、利用地下轨道交通系统运输生活垃圾需要解决的具体问题和困难

从理论上看，利用地下轨道交通系统运输生活垃圾是必要的，也是切实可行的，但要真正实施起来还有漫长的路要走，还有许多具体的技术问题和实际困难需要深入研究，找到具体的解决办法和措施，才可能将垃圾从地上运输转移到地下运输变为现实。我们要秉承“大胆设想、小心求证”的科学精神，积极稳妥地推进此项工作。

（一）垃圾如何收集到地下空间

广大市民一般在地面上生活和进行各种活动，垃圾一般也都在地面上产生，地下空间产生的垃圾较少，每天如何将数以万吨的垃圾从地上空间收集到地下空间，将是一项复杂的系统工程。由于地铁的快速发展，一些城市的地铁出入口遍布全市，可以利用现有的地铁出入口将垃圾收集到地下空间。垃圾毕竟是废弃物，在收集到地下空间的过程中，要注意与客运时间错开，最好能使用专用通道，不要影响地铁的正常客运秩序。

（二）新建垃圾终处理实施要建在地铁站附近

为便于垃圾地下运输，新建的垃圾焚烧发电厂和垃圾卫生填埋场的选址，要考虑不能距离地铁太远。由于城市规模的扩大和地铁的发展，现已建成的垃圾处理设施距离地

铁将会越来越近。由于垃圾焚烧设施占地小，进卸料口固定，与地铁衔接较容易，应大力发展垃圾焚烧发电事业。新建垃圾终处理设施应主要是垃圾焚烧发电厂，要尽量靠近地铁站，积极为今后开展垃圾地下运输创造条件，同时开展环境卫生社会宣传教育，让人们正确认识垃圾处理工作，树立与垃圾终处理设施友好相处的意识。

（三）建设垃圾运输地下专用轨道

由于地铁不可能直接通到垃圾终处理设施，要通过地下轨道交通系统运输生活垃圾，就必须建设通往垃圾终处理设施专用地下轨道来衔接市内的地铁网络。城市政府需要根据垃圾终处理设施情况，投资建设一段或数段连接垃圾终处理设施的专用的垃圾运输地下轨道。一般来说，专用的地下轨道越短越好，可以最大限度地减少建设资金。

（四）研制与地下轨道交通运输相适应的垃圾收运机具

铁路运输不同于汽车运输，现有的垃圾收运机具应该不适用于轨道运输，要研制和使用地下轨道所需要的机具。首先是垃圾运输列车车厢的研制，要根据垃圾运输的特点，研制密闭的垃圾运输列车车厢。其次是研制适用列车装载需要的垃圾收集容器和运送垃圾到地下空间的作业机具。最后是垃圾从地面运送到地下空间，需要研制专用的升降设备，以提高工作效率。

（五）深入开展垃圾分类工作

由于垃圾要收集到地下空间进行运输，地下轨道运输不同于地面运输，对运输物品的要求更高。垃圾要在地面上进行精细的分类和密闭打包，克服地面运输容易存在的混收混运粗放式作业模式，不要将床垫、铁制的桌椅板凳等废弃物品混进生活垃圾，影响垃圾焚烧设施的正常运行，甚至可能造成的停炉事件。垃圾干湿要分开，湿垃圾不要运到地下空间，以免因泄漏不易清理而污染地下空间。垃圾运到地下空间前，要在地上经过充分的分拣，并进行密闭袋装，符合地下轨道交通运输要求后再通过专门机具和设备运到地下空间装车运输。

三、垃圾地下轨道运输的实施步骤

根据以上分析探讨，利用城市地下轨道交通系统运输城市生活垃圾并不是不可行，只要深入研究、谋划得当、方法正确，还是有可能实现的，但不可能一蹴而就，要分步实施，先进行规划和试验，取得经验后逐步推进。

（一）规划设计

利用城市地下轨道交通系统运输城市生活垃圾是一项技术性变革，将使垃圾运输甚至垃圾处理从简单粗放模式向精细集约模式转变。城市政府要高瞻远瞩，牵头组织规划、城市管理、地铁等部门等进行深入的研究、长期规划和全流程设计。对已建成的地铁线路要通过技术改造，增加垃圾运输功能。对新建的和规划建设中的地铁，要在规划和施工中一并设计和建设垃圾运输所需要的设施和通道，使城市地下轨道交通系统改变客运的单一经营模式，具备垃圾运输等货运功能，使地铁发挥更大的效益。

（二）试验先行

目前，利用城市地下轨道交通系统运输城市生活垃圾还只是一种理念，还处于可行性探讨阶段，是否可行应先通过试验来验证，切不可单凭想象而盲目上马，要通过反复实验来取得实践经验。要先选取一条合适的地铁线路进行试验，这条地铁线应靠近现有的垃圾终处理设施（最好是垃圾焚烧发电厂），建设一条地铁延长线作为垃圾运输的专用线，直通道垃圾终处理设施，然后收集这条地铁线沿线的生活垃圾，通过地铁运送到垃圾终处理设施进行处理。对实验中遇到的问题，要分门别类采取相应的措施加以解决，技术问题应积极组织技术攻关，管理问题要改进管理模式，或者采取更为先进的管理方式方法，保证试验能够取得成功。

（三）逐步推广

每个城市的地铁建设情况不一样，有的大城市地铁建设起步较早，发展迅速，地铁网络已覆盖城市建成区的大部分地区，这些城市应发扬“敢为天下先”的改革创新精神，可以先期进行试验，国家可以提供政策、技术和适当的资金支持。通过试验取得必要的经验，如果切实可行，可以按照先易后难的原则逐步推广，对在试验中遇到的问题，应当积极采取措施进行改进解决。地铁的规划建设要考虑垃圾运输功能，垃圾终处理设施建设要考虑方便地铁运输垃圾，这样才有助于用地铁运输垃圾的推广。地铁广泛运用最先进的科学技术，推广利用地铁运输垃圾，必然会促进城市生活垃圾运输乃至城市管理科技水平的提高。

路漫漫其修远兮！随着城市地铁建设的广泛开展，城市吸引和聚集更多的人口，从而产生更多的生活垃圾，垃圾运输任务越来越艰巨，利用地铁运输垃圾是一个发展的方向。如果能够利用地铁运输垃圾，确实是解决城市生活垃圾运输难题、缓解地面交通的一个好的办法。如果经过试验能够取得成功并广泛推广应用，将会对城市管理工作产生深远的影响。路虽远，但也值得城市政府和城市管理部门去求索。

第五节　城市生活垃圾处理的经济学分析——以广州为例

随着经济社会发展，近年来城市人口增长迅速，据统计报道，目前居住和流动人口已经超过 1000 万，为超大型城市，全国有 13 个城市全域人口超过 1000 万。据国家统计局公布，2014 年中国的城镇化率已达 54.77%，全国超过 7 亿居住生活在城市里，由此产生大量的城市生活垃圾。2008 年原广州市市容环卫局统计数据表明，广州日产生活垃圾 9776 吨（不含从化、增城市），人均日产生活垃圾 0.95 公斤，年产生活垃圾 350 多万吨左右，并每年以 8% 左右的速度增长。2016 年广州市共清运处理生活垃圾 688.35 万吨，日均处理垃圾 1.88 万吨，短短 8 年的时间，广州生活垃圾增长近一倍。妥善处理生活垃圾是世界范围内城市发展过程中一个难以回避的重大课题，必须认真加以对待和解决，稍有不慎就会造成“垃圾围城”和环境污染等严重局面，威胁人民群众的身体健康。政府每年都要投入巨额资金用于处理生活垃圾，但生活垃圾处理耗资巨大，大型垃圾处理设施巨额建设资金和用地难等问题日益困扰各级主管部门。从经济学角度，分析城市生活垃圾处理的经济效益，为城市生活垃圾处理做一点基础性的经济理论研究工作，对促进城市生活垃圾处理工作，提升城市生活垃圾处理水平很有意义。

一、城市生活垃圾处理现状及问题

20 世纪 80 年代开始，由于农村大量使用化肥，城市生活垃圾堆肥逐渐淡出市场，垃圾无处可去，堆积在城市周边的低洼处，造成了较为严重的环境问题。为解决“垃圾围城”问题，各城市政府开始兴建大型垃圾处理设施，集中处理城市生活垃圾。经过近三十年的发展，目前城市生活垃圾处理方式主要有两种，一种是卫生填埋，一种是焚烧发电，并逐渐形成了以卫生填埋为主，以垃圾焚烧发电为辅的城市生活垃圾处理处理模式。

（一）城市生活垃圾处理现状

20 世纪 80 年代以前，由于农业生产需要，大量农民进城积肥，城市生活垃圾主要用于堆肥或转运到农村用作肥料，城市并没有建设大型的生活垃圾处理设施。一般来说，大型、超大型城市和经济发达的城市，生活垃圾处理标准较高，基本上达到无害化处理水平，经济欠发达的城市和中小型城市，生活垃圾处理标准较低，无害化处理率较低。以广州为例，到了 20 世纪 80 年代中期之后，由于化学肥料在农业生产的普遍运用，广州市的垃圾无处可去，只好临时堆积在城市的周边荒地和低洼处，时间久了，越堆越多，逐渐形成“垃圾围城”的困境。广州市政府为解决垃圾处理问题，先后在白云区、黄埔区建成并投入使用老虎窿垃圾填埋场、大田山垃圾填埋场、李坑垃圾填埋场等大型垃圾处理设施，对全市生活垃圾进行集中填埋处理，以上简易的垃圾填埋场先后在 20 世纪 90 年代和 21 世纪初填满并封场。2002 年 8 月，广州市兴丰生活垃圾卫生填埋场建成投产，该场是广州第一座真正意义上的垃圾卫生填埋场，严格按照卫生填埋标准建设，也是我国第一座全面与国际接轨的垃圾填埋场，采用了全新的建场和管理模式，目前不断扩容，日处理垃圾达 8000 多吨，占广州市日产生活垃圾量将近一半。从此，广州市生活垃圾处理进入高标准的严格的无害化处理的新阶段，2016 年广州市生活垃圾无害化处理率为 96.1%。2006 年 10 月广州市李坑生活垃圾焚烧发电厂建成投产，该厂是广州市第一座垃圾焚烧发电厂，引进国际先进环保技术，日处理垃圾 1040 吨，日发电量达 36 万度，从此广州市垃圾处理进入资源化利用阶段。

2009 年上半年，广州市第二座垃圾焚烧发电厂在第一座垃圾焚烧发电厂旁开工建设，日处理垃圾 2000 吨，是当时我国已使用和在建的最大的垃圾焚烧发电厂，该厂已于 2013 年建成投产。近年来广州市大力推进垃圾焚烧设施建设，在萝岗福山正在建设中的第三座垃圾焚烧发电厂，日处理垃圾 4000 吨，是世界级的大型的垃圾焚烧发电厂。第四座热力资源电厂（南沙大岗垃圾焚烧发电厂）和第七座热力资源电厂（从化潭口垃圾焚烧发电厂）已点火试运行。第五座热力资源电厂（花都垃圾焚烧发电厂）和第六座资源电厂（增城碧潭村垃圾焚烧发电厂）也已全面开工建设。七座垃圾焚烧发电设施建成投产后，广州市垃圾焚烧发电日处理能力将达到 14000 多吨。为解决不断增长的生活垃圾的处理问题，广州市还将筹划建设一座日处理能力达 6000 吨的垃圾焚烧处理设施，将是全球最大的垃圾焚烧项目。

（二）城市生活垃圾处理存在的问题

尽管城市生活垃圾处理事业发展迅速，但与国家生态文明建设规划和城市环境可持续发展要求还存在较大的差距。归纳起来，城市生活垃圾处理主要存在以下几个方面的问题。

1. 城市生活垃圾还没有全部进行无害化处理

根据国务院办公厅印发的“十二五”全国城镇生活垃圾无害化处理设施建设规划，到 2015 年直辖市、省会城市和计划单列市生活垃圾全部实现无害化处理，设市城市的生活垃圾无害化处理率要达到 90% 以上。经过多年的努力，许多城市都建立起生活垃圾生填埋或焚烧处理体系，但由于大型无害化垃圾处理设施建设费用大，一些城市限于财力，垃圾处理设施建设水平低，目前还达不到无害化处理标准。2015 年，全国城市生活垃圾无害化处理率约为 93.7%。

2. 城市生活垃圾处理中填埋比例过大

据统计，2015 年全国设市的城市生活垃圾清运量 1.92 亿吨，人均日产垃圾约 1.12 公斤，填埋处理约占垃圾总量的 63.9%，焚烧发电处理的生活垃圾占垃圾总量的 33.9%，其他处理方式约 2.2%。1986 年广东省深圳市建成我国第一座现代化垃圾焚烧发电厂，目前全国已建成投入使用垃圾焚烧发电厂 166 座，年焚烧处理垃圾约 6100 万吨。垃圾焚烧发电项目建设一次性投资大，项目周边居民反对强烈，短期内还难以成为城市生活垃圾处理的主要模式。

3. 垃圾填埋处理中还有部分没有达到卫生填埋标准

目前还有部分城市生活垃圾没有卫生填埋，只是在简易垃圾处理厂中进行简单填埋处理。据统计，2013 年全国约有 1844.6 万吨城市生活垃圾没有进行卫生填埋处理，约占填埋垃圾总量的 15%，城市生活垃圾填埋处理卫生填埋率仅为 85%。

总的来说，目前城市生活垃圾处理方式还比较单一，主要是以填埋为主，将近 72% 的生活垃圾被白白地填掉了，综合利用率较低，远没达到资源化利用的要求。

二、制约城市生活垃圾处理的原因分析

近三十年来，随着经济社会和城市建设的发展，城市生活垃圾处理也经历了从简单填埋到卫生填埋再到焚烧发电资源利用的过程。最终实现城市生活垃圾完全无害化处理和资源有效利用，还需做大量的工作，解决一系列制约城市生活垃圾处理发展的主要因素。

（一）城市生活垃圾管理体制不顺

经过近年来几次机构改革和职能调整，各城市的城市生活垃圾管理体制逐步理顺，但城市的各区、街情况不同，关系不畅的问题或多或少存在。如广州市生活垃圾由市城市管理部门统一进行集中处理，但各区发展不平衡，有的区、街管理机构不健全，制度不完善，管理力量薄弱，管理水平不高，这些方面都会直接影响生活垃圾的处理。有的区管理体制和财政体制相对独立，需自行建设垃圾处理设施，由于区财力毕竟有限，建设大型垃圾无害化处理设施，无论是卫生填埋场还是焚烧发电厂都需投资数亿元巨额资金和每年数千万巨额维护费用，单个区难以承担，所以有的偏远区在生活垃圾处理中远远落后于广州市总体水平。

（二）城市生活垃圾处理所需资金紧张

城市生活垃圾处理是一个世界性的难题，需要巨额资金。城市生活垃圾处理资金基本上由本市财政提供，处理每吨垃圾需几十元到数百元不等，特别是大型垃圾处理设施建设资金一次性投入巨大。2002 年广州市政府投资 6.8 亿元人民币，建成兴丰生活垃圾卫生填埋场；2006 年广州市政府又投资 7.25 亿元人民币，建成广州垃圾焚烧发电一厂，2013 年建成的规模 2000 吨第二座垃圾焚烧发电厂花费近 10 亿元资金。据估算，近年来广州市投入生活垃圾处理设施建设资金要达 80 亿，如此沉重的垃圾处理和设施建设费用，对城市政府确实是沉重的负担，难以承受，严重制约着垃圾处理事业的发展进程。

（三）生活垃圾处理技术相对落后

垃圾卫生填埋场和焚烧发电厂都是科技含量比较高的垃圾处理设施。我国城市生活垃圾规范化处理起步较晚，高标准的垃圾无害化处理设施建设和管理技术力量薄弱，经验也少，往往依靠引进国外的先进技术。广州市兴丰生活垃圾卫生填埋场和李坑垃圾焚烧发电厂都是采用国际较先进的一种通用模式 O&M（运营—维护）进行建设和管理。广州市兴丰生活垃圾卫生填埋场主要引进德国技术和材料进行建设，广州市垃圾焚烧发电一厂是国内第一个采用中温次高压参数的垃圾焚烧发电厂，关键技术和设备主要从德国引进和采购。由于采用国际先进技术和设备、材料，国产化水平较低，大型垃圾处理设施建设和营运都花钱较多，所耗费用巨大。

三、城市生活垃圾处理的效益分析

城市生活垃圾无害化处理工程，直接为社会大众服务，为城市创造良好的环境，属社会公益性事业。随着我国社会主义市场经济的逐步建立和完善，为促进我国城市垃圾处理设施建设，2002 年 6 月，国家计委、财政部、建设部、国家环保总局联合颁发了《关于实行城市生活垃圾处理收费制度促进垃圾产业化的通知》（计价格 [2002]872 号），要求“各地要充分发挥市场配置资源的基础作用，拓宽投融资渠道，改善投资环境，鼓励国内外资金，包括私营企业资金投入垃圾处理设施的建设和运行，最终建立符合市场经济要求的垃圾处理运行机制，解决当前垃圾处理能力不足所造成的环境污染问题”。生活垃圾处理问题越来越受到重视，逐步进入经济学研究的视野。

（一）提高城市生活垃圾处理效益的必然性

生活垃圾处理的方式很多，纵观国内外主要有填埋、堆肥、焚烧、热解、生化、填海、堆山造景和综合利用等等，各地各城市往往根据各自垃圾成分、经济发展水平、自然条件和传统习惯等情况选择适合自身的垃圾处理方式，都不尽相同。各城市虽然采取的方式不同，但最终都会向无害化、资源化、减量化方向发展，并首先以无害化为基本的最终目标。垃圾无害化处理需要巨额资金，随着城市化的进程，人口和垃圾量的猛增，垃圾处理费用呈几何数目增加，垃圾处理的经济效益问题日益凸显。

1. 城市生活垃圾总量逐年增多

根据发达国家和香港等亚洲城市经验，人均垃圾产量在某阶段以前逐步上升，到这一阶段逐渐稳定并稍有下降的趋势，最大产量可控制在人均每天 1.4 公斤以下。据统计资料显示，1998 年广州市总人口 694.3 万，人均日产垃圾 0.73 公斤，日产生活垃圾 4584 吨；2008 年广州市总人口过 1000 万（含流动人口），人均日产垃圾 0.95 公斤，日产生活垃圾达 9776 吨。目前广州市生活垃圾仍处于增长期，按照《广州市环境卫生总体规划》（1995—2010 年）关于垃圾总量控制和减量化分析，预测 2010 年人均垃圾日产量达到 1.20 公斤，有关资料以 2010 年为基准年，预测 2020 年广州市人均垃圾日产量将等量递增至 1.40 公斤后基本保持不变。根据 2006 年广州市环境卫生总体规划的修编，预测 2020 年广州市随着人口和人均垃圾量的变化，日产生活垃圾总量将增加到 18280 吨。但由于多种原因，广州的垃圾实际增长量往往大于预测量，2016 年广州市日产生活垃圾量就增长到 1.88 万吨。

2. 垃圾处理费用逐年增大

造成垃圾处理费用大幅度上升主要有以下原因，一是垃圾处理标准规范化，由原来的简单处理提高到无害化处理。20 世纪 90 年代下半期起，广东省实行了城市环境综合整治定量考核制度，加强城市垃圾的管理和处置、处理，城市垃圾无害化处理率逐年提高，垃圾无害化处理无论是卫生填埋还是焚烧等方式都耗资巨大。二是随着生活水平的提高，垃圾产量逐年增大，达到稳定状态还需要相当长的时间，垃圾总产量增加促使垃圾处理费用不断随之上升。三是现有的垃圾处理设施超负荷运转，难以满足日益增长的垃圾处理需要，日常维护费用增大。

3. 大型垃圾处理设施建设滞后

由于建立稳定的堆肥市场较困难，目前广州垃圾处理采取填埋和焚烧两种方式，垃圾卫生填埋场和焚烧发电厂耗资巨大，符合卫生标准的垃圾处理设施 21 世纪初才开始兴建，垃圾处理设施建设基础薄弱，历史欠账多，新的垃圾处理设施超负荷运转，使用寿命缩短。要满足广州未来生活垃圾处理的需要，今后几年广州还需要筹措巨额资金，抓紧上马兴建几个大型垃圾处理设施项目。通过大型垃圾处理设施建设，使广州生活垃圾处理事业走上健康发展的轨道。

4. 垃圾填埋场封场后的维护成本高

垃圾填埋场填满封场后二十年内，填埋后的垃圾产生的大量污水和沼气仍不安全并污染环境，需要收集处理。广州目前已有老虎窿垃圾填埋场、大田山垃圾填埋场、李坑垃圾填埋场三个封场复绿的填埋场，每个场每年都需要安排大量的人力物力进行维护。兴丰生活垃圾卫生填埋场由于使用寿命缩短，也将于近一两年内填满封场。

综上所述，城市生活垃圾无害化处理是一项复杂的长期的且耗资巨大的工程，在此过程中，注重提高其经济效益，对垃圾处理事业的发展有着非常重要的意义。

（二）生活垃圾处理的总体经济效益分析

广州市虽然经济发达，但也正处于发展和大规模建设期，需要用钱的地方很多。目前，广州市区不可能有土地建设大型垃圾处理设施，垃圾处理设施只能建在偏远的郊区，所以每年 350 多万吨的生活垃圾运输费用巨大且无法节省，目前由市、区两级财政负担，大部分是由各区财政分担。垃圾处理及设施建设费用则全部由市级财政负担，广州市每年投入环卫的经费有限，来源于城市维护费，环卫、市政、绿化等都从有限的城市维护费中开支，每年能用于生活垃圾处理及设施建设的费用更加有限，常常捉襟见肘。广州市 1995 年就开始筹建垃圾焚烧发电厂，2006 年 10 月才建成投产，历时 11 年之久，虽然原因很多，但缺乏巨额建设资金也是最主要的原因之一。总的来说，广州市以目前经济水平，生活垃圾处理资金并不充裕，比较紧张。

广州市生活垃圾的清扫、收集和运输主要由各区财政分散承担，作业模式固定，节省空间不大。垃圾终处理由市统一集中处理，费用由市政府承担，日处理垃圾量近万吨，费用巨大。选择正确的垃圾处理方式，对有效的使用垃圾处理资金，促进垃圾处理事业健康发展具有重大的意义。

通过对卫生填埋和焚烧发电两种主要垃圾处理方式从经济学的角度进行比较分析，可以分别计算出每吨垃圾的相对准确的处理费用。

广州卫生填埋法每吨垃圾处理费用包括填埋场建设费（42.34 元）和营运费（30 元），共 72.34 元。而焚烧发电法每吨垃圾处理费用包括焚烧厂建设费（66.21 元）和营运费（138 元），而每吨垃圾发电平均收入（143 元），总共每吨垃圾处理费用为 61.21 元。根据计算，仅从建设、营运支出和收入比较来看，其实焚烧发电比卫生填埋每吨节省 11.13 元。而且从土地资源和环境影响等方面来看，焚烧发电比卫生填埋有更大的优势。目前，焚烧发电法的不足主要是设施建设的一次性投入大。

2009 年，广州市政府仅在垃圾处理方面负债已高达 18 亿元，据原广州市市容环卫局测算，2015 年以前，广州市政府需要在垃圾处理方面投入资金约 80 亿元，用于垃圾处理设施建设及运行维护。城市生活垃圾无害化处理费用虽高，但这项社会公共事业，需要政府发挥其作用，即使财政一时难以负担，也应通过借贷或融资来解决。寻找一条既适合城市实际又经济省钱的垃圾处理方式，能够少花钱多办事，是广州市政府和环卫行政主管部门必须要面对的问题。生活垃圾处理问题日益凸显，需要认真对待并研究分析，以减少工作的短期性、盲目性和随意性，从长计议，妥善解决城市生活垃圾处理问题。

（三）填埋和焚烧两种垃圾处理方式的效益对比分析

广州市根据近三十年来生活垃圾处理经验，通过对生活垃圾焚烧发电、卫生填埋和生化处理等几种处理方式的反复论证和比对，确定了广州市生活垃圾处理基本采取卫生填埋和焚烧发电两种主要方式。两种处理方式各有优缺点，广州市兴丰生活垃圾卫生填埋场和李坑垃圾焚烧发电厂目前都是我国最先进的城市生活垃圾设施，也分别是卫生填埋和焚烧发电最具示范作用的垃圾处理设施建设工程，并获多项荣誉。

1. 卫生填埋处理方式的效益分析

（1）垃圾处理设施建设费用。以广州市兴丰生活垃圾卫生填埋场为例，该场设计填埋库容约有 2017 万立方米，设计处理规模为每天 2000 吨，设计服务年限为 22 年，总投资为 6.8 亿元。照此计算，平均每吨垃圾卫生填埋处理设施的建设费用约为 42.34 元。

（2）垃圾处理营运费用。卫生填埋场建成后，垃圾进入填埋场后需要大量人力物力进行处理作业。以广州市兴丰生活垃圾卫生填埋场为例，该场占地面积达 45.17 万平方米，日常约需要 120 人进行填埋、污水处理和各项维护及管理作业，2007 年该场营运经费总额约为 7200 万元，全年处理垃圾 240 万吨，平均每吨垃圾的处理营运费约为 30 元。

（3）填埋场封场后的复绿建设和日常维护费用。垃圾填埋场填满后，需要进行复绿，埋在地下的垃圾产生的污水和沼气还需要再收集处理二十年后方才安全。广州市兴丰生活垃圾卫生填埋场设计处理规模为每天 2000 吨，但从 2002 年 8 月投入使用后就超负荷运转，2008 年日接收处理垃圾就达 6973 吨，超出设计处理规模 2.5 倍，使用寿命从设计的 22 年降为 8 年，2010 年底填满后不断挖潜扩容。据测算，该场封场复绿一次性建设费用约为 9400 万元，封场后第一年处理污水和沼气等维护费用需要经费 700 万元，以后逐年可能会有所减少，二十年总计需要约为 1 亿元，平均每吨垃圾封场后的复绿和维护费用约为 12 元。

（4）土地资源成本巨大。填埋场建设需要大量的土地资源，填满复绿后除了用于绿化外，不能用作其他功能，土地再生性在一百年内基本上不再具备。即将封场的广州市兴丰生活垃圾卫生填埋场占地面积为 45.17 万平方米，已经封场复绿的广州市老虎窿垃圾填埋场、大田山垃圾填埋场、李坑垃圾填埋场占地面积分别为 7 万平方米、18 万平方米、23 万平方米。正在建设的广州市兴丰生活垃圾卫生填埋二场占地面积为 61.7 万平方米。番禺区火烧岗垃圾填埋场和花都区狮岭垃圾综合处理厂占地面积分别为 46 万平方米和 21 万平方米。填埋场填满后，建设新的填埋场需要重新征地。

（5）垃圾资源浪费巨大。生活垃圾被称为是放错了位置的资源，仅广州市兴丰生活垃圾卫生填埋场在 2010 年填满后就填掉 1606 万吨垃圾。广州市生活垃圾含有大量有机物，据 2003 年抽样调查，广州市生活垃圾湿基低位热值已达到 5500 ~ 6000kJ/kg。按照《城市生活垃圾处理及污染防治技术政策》的规定，已经达到采用焚烧方法进行处理的要求。据简单统计，广州市自从开始填埋处理生活垃圾以来，已白白填掉垃圾约有 3000 万吨，除沼气因极具危险性进行收集回收发电外，基本上没有进行回收利用。沼气发电设施需要政府进行配套建设，沼气发电收入仅够维持设备运转和日常维护。

（6）环境潜在影响大。卫生填埋场作为一个大型的污染源，渗沥液和重金属等都可能影响环境，为防范渗沥液下渗对地表水系造成污染，需要对维护环境进行投资，消除潜在威胁。广州市兴丰生活垃圾卫生填埋场建设时，考虑到其可能对下游的金坑水库造成污染，金坑水库为当地的饮用水源，广州市与增城市政府达成协议，从广州专门铺设一条长达38公里的自来水管道到增城澳洲山庄，工程造价达1.4亿元，并永久为当地居民提供清洁自来水。正在兴建的广州市兴丰生活垃圾卫生填埋二场场内有一条南北走向的天然冲沟蜿蜒穿越，该冲沟为金坑水库的汇水支流，为防止填埋场渗沥液流入金坑河，对金坑河汇入的金坑水库可能造成的污染，需采取有效的工程措施使该冲沟改道或采用更为可靠的多层复合衬垫的防渗系统，工程费用十分昂贵，据预算，工程费用约需4000多万元。

2. 焚烧发电处理方式的效益分析

（1）垃圾处理设施建设费用。以广州市李坑垃圾焚烧发电厂为例，该厂设计处理规模为每天1000吨，设计服务年限为30年，总投资为7.25亿元。照此计算，平均每吨垃圾焚烧发电处理设施的建设费用约为66.21元。

（2）垃圾处理营运费用。垃圾焚烧发电营运成本较高，以广州市李坑垃圾焚烧发电厂为例，该厂2007年营运费用为4800万元，年处理垃圾35万吨，平均每吨垃圾的营运费用为138元。但该厂用垃圾焚烧发电收入也达5000万元，发电收入与营运费用基本持平。

（3）垃圾焚烧发电厂停止使用后的费用。垃圾焚烧发电厂一般设计使用年限为30年，我国垃圾焚烧发电起步较晚，20世纪90年代深圳建成我国第一座垃圾焚烧发电厂，以后上海、北京、广州、宁波、珠海、佛山等城市纷纷建设垃圾焚烧发电厂，总的来说，数量还是比较少，全国投入运行使用的垃圾焚烧发电厂不足百座，目前也没有达到使用年限的。垃圾焚烧发电厂达到使用年限停止使用后，环境污染问题也随之消失，不会产生新的污染，所以也不会产生后期的维护费用。设备设施进行维护或更新后可重新使用。

（4）土地资源成本小。垃圾焚烧发电厂与卫生填埋场相比，占地面积要小得多，以广州市为例，李坑垃圾焚烧发电厂日处理垃圾1000吨，占地面积仅3.22万平方米。即将开工建设的李坑垃圾焚烧发电二厂日处理垃圾2000吨，占地面积也仅6.95万平方米。筹划中的第三座焚烧发电厂日处理垃圾4000吨，位于萝岗区镇龙镇福山村，规划占地面积也仅18.2万平方米。三座焚烧发电厂建成投产后，基本上能满足广州市生活垃圾无害化处理的需要（番禺、花都区除外），总占地面积也仅28.37万平方米。与占地面积45.17万平方米的广州市兴丰生活垃圾卫生填埋场相比较，仅为其面积的62.8%。与正在兴建的广州市兴丰生活垃圾卫生填埋二场相比，更不到其面积的一半。焚烧发电厂达到使用年限后，土地并无损害，可改作其他用途，也可在原址继续进行垃圾焚烧发电项目，无须重新征地拆迁，原有设备设施可以重复利用，大大节约建设成本。

（5）垃圾资源浪费小。当城市生活垃圾的有机物含量较高，热值达到一定水平时，白白填掉就会浪费资源。垃圾热值大于 3347kJ/kg 时便可焚烧，但需添加辅助燃料才可以维持稳定燃烧；当热值大于 4174kJ/kg 时，垃圾就有可能不加辅助燃料，在高温下燃烧。我国制定的《城市生活垃圾处理及污染防治技术政策》规定，垃圾的热值大于或等于 5000kJ/kg 时，才可以采用垃圾焚烧处理。广州市生活垃圾热值已达到 5500—6000kJ/kg，高于国家制定的标准，可以采用焚烧处理。垃圾焚烧发电可最大限度利用垃圾资源，以广州市李坑垃圾焚烧发电厂为例，该厂设计装机容量为 22 兆瓦，日焚烧垃圾 1040 吨，每天发电 36 万度，年发电量约为 1.3 亿度，按照每度上网电价 0.55 元计算，每年垃圾焚烧发电最高可收入约为 7150 万元。目前广州市每吨垃圾平均发电 360 度，多时可达 400 多度电，每吨垃圾平均发电收入最高可达到 198 元。

（6）环境潜在影响逐步减小。垃圾焚烧对环境的影响主要是垃圾焚烧会产生二恶英类物质，这类物质属强致癌物，生成了以后在自然条件下极难分解，且能通过土壤、动植物等媒介进入人类的食物链，危害人类的健康，因而垃圾焚烧方式曾一度引起人们的担忧，至今尚有部分人对采取焚烧处理垃圾仍存有疑虑。在 20 世纪 90 年代，世界上许多著名的环保产业企业投入大量的力量开发焚烧技术和设备，对焚烧工艺进行研究改进、改善焚烧炉和烟气净化系统，焚烧工艺和设备日益成熟、先进，主要设备与附属设施已基本定型配套，烟气中的二恶英的含量大大降低，对环境的影响也大大降低，在国外垃圾焚烧技术日益广泛应用。广州市李坑垃圾焚烧发电厂建设起点高，采用了德国的先进技术和设备，烟气中的二恶英的含量仅为 0.049Ng，对环境的影响非常小，远远低于国际安全标准 0.1Ng（欧洲），比我国的 1 Ng 的标准更低。

3. 两种垃圾处理方式的比较

根据对两种垃圾处理方式几个主要方面的分析比较，我们基本上可以得出以下结论。

（1）卫生填埋法：建设资金相对较少，大型垃圾填埋场可采取分区建设，逐年进行投资建设，如广州市兴丰生活垃圾卫生填埋场，共分四个填埋区先后建设，营运费用也相对较低。但该法浪费大量的土地资源，垃圾资源回收利用率低，停止使用后需要大量的后续渗沥液处理费用，对环境潜在影响较大。往往需要远离城市中心区和发展地带以及人口稠密地区，垃圾运输成本高。

（2）焚烧发电法：建设资金相对较大，需要一次性进行投资，完全建成后才可投入使用，营运费用与卫生填埋法相比较，相对较高。该法节约土地资源，基本上对土地不造成影响，垃圾资源回收利用率高，垃圾焚烧发电收入可观。该法燃烧过程易造成大气污染，尤其是二恶英等微量剧毒物，但可通过技术进步逐步减少烟气对环境的潜在影响，人们消除对该法的疑虑后，垃圾焚烧发电厂可建在城市市区，节约垃圾运输成本。国外许多垃圾焚烧发电厂都是建在市区，如新加坡和许多欧洲城市。

（四）垃圾焚烧发电技术成熟使焚烧处理费用下降

总体来说，与发达国家相比，我国城市生活垃圾无害化处理历史并不长，还处在探索和积累经验阶段。在垃圾无害化处理方面，无论是卫生填埋还是焚烧发电，都严重依靠国际先进技术和配套设备，这是造成我国城市生活垃圾处理费用偏高的主要原因之一，使政府不堪重负。

1. 卫生填埋处理垃圾方式费用呈上升趋势

随着经济社会的发展，人们环保意识的增强，对填埋的要求越来越高。在 20 世纪 80、90 年代，城市生活垃圾一般进行简单的填埋处理，垃圾填埋场建设标准低，营运费用也非常低，但到 90 年代中后期，由于垃圾没达到卫生填埋无害化处理的标准，垃圾场渗滤液污染周围农田、水系，造成垃圾场当地居民到政府集体上访，冲击垃圾填埋场和拦截垃圾运输车辆不让进场的事件时有发生。到了 21 世纪初，广州市已开始摒弃简单处理垃圾的方式，对垃圾进行无害化卫生填埋处理，使广州市垃圾处理费用大幅上升。随着选址难征地难问题的日益突出，受征地费用和拆迁安置居民费用的日益升高等因素的制约，在今后相当长的时期内，垃圾卫生填埋处理方式的费用将呈上升趋势，不会下降。根据有关研究资料，广州市 2002 年前每吨垃圾填埋费用为 54.31 元，2002 年以后上升为 82 元 / 吨，2010 年后至少上升到 100 元 / 吨。

2. 焚烧发电处理垃圾方式费用呈下降趋势

目前，焚烧发电处理垃圾方式费用之所以高的原因，主要是因为焚烧发电的工艺要求高，国内工艺技术和设备还不成熟，有些还存在技术空白，国内生产的焚烧炉处理量小，单炉处理规模在 500 吨 / 日及以上的垃圾焚烧发电项目，绝大部分技术和核心设备与部件主要依靠进口。随着我国垃圾焚烧发电事业的发展成熟和技术进步，垃圾焚烧发电工艺和设备国产化水平将会越来越高，若这些设备实现国产化，将降低 1/3 的设备投资和 15% 的设备维护成本。以一个日处理规模为 2000 吨的垃圾焚烧发电厂为例，仅设备投资就将可节约资金近 7000 万元，每年的设备维护成本可降低近 340 万。

按照广州市环卫发展规划，在 2020 年之前，广州将投入超过 20 台处理规模达到 750 吨 / 天的垃圾焚烧炉，据测算，仅设备投资一项就可节约 4.67 亿元，每年可降低垃圾焚烧发电厂运行维护成本近 2300 万元。

广州目前仍主要采用卫生填埋垃圾处理方式，此种方式虽然前期投入资金较少，但实际处理费用明显高于焚烧发电，且以广州目前的垃圾量，一、两个大型卫生填埋场根本无济于事，使用寿命有限，费用也日益上升，但建设难度很大，主要是选址难、征地难。若不改变目前垃圾填埋处理模式，广州市将不断陷入持续反复建设大型卫生填埋场的恶性循环中，市政府和城市管理部门为此疲于奔命，随着封场的大型垃圾填埋场越来越多，后期维护费用的增加，政府将背上沉重的债务负担和财政压力。垃圾焚烧发电看似投资巨大，但实际每吨垃圾平均处理费用目前就明显低于卫生填埋，没有后期维护费用，而且处理费用还有较大的下降空间。深圳市 7 座垃圾焚烧发电厂的营运费每吨大都在 60 ~ 95 元之间，远远低于广州市的垃圾焚烧营运费用。

（五）垃圾成分变化有利于提高垃圾焚烧发电的经济效益

根据原广州市市容环卫局 2002 年的抽样调查，广州市生活垃圾主要有三大来源，即居民垃圾、机团垃圾和保洁垃圾，其中以居民垃圾为主，约占总垃圾量的 60.91%，其次机团垃圾约占 32.69%，保洁垃圾最少，仅约占 6.40%。

居民垃圾为居民住宅清除的垃圾，主要有厨余垃圾、果皮、纸类、塑料、玻璃、金属、布类、皮革等。机团垃圾为机关办公大楼、商业大楼、学校、工厂企业、大型宾馆、酒楼等垃圾，多为纸类、布类、个人物品、各类包装盒（瓶）以及酒店的厨余杂物、果皮、一次性餐具等，工厂企业生活垃圾还掺混有少量的无害的工业固体废物。保洁垃圾主要为泥土、树木、住户抛弃的旧家具、街头一次性餐具、塑料袋等。

根据调查结果分析，广州市生活垃圾具有以下特点：天然（易腐）有机物含量高，可供回收物料多，可燃物较多，有毒物质（电池）亦有相当数量。垃圾组分和热值统计等见表 5-1 和表 5-2。

广州市生活垃圾组分表（2002 年） **表 5-1**

垃圾成分	有机物			可回收物						无机物	有毒有害
	≤ 10mm	> 10mm	果叶茎	竹木	纸类	纺织物	塑料橡胶	金属	玻璃	砖瓦陶瓷	电池
平均值 %	1.18	36.31	12.44	3.20	9.64	4.98	26.49	0.59	2.12	2.92	0.12
平均值 %	49.93			47.02						2.92	0.12

资料来源：广州市环境卫生研究所，2002 年

广州市生活垃圾含水率、灰分及发热值统计表（2002 年） **表 5-2**

指标	含水率	干基灰分	干基可燃物	干基高位发热值	干基低位发热值
单位	%	%	%	KJ/kg	KJ/kg
数值	53.92	36.93	63.07	16453	5595

资料来源：广州市环境卫生研究所，2002 年

在 20 世纪 70、80 年代及以前，广州市民使用煤作为燃料，生活垃圾成分中有相当部分是煤灰，垃圾中无机物成分多，热值低。90 年代以后，天然气广泛使用，使广州市生活垃圾成分发生质的变化，有机物成分升高，发热值升高。具体为：

厨余垃圾：1990 年以前，含量变化缓慢，在 36% ~ 40% 之间，1990 年以后一直呈上升趋势，到了 2005 年，厨余垃圾含量已达 50% 左右。

木竹纸布塑料：1990 年以前，含量变化较平缓，一直在 5% 左右徘徊，1990 年以后，木竹纸部布塑料含量大增，到了 2005 年已达到 45% 左右。

玻璃：进入垃圾收运系统前已被回收，含量较低，从 1985 年到目前虽一直呈上升趋

势，但上升趋势一直较平缓。

金属：进入垃圾收运系统前已被回收，含量很低，从1985年到现在，含量一直较平稳。

广州市生活垃圾成分目前以厨余垃圾、木竹、纸布塑料为主，两者之和约占垃圾总量的95%左右。根据中国香港地区、日本及美国的垃圾组分变化的对比分析来看，预测广州市今后的厨余垃圾组分上升幅度将会减缓甚至会稍有下降，到了一定阶段后稳定下来；纸的含量将会升高；金属、玻璃等组分保持平稳并略有升降。具体预测见表5-3。

广州市生活垃圾组分预测结果表（单位：%） 表5-3

组分	2006年	2010年	2015年	2020年
＞10mm	36.4	37	37	37.5
＜10mm	1.2	0.7	0.6	0.5
果皮茎叶	10	8	6	4
木竹	3.4	4	4	4
纸类	15	20	24	28
塑料	24	20	18	16
布	5	5.5	6	6
金属	0.5	0.3	0.3	0.2
玻璃	2	2	1.8	1.8
砖瓦	2.5	2.5	2.3	2

资料来源：广州市环境卫生总体规划（1995-2010年）修编，2006年

根据上表的预测分析，广州市到2020年以前，生活垃圾组分大于10mm比率略有上升，但上升幅度减缓，到2010年后将会保持比较稳定的状态。小于10mm的，其主要成分是细小的厨余垃圾和炉灰、沙土等，随着燃气化率的进一步提高，其比率将会逐步下降，到一定阶段将会稳定在某个程度上。果皮茎叶的主要成分是菜头菜尾、果皮及树叶，随着对净菜上市管理的逐步加强，其比率将会逐步下降。木竹比率将基本保持平稳，随着限塑令执行力度的加大，塑料的比重将逐步下降，而纸类的比率将会上升，而且上升的幅度会比较大。布、金属、玻璃、砖瓦的比率与目前持平或略有变化。

根据以上预测分析表明，广州市目前积极筹建餐厨垃圾专业处理设施，积极推进餐厨垃圾集中处理的方式，通过分类收集，将厨余垃圾，把厨余垃圾集中到生物制肥厂进行处理，使垃圾干湿分离，可大幅降低广州市生活垃圾的含水率，使垃圾中可燃组分比例上升。据预测，到2020年，广州市生活垃圾燃烧热值可逐步从目前的5595kJ/kg上升到6000～7500kJ/kg范围，达到良好的燃烧条件，每吨垃圾的平均发电量将大大提高，将达到500度左右，大大提高垃圾焚烧发电的经济效益。

广州市生活垃圾的一个特点是含水率高，主要原因是部分餐厨垃圾特别是居民家庭的餐厨垃圾混入一般生活垃圾。广州气候湿热，家庭有煲汤的饮食习惯，餐厨垃圾的水分含量常常高达90%左右，发热量仅为2100kJ/kg ~ 3100kJ/kg，和其他垃圾一起进行焚烧，不但不能满足垃圾焚烧发电的发热量要求，反而会致使垃圾在焚烧炉里燃烧不充分而产生二恶英。将来，随着垃圾焚烧发电比例的上升，有必要将餐厨垃圾分类收集处理，以降低广州市生活垃圾的含水率，提高垃圾的发热量，从而提高垃圾焚烧的发电量，进一步降低二恶英的排放，创造更大的经济效益和环境效益。

（六）广州市生活垃圾处理选择以焚烧发电方式为主的必然性分析

广州市生活垃圾集中处理已有了近三十年的历史，在垃圾处理过程中，从最简单的填埋开始，探索过多种垃圾处理方式，广州卫生填埋走在全国前列，具有国际一流水平。焚烧发电也有两年多的经验，高标准高起点建设，单厂日处理垃圾量和装机容量都排在全国的前列。虽然目前广州市垃圾处理经费有限，但广州市毕竟经济比较发达，综合经济实力在全国大城市中仅次于上海、北京位居第三位，有条件发展焚烧、堆肥等综合处理方式。由于难以建立稳定的堆肥市场，根据《广州市中心城区2010年前生活垃圾处理设施规划修编建设计划》，广州市确立了“改变垃圾以填埋为主的方式，逐步过渡为以焚烧为主，填埋以及其他综合处理为辅的多元处理模式”。尽管垃圾焚烧发电项目前期一次性投资巨大，但广州市仍然选择焚烧发电方式为主处理生活垃圾，并非头脑发热，赶时髦，而是在总结多年垃圾处理经验的基础上，综合考虑多方面的因素，主要的因素还是在经济方面。焚烧发电是广州市生活垃圾处理的一个必然的合适的正确的选择，其原因主要有以下几个方面。

1. 城市生活垃圾处理的长期性和增长性

人们在城市中生产生活，每天都在制造和产生垃圾，只要人们产生垃圾，垃圾处理就长期存在。广州市还处在发展期，随着人们生活水平的提高，人均产生的垃圾量还处在增长期，还远没有达到稳定期。据预测，广州市可能在2020年人均垃圾量达到相对稳定期，平均每人日产1.4公斤左右。所以，在今后相当长的时间内广州市生活垃圾处理存在巨大的压力。

2. 垃圾处理量和资金缺口越来越大

广州市是一个超大型城市，人口和人均垃圾产量都还处在增长期。据统计，2006年广州市常住人口975.46万（含从化市54.34万、增城市81.05万），流动人口约200万，现在广州常住人口已达1600万。2008年广州垃圾日产量就已接近1万吨，并且快速地增长。2009年原广州市市容环卫局根据垃圾增长速度不断加快的实际情况，重新预测到2020年垃圾日产量将达到20200吨，年产垃圾将达到737.3万吨，垃圾处理费用也将随着垃圾量的增长而不断地增加，年垃圾处理营运费用将超过3亿元，广州市政府已为垃圾处理背上沉重的债务负担，但还要继续投入巨资用于不断产生和增长的垃圾处理设施建设和营运，资金缺乏的问题只会越来越严重，资金缺口将会越来越大。

3. 焚烧发电具有其他处理方式不可比拟的对垃圾资源较为彻底的回收利用优势

焚烧发电可以将垃圾中的有机成分和能量几乎全部转化为电能，并通过燃烧把垃圾中的有害物质进行分解，体积减小 80% ~ 90%，只剩下 10% ~ 20% 体积的灰渣，可用于工业制砖或填埋。电能的市场需求比较稳定，目前电价还处于上升期。卫生填埋资源回收率几乎为零，需远离人口密集区和发展地带，对地表水系的要求也非常高。堆肥和生化综合处理的工艺虽成熟，但占地面积大，处理周期长，产品质量不稳定，市场需求也不稳定，垃圾中的有害物质分解不彻底，重金属含量高，易造成二次污染和污染扩散。综合比较起来，垃圾焚烧发电比其他处理方式具有难以比拟的优势。垃圾焚烧发电厂占地面积小，人们克服对垃圾焚烧产生二恶英的恐惧心理后，焚烧发电厂可建在城区或近城区，可以大大缩短运输里程和节约大量垃圾运输成本。

4. 城市土地资源的稀缺性

近三十年来，我国城市建设发展很快。根据《广州年鉴》(2007)，广州市建成区面积 2006 年已达 779.86 平方公里，城区规模越来越大。能够用于垃圾卫生填埋的土地越来越少，生活垃圾卫生填埋场建设选址难征地难的问题一直困扰市政府和环境卫生行政主管部门。广州地势北高南低，市区南部为水网地带，地下水位高；北部为丘陵地带，地下水位也高，流溪河流域是广州市的水源保护区。广州市农业人口的耕地面积人均不足 0.6 亩，土地资源非常紧张，又因地理条件的限制，不可能有充足的合适的土地用于土地资源占用量大的卫生填埋场或堆肥场等其他垃圾处理设施建设。广州市兴丰生活垃圾卫生填埋场的选址工作从 1992 年就开始进行，到 2000 年 11 月开始动工建设，历经 8 年之久，其间多次由分管副市长带队调研协调，共选了三四个场址，不是场址不合适，就是遭到当地居民和当地政府的强烈反对，最终只能在市政府能够直接行政干预下的白云区太和镇兴丰村选定现址。2002 年 10 月，兴丰填埋场建成投入使用后，原广州市市容环卫局就开始着手新的填埋场的选址筹建工作，工作人员走遍了广州市所有的山地，可供选择的理想场址并不多，经过反复比选，最终还是选定在现在兴丰填埋场的西侧建设新的垃圾卫生填埋场，即广州市兴丰生活垃圾卫生填埋二场。

综合上述六个方面对广州市生活垃圾处理的经济效益分析，我们不难得出结论：选择垃圾焚烧发电为主要方式是最为有效的解决广州市生活垃圾处理的最佳方案。加快和扩大广州市生活垃圾焚烧发电项目建设速度和规模，追赶国内焚烧发电走在前列的城市，即可节约垃圾处理经费，又可避免不断建设大型垃圾填埋处理设施的恶性循环，使广州市生活垃圾处理走上健康发展的良性轨道。但垃圾焚烧发电虽然节约处理资金，毕竟前期一次性投资巨大，仅靠政府财政投入和借贷融资毕竟有诸多限制，难以满足实际需要，制约了广州市生活垃圾处理的发展。

四、城市生活垃圾处理的建议与对策

有效解决城市生活垃圾处理问题，特别是垃圾处理设施建设中资金不足和投融资速度慢的问题，必须对城市生活垃圾处理设施投融资和建设管理模式进行市场化企业化改革，要将垃圾处理设施建设交由企业建设和营运，培育国内环保企业，实现政企分开、管干分离。政府的市容环卫行政管理部门由现行的建设和管理生活垃圾处理设施逐步转变为对生活处理设施的规划和运行监管，制定相应的补贴标准和费用标准，企业根据政府制定的标准选择融资渠道进行项目融资，如通过银行贷款、股票市场、债券市场、基金公司等。企业通过多个项目运作资金的合理调配，不仅能保证项目的初期投入，还能为项目的后期再投入，找到有效的解决途径，实现垃圾处理项目的快速良性执行和循环。这样，既大大缓解了政府的投资压力，打通了广州市垃圾处理资金缺口的瓶颈，又通过良性的资金滚动发展，壮大环卫和环保产业经济实力，形成焚烧发电方式为主，资源化综合利用的良好格局，促进广州市生活垃圾处理事业持续快速健康地发展。

生活垃圾处理方式很多，每种方式各有优缺点，由于垃圾成分的复杂性等因素，一个城市不可能采取一种方式就能够完全解决垃圾处理的所有问题，必须采取一种方式为主，其他方式为辅的综合处理模式。

（一）卫生填埋方式的建议

目前来说，填埋仍然是世界绝大多数国家和我国各城市普遍采用的垃圾处理方式，卫生填埋也是城市生活垃圾处理不可缺少的方式，在垃圾处理中发挥重要的作用。

1. 卫生填埋的必要性

未来的某一天，城市生活垃圾处理即使实现以焚烧为主以后，但垃圾焚烧产生的10% ~ 20% 的灰渣，仍需填埋处理。目前全国城市垃圾焚烧发电项目建设任务还非常重，目前只有 166 个垃圾焚烧发电厂投入正式运行，一些垃圾焚烧项目在试运行，全国还需新建至少 300 个大型垃圾焚烧发电厂，在垃圾焚烧项目建设的过程中，生活垃圾主要还是依靠填埋处理。即便是垃圾发电设施全部建成满足需要后，但焚烧设备需要定期检修，也有可能产生故障，这时仍需要填埋场替代处理垃圾。随着垃圾分类的深化，有些垃圾不适合焚烧，也不适合其他综合处理方式，也只能进行填埋处理。

2. 卫生填埋方式的发展

2010 年广州市兴丰生活垃圾卫生填埋场就已基本填满，但新的填埋场，即正在建设的广州市兴丰生活垃圾卫生填埋二场尚未建成投入使用，为解决垃圾处理问题，广州市政府和城市管理部门不断扩容兴丰生活垃圾卫生填埋场，使其超期服役。兴丰二场设计日处理垃圾 3600 吨，服务年限为 17 年。如果能够如期建成足够的垃圾焚烧等项目，兴丰填埋二场仅用于填埋焚烧后的灰渣和只适合填埋的垃圾，则该场的使用寿命将会延长。要进一步提高垃圾卫生填埋场的管理水平，培育国内管理人才，提高管理效率，降低营运管理成本。要投入资金对未达到卫生填埋标准的垃圾填埋场进行改造升级，达到卫生填埋标准，力争使城市生活垃圾无害化处理率尽快达到 100%。

（二）焚烧发电方式的建议

城市垃圾无害化处理设施建设起步晚，欠账多，垃圾焚烧发电作为城市今后生活垃圾处理主要发展的方式，要大力发展垃圾焚烧发电处理事业，加快设施建设速度和扩大焚烧处理规模，使垃圾日处理总规模与垃圾日产总量相匹配，才能变被动为主动，改变垃圾处理“头痛医头，脚痛医脚”的被动局面，使城市生活垃圾处理迈入正常运行的轨道。

1. 城市生活垃圾处理设施建设规划

目前，城市生活垃圾处理设施建设严重滞后，许多城市垃圾处理设施不足，超负荷运转。现有生活垃圾处理设施达到使用年限关闭后，若无新的垃圾处理设施建成，城市就会面临生活垃圾无处可去的危机，后果难以想象。

（1）垃圾处理设施建设规模

一般来说，一个城市的生活垃圾处理设施的日处理垃圾能力应当等于或适当大于该市的垃圾日产量，才能使该市的生活垃圾处理事业处于正常的理想的状态。根据原广州市市容环卫局预测，2020 年广州市生活垃圾日产量将达到 20200 吨，根据《广州市垃圾处理设施规划方案》，2015 年以前广州市建设生活垃圾处理设施总规模 17200 吨 / 天，其中焚烧处理 14000 吨 / 天，综合处理 2000 吨 / 天，填埋处理 1200 吨 / 天，基本建成以焚烧处理为主的系统，实现生活垃圾处理无害化、资源化和减量化的要求。广州市生活垃圾终处理将告别单一填埋方式，迈上资源化利用新台阶，实现质的飞跃。

（2）垃圾焚烧处理设施建设费用规划

广州市现有生活垃圾焚烧处理设施 3100 吨 / 天，根据规划，在 2015 年广州市还需要建设垃圾焚烧设施规模 11000 吨 / 天。根据垃圾焚烧处理设施的规模大小，每 1000 吨 / 天的垃圾焚烧处理设施建设资金约需 5.2 亿至 7.2 亿元，照此计算，仅垃圾焚烧处理设施建设一项，就需资金 57.2 亿至 79.2 亿元，从 2008 到 2015 年，平均每年至少需投资 8.2 亿至 11.3 亿元。

（3）垃圾焚烧处理节约大量的土地资源

卫生填埋浪费大量的土地资源，据不完全统计，广州市已封场、正在使用和正在建设的垃圾填埋场共有 7 个，总用地面积至少为 220.87 万平方米，约为 3300 多亩，垃圾填埋场填满后仍需征用新的土地来建设新的填埋场。而垃圾焚烧发电则可节省大量土地资源，广州正在使用两座和正在建设的两座垃圾焚烧发电厂，日总处理垃圾 7000 吨，总占地面积仅为 28.37 万平方米。到 2015 年之前，垃圾焚烧发电设施 12000 吨 / 天全部建成后，预计总占地面积不会超过 50 万平方米。

（4）垃圾焚烧处理节约费用约三分之一

降低垃圾处理成本是减少垃圾处理资金，减轻政府财政压力最有效的途径。根据本文对比分析，焚烧发电比卫生填埋处理垃圾每吨节约 11.13 元，照此计算，采用焚烧发电处理生活垃圾比现在主要采用卫生填埋每天可节约垃圾处理费 11 万元，每年可节约经费 4000 多万元。按照预计 2020 年广州日产垃圾 20200 吨垃圾计算，则每年可节约垃圾处理经费约 8200 万元，约占总处理费用近三分之一。欧洲是最早最广泛采用垃圾焚烧发电处理方式的地区，最为典型的是德国；日本、新加坡和中国台湾地区垃圾焚烧发电项目发展也非常快；美国近年来垃圾焚烧处理比例也有所上升，都取得了良好的经济效益，较好地解决垃圾处理问题。

2. 城市生活垃圾焚烧处理项目“投资—制造—建设—管理”一体化新模式的构想

城市采取焚烧发电法为主处理生活垃圾，但该法最大的不足是前期一次性投入巨大。2008 年，据原广州市环卫部门测算，按照目前建设水平，从 2008 年到 2015 年，广州需在垃圾焚烧发电设施建设方面投资约 80 亿元。对于广州市政府来说，80 亿也不是个小数目，仅靠政府财力难以承担，必须探索垃圾处理设施建设和管理的新模式，来筹集巨额垃圾处理资金。通过垃圾处理投融资和设施建设管理模式的改革，由企业等社会力量承担垃圾处理项目的投融资和建设管理，政府部门从投资和建设管理的具体事务中脱身出来，通过规划引导，加强监管、绩效评估、风险控制等措施和手段，充分加强政府的行政监督和宏观调控职能。垃圾处理市场化企业化，也将降低建设和营运成本，据原广州市环卫部门测算，垃圾处理企业化后，垃圾处理费用比目前每吨可节约 15 ~ 25 元。

（1）垃圾处理投融资及建设管理主体的选择

长期以来，广州市生活垃圾处理采取的模式是政府投资、政府建设、政府管理。垃圾处理融资模式是通过广州市建委下属的建设投资公司来贷款，建设和管理营运由市市容环卫局负责，投资者不管垃圾处理设施的建设和运行，投资主体与建设、运行主体之间各自为政，责任分离，造成管理机构混乱，不利于调动工作的积极性，缺乏有效的监督，政府投资的效能降低，难以达到应有的目的，经济效益差，无人对项目整体负责，垃圾处理业务水平难以得到提高，虽经全力推进，但广州市生活垃圾无害化处理产业的发展速度仍然较慢。

由于城市生活垃圾处理是一项社会公益性较强的事业，在垃圾处理市场化改革的进程中，不能简单地将垃圾处理交给市场，政府应加强引导和监管。垃圾处理投融资不宜由私营企业承担，市场都是有风险的，一旦出现问题将难以控制，应交由实力强的本市大型国有企业较为安全稳妥。BOT 模式是国际较先进的另一种通用模式，就是由企业进行投资、建设和营运管理的模式，是较 O&M 模式市场化程度更高的一种模式。可通过 BOT 模式将垃圾处理项目发包给广州市大型国有企业，某国有企业中标后，该国有企业作为广州市垃圾处理项目的投融资主体，可以充分发挥国有和企业的两种优势，通过市场化运作筹集商业和社会资金。筹集到的资金建成垃圾处理设施后，按照广东省制定的优惠政策，垃圾焚烧发电的电力由政府按照 0.55 元 / 度上网收购，每处理一吨垃圾由广州市政府制定相应的补贴政策，使企业产生经济效益，以收回建设投资，偿还贷款和获取适当的利润。

（2）投融资改革方式和步骤

按照以前的垃圾处理设施由政府直接投资的模式，广州市财政难以每年拿出十亿元左右的巨额财政资金仅用于垃圾焚烧处理建设项目，绝大部分要靠政府贷款或融资，背上越来越沉重的债务负担。政府投资管理模式，由于一次性投入过大，建设程序繁多，建设时间过长，效率低下。若采取以往的建管模式，仅单一依靠政府直接投资，广州市生活垃圾焚烧处理设施的规划建设显然难以顺利完成，也难以彻底解决2010年及以后广州市可能不断出现的垃圾围城的紧迫局面。

①商业银行贷款筹集资金

承担广州市垃圾处理项目的国有企业，可以该企业为资金运作平台，成立垃圾焚烧发电项目公司，以项目公司的资本金和商业银行项目贷款进行直接融资，垃圾处理项目贷款有政府支撑，风险较小，贷款成功率高。通过银行贷款和公司资本金为广州市垃圾处理筹集首批资金，并以此笔资金为基础，打开广州市垃圾处理市场化运作的新开端。

②垃圾焚烧发电项目公司股份制改造

大型国有企业可通过整合企业旗下的相关业务板块，发挥垃圾处理朝阳产业的吸引力引入战略投资者，对垃圾焚烧发电项目公司进行股份制改造，吸引民间资金进入广州垃圾处理行业，壮大垃圾焚烧发电项目公司的经济实力，实现公司净资产增值。股份有限责任公司还可利用银行项目贷款和发行债券、基金以及其他短期融资等形式进行融资，筹集垃圾处理资金，使广州市生活垃圾处理资金实现良性的滚动发展。

③公司上市融资

垃圾焚烧发电项目公司发展到一定规模，达到上市公司的条件后，可以采取公司上市直接进行融资，通过在国内或国外交易所主板市场，大规模筹集垃圾处理资金，从而加快垃圾处理设施建设速度和营运管理水平的提高，最终完成广州市垃圾处理设施建设和管理任务。

（3）垃圾处理工艺和设备研发

各城市生活垃圾焚烧设施建设任务还非常重，如果仅仅采用BOT模式，而不发展自己的垃圾焚烧装备产业，关键处理工艺和设备主要依靠进口就难以降低垃圾处理费用。大型国有企业可充分发挥国有优势，成立专门的研发中心，通过向科技部门申请，开展城市生活垃圾焚烧发电技术及装备产业的重大科技专项的研究攻关工作，推进垃圾处理工艺设备技术的国产化进程，积极培育垃圾焚烧工艺设备的研发和制造能力。

总的来说，BOT模式虽然是广州市生活垃圾处理目前采用的较为先进的模式，但其自身也存在不足，如前期合同不规范，技术标准不科学等。广州市生活垃圾处理任务重，资金缺口大，仅仅依靠BOT模式还难以有效解决广州市的生活垃圾处理问题，必须提高垃圾处理的国产化水平，采取制造+BOT模式，使垃圾处理设备制造与垃圾处理设施投资、建设和管理相结合，降低成本，积极探索垃圾处理“投资—制造—建设—管理”一体化的新模式，走出一条城市生活垃圾处理的新道路。

为弥补BOT模式的不足，近年来出现了一种新的融资模式PPP模式，即政府与私人组织合作建设城市基础设施项目，是一种以各参与方的“双赢”或“多赢”为合作理念的现代融资模式，具有极其重要的现实价值，我国政府目前大力支持和提倡PPP模式。城市生活垃圾处理是重要的城市基础设施项目，可以探索采用PPP模式推进垃圾处理项目的建设。

（三）综合处理方式的建议

随着经济社会进步发展和文明程度的提高，广州市生活垃圾处理除了填埋和焚烧处理外，必将采取综合处理利用的方式，使垃圾处理更加科学，更加能满足实际需要和提高效益。

1. 垃圾分类处理的意义

目前，世界上垃圾分类处理在欧洲推广得最好的国家是德国，亚洲是日本，国内垃圾分类水平普遍较低。垃圾是放错了位置的资源，垃圾分类处理对于垃圾的无害化、减量化、资源化和回收利用具有重要意义，是垃圾处理发展的最终方向。广州市垃圾分类一直停滞不前，我认为主要原因是广州市目前垃圾处理方式比较单一，对分类垃圾无法进行分类处理。随着广州市垃圾处理事业的发展，各类垃圾处理措施和政策法规的完善，人们环保意识的提高，广州市垃圾分类工作必将进一步深化，使各种垃圾资源各得其所，变废为宝，以促进资源的循环利用，减少资源浪费。

2. 加快餐厨等垃圾的综合处理利用

生活垃圾成分复杂，有些成分既不适合焚烧，也不适合填埋，如餐厨垃圾、金属、塑料等；玻璃、砖瓦等不适合焚烧，但可以填埋。对于分既不适合焚烧，也不适合填埋的垃圾，需要进行分类回收和综合处理利用。目前在广州市生活垃圾中，餐厨垃圾占相当部分。

餐厨垃圾是食物加工和饮食消费过程中产生的易腐败、易生物降解的废弃物，它一般可分为厨余垃圾和餐后垃圾，厨余垃圾是指在厨房进行食物加工时产生的废弃物，如菜头菜尾、果皮果核等下脚料等；餐后垃圾是指用餐之后的剩余食物（俗称潲水），包括剩饭剩菜、汤渣点心等。目前，广州市居民家庭产生的餐厨垃圾基本上都混入生活垃圾；餐饮业和机团单位的厨余垃圾一部分混入生活垃圾，进入环卫部门的生活垃圾收运系统，一部分与餐后垃圾（潲水）混合，主要被非法收运者收集，用于喂猪或提炼潲水油。据环卫部门统计，广州市仅酒店、餐馆、食堂等产生的餐厨垃圾日达1000吨，混入生活垃圾中的餐厨垃圾则无法统计。

未经严格处理的餐厨垃圾喂养生猪，容易感染沙门氏菌、大肠杆菌等10多种病菌，食用这种猪肉可造成人体感染口蹄疫、肝炎等。油脂酸败过程会产生复杂的有机物，经高温熬煮后，分解成苯、芘、萘、蒽及硝酸盐和亚硝酸盐等有毒、有害和强致癌物质。若长期食用“潲水油”，会破坏白细胞、消化道黏膜，引起食物中毒或导致各种疾病，严重影响身体健康。

为提高垃圾处理效率，防止污染链不断延续，危害群众健康，城市政府应加快立法和餐厨垃圾专门处理设施建设步伐，将餐厨垃圾从生活垃圾中分离出来，进行统一的综合利用处理，使广州市生活垃圾处理告别传统的单一模式，逐步转入科学发展的轨道。

城市生活垃圾处理是一个世界性的难题，国内外许多城市为此投入大量的财力人力物力，总的来说，发达国家的城市生活垃圾无害化处理水平普遍较高，发展中国家的城市生活垃圾无害化处理水平普遍较低，一般都刚刚起步，有的甚至还在简单处理或者随意堆放。广州市生活垃圾处理从 2002 年 10 月卫生填埋开始，基本上结束了垃圾污染环境的状况，进入了无害化处理的新阶段，但也只有短短六年多的历史。广州市作为中国第三大城市，中国南方经济重镇，祖国的南大门，中国改革开放的前沿地和排头兵，自古以来就是繁华的都市，从来就没有衰落过。广州市的总人口数量、垃圾总量和其在全国的经济社会地位，决定着广州市生活垃圾处理任务的艰巨性、长期性。算清生活垃圾处理的经济账，选择正确的垃圾处理方式，对搞好广州市生活垃圾处理具有非常重要的意义。垃圾焚烧发电也是国际上通用的垃圾处理方式之一，特别被经济发达的土地资源稀缺的城市广泛采用。广州市 2006 年 10 月开始采用垃圾焚烧发电处理生活垃圾取得成功，已有十多年的历史，积累了一定的经验。目前，广州市垃圾焚烧发电处理设施运转正常，日发电量基本保持稳定，取得了良好的经济效益。

总之，通过以上比较全面深入地对广州市生活垃圾处理进行的经济学分析，可以看出，仅从经济角度，城市采用焚烧发电为主要方式处理生活垃圾是最为合适的选择。城市人口密集，生活垃圾处理问题忽视不得。只要方向选择对了，算清经济账、效益账，城市生活垃圾无害化处理事业将会更加顺利和健康发展，实现经济效益、环境效益和社会效益共赢的新业绩。

第六节 城市生活垃圾分类研究

人们很早就认识到“垃圾是放错了位置的资源”，为了资源的循环回收利用，世界上许多国家和城市开展垃圾分类工作。自从 2011 年 4 月 1 日广州市率先正式施行《广州市城市生活垃圾分类管理暂行条例》以来，我国各大城市纷纷制定政策法规，广泛开展城市生活垃圾分类工作，垃圾分类工作从宣传教育阶段进入具体实际操作阶段。近年来，国家高度重视垃圾分类工作，经过广泛地征求意见，2017 年 3 月，国务院办公厅转发了国家发展改革委、住房城乡建设部《生活垃圾分类制度实施方案》，鼓励各省（区）选择具备条件的城市实施生活垃圾强制分类，国家生态文明试验区、各地新城新区率先实施生活垃圾强制分类。城市生活垃圾分类将改变市民多年形成的丢弃垃圾的习惯，也将改变城市管理（环卫）部门传统的垃圾收运模式和系统，是一项长期的艰巨任务，虽然各城市做了大量工作，也取得了一定的效果，但垃圾分类工作仍需要一个循序渐进的漫长过程。

一、城市生活垃圾分类的前期准备

纵观世界各国和各城市，垃圾分类工作真正做得好的只有德国、日本、新加坡等少数国家或台北等少数城市。我国的一些城市在 20 世纪 80、90 年代就开始宣传垃圾分类工作的意义，并在城市主干道设置分类垃圾桶（箱），培养市民的垃圾分类的意识和习惯。垃圾分类是一项系统工程，不可能完全照搬国外经验，需要结合中国城市的实际情况，做大量的前期调查研究和各项复杂的准备工作。

（一）立法准备

垃圾分类说起来简单，但真正做起来就非常复杂，非常难，有许多具体问题和环节要解决。比如垃圾分类谁来牵头组织、谁来具体落实、如何分类、分几类、如何运输、如何处理、处理设施建设与管理等等，这些关键的环节都要以地方法规或规范性文件等形式明确规定下来。在立法立规的过程中，各城市要根据本城市生活垃圾组分情况和特性，对垃圾分类的全流程和方方面面的细节进行深入的调研和仔细考虑，制订出切实可行的规范的操作细则，使新出台的垃圾分类的规章制度能够满足实际工作的需要。

（二）垃圾分类收集、运输、处理体系建设准备

垃圾分类完全颠覆了传统的垃圾收运和处理模式，传统的垃圾收运和处理模式是混收混运、运到处理场后埋掉或烧掉，显然不符合垃圾分类处理的要求，需要构建新的垃圾分类收集、分类运输和分类处理的体系，这是实现垃圾分类最为关键的一环。尤其是垃圾分类处理设施的建设，各城市要及早着手，根据本城市分出来的垃圾类型建设好相应的处理设施，这是实现垃圾分类工作关键中的关键。

（三）垃圾分类机构和队伍建设准备

垃圾分类很复杂，不是一项简单的工作，各城市的基础又很薄弱，缺乏实际经验，很多都还处在纸上谈兵阶段，大都是根据材料介绍或道听途说，而空发议论或浅尝辄止。垃圾分类需要从长计议，要建立专门的垃圾分类机构和队伍，对本市的垃圾分类的法规情况、垃圾组分情况和特性、垃圾收运情况、垃圾处理情况等进行彻底摸查和详细分析，补足短板，认真规划将现有垃圾处理方式向完全实现垃圾分类处理目标转换的具体有效路径，制定详细的实施方案，并逐步加以推进和组织落实。

二、城市生活垃圾分类存在的困难

垃圾分类在中国五千年历史上从没实行过，既无经验可循，又不能完全复制国外的经验，需要探索一条适合中国国情的垃圾分类之路。在探索垃圾分类的过程中，尽管各城市的主管部门热情较高，但仅有热情和空谈理论是不够的，还有许多实际困难要引起足够的重视，并且要沉下身子认真研究具体措施加以解决。

（一）市民参与度不高

各城市在开展垃圾分类时普遍感到市民参与度不高，虽然做了大量的宣传工作，但市民仍不够积极配合。主要原因有两个，一是受中国传统文化的影响，我国几千年悠久的传统文化注重的是意象，追求朦胧模糊的感觉，对事物的精确性强调不够，不利于垃圾分类工作。二是垃圾分类宣传还局限于垃圾分类的意义和市民的环境卫生意识等层面，

宣传应当包括垃圾分类的政策法规、处罚措施规定和具体垃圾分类投放指引等实际内容。尤其是垃圾分类的政策法规宣传尤为重要，没有法律法规的规定和政府的正式政策措施，市民就会感觉垃圾分类还没有到真正实行阶段，就不会真正引起重视，也就不会认真分类投放。

（二）分类垃圾桶点的设置

实践证明，居民家庭源头分类是生活垃圾分类的有效形式，也是世界各国的各城市普遍采用的形式。目前我国各城市的居民住宅区差别很大，有的是封闭式高档小区，有的是自然街巷，有的是没有电梯的低层住宅，有的是有电梯的高层住宅，还有的是各种各样的住宅混杂，过去都没有考虑垃圾分类收集点的配套设置问题，垃圾分类装置要远比过去收运方式精细，更加多地占用公共空间。如何科学合理设置垃圾收集点，既能满足需要，而又不引起居民投诉，要进行综合考虑和调研，做好规划和反复论证试验，以及与居民沟通协调等工作。

（三）垃圾费收取问题

现在许多城市向市民家庭征收垃圾排放费及处理费，垃圾分类后，由于市民对垃圾进行分类投放，有些市民认为自己参与了垃圾的分类处理工作，付出了劳动理应得到回报，应该不交或少交垃圾费。对于实行垃圾分类后，垃圾费如何收取，应当考虑市民的诉求和意见，根据垃圾分类取得的收益，通过制定有关政策措施予以明确。

（四）垃圾分类运输问题

垃圾分类运输要比目前垃圾混收混运精细得多、慢得多。每种垃圾需要不同的专门车辆，需要按照垃圾的种类重新调整和配备运输车辆，调整和规划运输路线，保证各种垃圾及时清运。新配备专门车辆和调整路线需要大量的人力物力和资金，短时期内，可能垃圾分类回收利用的价值远远达不到垃圾分类收集和分类运输所消耗的人力物力，需要政府财政资金大量投入，来支撑垃圾分类工作的进行。

（五）垃圾分类处理设施建设

垃圾分类处理设施建设是垃圾分类成功的决定性因素，垃圾分类的意义就在于垃圾要最终分类处理、回收利用，实现资源的循环使用。各城市要根据本市垃圾组分的特点，加快建立相应的垃圾分类处理的设施，不要总是出现居民把垃圾分类投放了，而城市管理（环卫）部门又把垃圾混在一起运到填埋场或焚烧厂埋掉或烧掉的情况，这样市民意见很大，严重影响和挫伤市民进行垃圾分类的积极性，这也是目前市民不够配合垃圾分类的原因之一。

（六）垃圾分类机制建设

建立垃圾分类处理的管理体系，维护其正常运作，需要构建垃圾分类的工作机制。垃圾分类处理的管理体系与传统的垃圾处理的管理体系完全不同，更加精细和高标准，随着垃圾分类工作深入开展，工作任务越来越多，要构建完善的垃圾分类工作机制和组建人员队伍，协调和指导各区、街、社区、物业小区和机团单位的垃圾分类工作，使全市的垃圾分类工作协调一致，深入有序开展。

（七）城中村和外籍人员

许多城市在快速发展过程中，形成了一定数量的“城中村”，城中村居住大量的外来务工人员。有些大城市常住的外国籍人员也相当多，在垃圾分类的宣传教育中，要充分考虑城中村和外籍人员的实际情况和特点，有针对性开展垃圾分类宣传教育和具体操作指引，达到垃圾分类工作要求，使城市的常住人员能够全部参与垃圾分类。

三、城市生活垃圾分类工作建议

垃圾分类工作虽然很难、很复杂，但也并非完全不可为，只要思路正确、措施得当，方式合理、统筹推进，还是能够取得预期效果，实现城市垃圾资源的循环利用。

（一）加强城市生活垃圾分类宣传和培训

垃圾分类改变市民的生活习惯，要做好宣传引导和教育工作，利用媒体、社区宣传栏、横幅等多种形式进行全方位、多层次的广泛宣传，使垃圾分类家喻户晓。制作垃圾分类张贴标识和指引牌，将日常产生的各种生活垃圾具体图案，按照垃圾分类标准归类印在标识上，张贴到垃圾桶和垃圾收集点的显眼处，使市民和环卫工人能够直接地、清晰地掌握具体垃圾分类方法，引导他们自觉按照分类标准准确投放生活垃圾。为使垃圾分类工作有序开展，要对环卫工人、物业公司管理人员、社区志愿者、垃圾分类指导员、机团单位负责人、辖内学校师生、商铺户主等进行垃圾分类业务知识培训，要使垃圾分类具体操作和实施的工作人员熟识分类知识、分类方法，正确指导市民进行垃圾分类投放，对分好类的垃圾进行正确的收集和处理。

（二）先易后难，分阶段、分区域推进

“罗马不是一天建成的”，由于垃圾分类比较复杂，需要做的前期准备工作多，投入资金大，不可能靠一个行政命令就可完成垃圾分类工作，短时间内难以完全建立垃圾分类收运和处理体系。垃圾分类要实事求是，建议按照先易后难的原则，分阶段、分区域推进比较稳妥。各城市既有城中村，也有居民小区，选出基础条件较好的街道或社区先行先试，按照住建部的要求进行垃圾强制分类，取得经验和条件成熟后全市推广，逐步用精准化的垃圾分类收运和处理体系替换现有的粗放式的垃圾收运和处理模式。

（三）加强环卫设施基础建设

目前各城市生活垃圾的收集、转运和处理设施普遍不足，尤其是在街道、社区，各种环卫设施大多较为简单和落后。建议各城市在推进垃圾分类工作，新建的环卫设施，要按照垃圾分类工作标准进行建设，并按照分类工作的需要，统筹配备或更新各种环卫作业机具，逐步淘汰原有的环卫设施设备，尽快建成满足垃圾分类处理要求的环卫基础设施。

（四）建立联动机制

垃圾分类是城市政府的重要工作，是实现城市可持续发展的重要内容之一，需要各职能部门齐心协力的密切配合，特别是工商、卫生、食药监等部门在日常管理活动中要体现垃圾分类的具体内容要求，加大检查督促和奖罚力度，对不履行垃圾分类责任义务的商铺、市场、企业等单位进行教育和处罚，形成垃圾分类齐抓共管的长效工作机制。

（五）加大街道、社区基层单位的经费补助

垃圾分类大量的工作落实在基层街道和社区，由于各城市居民区情况比较复杂，在短时期内垃圾分类不仅不会减少街道、社区和环卫工人的工作量，反而会增加基层街道的工作量。现在街道社区里老年人较多，行动不便，分类投放垃圾也有实际困难，需要帮助，很多街道对垃圾分类进行补贴，但长期补贴街道将无法承受，影响基层垃圾分类的积极性和工作落实。建议市、区财政加大对街道等基层单位的垃圾分类经费补助，同时对补助经费使用给予政策指引，避免垃圾分类经费被挪作他用。

（六）引入民间力量

在现行的垃圾处理体系中，城市政府承担了绝大部分的职能，民间和社会力量没有充分发挥和调动起来，为更好地推进垃圾分类和处理工作，应当探索发挥社团、志愿者、企业等民间力量，全社会共同参与，形成多元共治的合力。

我国地域辽阔，人口众多，资源却相对紧张，节约资源，循环利用，是我国可持续发展的重要组成部分，垃圾分类可以减少资源浪费，垃圾分类回收利用处理，必然是城市生活垃圾处理的发展方向。城市政府和城市管理部门应当顺势而为，积极推进成城市生活垃圾分类工作，把城市生活垃圾作为城市一种新生的“矿产”资源，加以回收和开发利用，促进城市循环经济的发展。

第六章

城市管理单位党组织建设

中央城市工作会议提出，必须加强和改善党对城市工作的领导，健全党委统一领导、党政齐抓共管的城市工作格局。在许多城市，城市管理部门是城市政府的组成部门，城市管理人员队伍中有大批的党员、干部，城市管理部门党组织比较健全，在城市管理系统各级党组织的坚强领导下，城市管理工作不断取得新的发展和进步，起到领导核心的作用。城市管理部门要持续加强各级党组织建设，尤其是要加强城市管理基层单位党组织建设，抓实基层党支部建设，坚定党员干部理想信念和宗旨意识，发挥党员干部先锋模范作用，为城市管理工作提供坚强的组织保障。

第一节　加强党的理论和规章制度学习

加强城市管理单位党组织建设，首先要加强对党的基本理论和规章制度的学习，用马克思主义武装党员干部的头脑，用党章党规约束党员干部的行为，提高党员干部的思想认识和遵守纪律的自觉性。

一、研读马克思主义经典著作

我们党是马克思主义政党，城市管理单位的党员干部要加强政治理论学习，研读《共产党宣言》、《资本论》、《矛盾论》、《实践论》、《中国革命和中国共产党》等马克思主义经典著作，用马克思主义武装头脑，指导城市管理工作。2016 年 7 月 1 日，习近平总书记在庆祝中国共产党成立 95 周年大会上讲话要求全党：不忘初心、继续前进。全世界共产党人最初的初心，就是马克思和恩格斯合著的《共产党宣言》。

1847 年 11 月，马克思和恩格斯受“共产主义者同盟”第二次代表大会的委托，撰写了《共产党宣言》。170 年过去了，现在研读《共产党宣言》仍有许多启示。

《共产党宣言》是国际共产主义运动第一个纲领性文献，全文共计四章，向全世界公开说明共产党人的观点、目的和意图，用宣言的形式反驳旧欧洲的一切势力围剿共产主义和关于共产主义幽灵的神话。

第一章“资产者和无产者”开宗明义，第一句话就深刻指出:“至今一切社会的历史都是阶级斗争的历史。”进而论述到资产阶级时代，整个社会日益分裂为两大敌对的阵营,分裂为两大相互直接对立的阶级:资产阶级和无产阶级。随着资产阶级即资本的发展，无产阶级即现代工人阶级也在同一程度上得到发展，资产阶级首先生产的是它自身的掘墓人。资产阶级的灭亡和无产阶级的胜利是同样不可避免的。

第二章“无产者和共产党人”指出共产党是无产阶级政党,阐述了共产党的基本纲领，提出共产党人最近目的是推翻资产阶级统治，由无产阶级夺取政权，并把党的理论概括为一句话:消灭私有制。驳斥了共产党要消灭个人财产、消灭自由和个性、消灭家庭和教育、取消祖国和民族、废除“永恒的真理”等等谬论。阐述了无产阶级专政的基本原理，指出共产主义革命就是同传统的所有制关系实行最彻底的决裂，工人革命的第一步就是使无产阶级上升为统治阶级，争取民主，进而创造“每个人的自由发展是一切人的自由发展的条件”的共产主义社会。

第三章“社会主义和共产主义的文献”揭露和批判了当时流行的各种假社会主义和空想社会主义思潮。批判了违背历史发展潮流的封建的社会主义、小资产阶级的社会主义、德国的或“真正的”社会主义等几种反动的社会主义。批判了以消除社会弊端、保障资本主义社会生存为目的的保守的或资产阶级的社会主义。还批判了反映不成熟的无产阶级的利益和要求、在无产阶级解放的条件下还不具备情况下产生的批判的空想的社会主义和共产主义。

第四章“共产党人对各种反对党派的态度”阐释了无产阶级的斗争策略，指出共产党在反对现存的社会制度的斗争中，必须把最近利益与长远利益、当前斗争与实现最终奋斗目标结合起来，并代表运动的未来。共产党人的目的只有用暴力推翻全部现存的社会制度才能达到。

最后号召:全世界无产者，联合起来。

《共产党宣言》有七篇序言，从1872年马克思、恩格斯合写的第一篇序言到1893年恩格斯逝世前写的最后一篇序言，根据形势的发展和变化，对《共产党宣言》进行补充说明和强调，具有很高的文献价值，成为《共产党宣言》的重要组成部分。

1848年2月,《共产党宣言》公开发表标志着马克思主义的诞生。目前尽管资本主义世界发生了很大变化，但《共产党宣言》所阐述的基本原理依然是完全正确的、科学的。马克思、恩格斯运用历史唯物主义的基本观点，通过分析资产阶级和无产阶级产生、发展及其相互斗争的历史过程，揭示了社会主义必然代替资本主义的客观规律。通过熟读《共产党宣言》、《资本论》、《国家与革命》等马克思主义经典著作，使我们共产党人不忘初心，肩负起历史使命，坚定信心，继续前进，撸起袖子加油干，为建设中国特色的社会主义和推动城市管理事业发展而不断努力奋斗。

二、学习习近平总书记系列讲话精神

党的十八大以来，习近平总书记围绕改革发展稳定、内政外交国防、治党治国治军发表了一系列的讲话，深刻阐述了党和国家发展的重大理论和实践问题，提出了许多治国理政的新思想新观点新论断。习近平总书记系列讲话既平实又深刻，既亲切又极富哲理，深入学习领会习总书记的系列讲话精神，全面系统掌握讲话的丰富内涵、精神实质和实践要求，是当前和今后城市管理系统全体党员干部的一项重要的政治任务，也是搞好城市管理单位党组织建设的重要的思想武器。

（一）习近平总书记的系列讲话进一步深化和拓展了党的十八大精神

党的十八大报告描绘了在新的历史条件下全面建成小康社会、加快推进社会主义现代化、夺取中国特色社会主义新胜利的宏伟蓝图。2012 年 11 月 17 日，习近平总书记在十八届中共中央政治局第一次集体学习时的讲话中提出“两个一百年”奋斗目标，即在中国共产党成立 100 年时全面建成小康社会，在新中国成立 100 年时建成富强民主文明和谐的社会主义现代化国家。中国共产党成立 96 年，历经风险、挑战和考验，取得今天的成绩非常不容易，距离党成立 100 年只有 4 年的时间，实现全面建成小康社会的任务，责任重于泰山，事业任重道远。

当前，无论国际还是国内形势都非常复杂，需要应对的风险、挑战和考验非常多。习近平总书记强调发展是解决中国一切问题的金钥匙，我国正处在发展的关键时期，要认真学习贯彻习近平总书记关于科学发展的重要论述，牢固树立发展就是硬道理的理念，坚持发展是我们党执政兴国的第一要务，仍是解决中国所有问题的关键。要坚持稳中求进，加快转变经济发展方式、调整优化经济结构、实施创新发展战略。到建党 100 周年，能否如期实现全面建成小康社会的目标任务，最艰巨最繁重的任务在农村，特别是在贫困地区能不能实现小康。习近平总书记强调消除贫困、改善民生、实现共同富裕，是社会主义的本质要求。十八大以后，他多次深入贫困地区访贫问苦，对进一步做好扶贫攻坚工作做了许多重要指示，充分体现了习近平总书记亲民爱民的高尚情怀和心系贫困群众、关怀贫困群众生活的真实情感。

2012 年 11 月 15 日，十八届一中全会刚刚结束，习近平总书记在中外记者见面会上就强调人民群众是我们力量的源泉。人民对美好生活的向往，就是我们的奋斗目标。面对新的历史时期新的任务，以习近平同志为总书记的新一届中央领导集体，肩上责任重大，夙夜在公、恪尽职守，勤勉工作，为民服务，为国尽力，以天下为公的宽阔胸襟，摒弃任何私心杂念，把为全中国人民谋利益作为唯一追求，为党的事业和人民利益鞠躬尽瘁，体现了对国家、对民族、对人民的责任担当，对中国特色社会主义事业的坚定自信。

（二）习近平总书记的系列讲话体现了中国特色社会主义理论和实践的最新成果

党的十八大报告深刻阐明了中国特色社会主义的一系列重大理论问题，鲜明提出了坚定中国特色社会主义的道路自信、理论自信、制度自信。2012 年 11 月 29 日，习近平总书记在国家博物馆参观《复兴之路》展览时讲话指出：审视现在，全党同志必须牢记，道路决定命运，找到一条正确的道路多么的不容易，我们必须坚定不移走下去。坚持和发展中国特色社会主义，是改革开放以来我们党全部理论和实践的主题，习近平总书记的系列讲话对这个主题阐述得很深刻、很精辟、很有针对性，他指出：中国特色社会主义，是科学社会主义理论逻辑和中国社会发展历史逻辑的辩证统一，是根植于中国大地、反映中国人民意愿、适应中国和时代发展进步要求的科学社会主义，是全面建成小康社会、加快推进社会主义现代化、实现中华民族伟大复兴的必由之路。

道路关乎党的命脉，关乎国家前途、民族命运、人民幸福。中国特色社会主义成功实现了马克思主义与中国实际相结合，既坚持了科学社会主义基本原则，又根据我国实际和时代特征赋予其鲜明的中国特色，既破除了对马克思主义的教条式理解，又抵制了偏离和抛弃社会主义基本制度的错误主张。2013 年 1 月 5 日，习近平总书记在新进中央委员会的委员、候补委员学习贯彻党的十八大精神研讨班开班式上发表重要讲话时指出：我们党领导人民进行社会主义建设，有改革开放前和改革开放后两个历史时期，这是两个相互联系又有重大区别的时期，但本质上都是我们党领导人民进行社会主义建设的实践探索。中国特色社会主义是在改革开放历史新时期开创的，但也是在新中国已经建立起社会主义基本制度、并进行了 20 多年建设的基础上开创的。虽然这两个历史时期在进行社会主义建设的思想指导、方针政策、实际工作上有很大差别，但两者绝不是彼此割裂的，更不是根本对立的。不能用改革开放后的历史时期否定改革开放前的历史时期，也不能用改革开放前的历史时期否定改革开放后的历史时期。习近平总书记关于“两个历史时期”的论述，对于正确认识党的历史特别是新中国历史，尊重历史而不割断历史，尊重前人而不苛求前人，正本清源、分清主流和支流，坚持真理、凝聚共识，具有十分重要的指导意义。

中国特色社会主义道路、中国特色社会主义理论体系、中国特色社会主义制度，是党和人民 90 多年奋斗、创造、积累的根本成就。习近平总书记指出，中国特色社会主义是社会主义而不是其他什么主义，科学社会主义基本原则不能丢，丢了就不是社会主义。一个国家实行什么样的主义，关键要看这个主义能否解决这个国家面临的历史性课题。历史和现实都告诉我们，只有社会主义才能救中国，只有中国特色社会主义才能发展中国，这是历史的结论、人民的选择。习近平总书记的系列讲话高屋建瓴、深谋远虑，进一步发展了中国特色社会主义理论成果。

（三）习近平总书记的系列讲话是实现中华民族伟大复兴中国梦的行动指南

十八大以来，习近平总书记在国内国际多个场合，结合不同工作内容对“中国梦”的具体内涵、奋斗目标、总体布局、实现路径等进行了系统阐释。习近平总书记指出：“每个人都有理想和追求，都有自己的梦想。现在，大家都在讨论中国梦，我以为，实现中华民族伟大复兴，就是中华民族近代以来最伟大的梦想”。习近平总书记对“中国梦”这一时代解读，既包含着对近代以来中国历史的深刻洞悉，又彰显了全国各族人民的共同愿望和宏伟愿景，进一步揭示了中华民族的历史命运和当代中国的发展走向，深情描绘了近代以来中华民族生生不息、不断求索、不懈奋斗的历史，升华了我们党的执政理念和治国方略，为党带领人民开创未来指明了前进方向，同时也为坚持和发展中国特色社会主义注入新的内涵。

“中国梦”的本质内涵是实现国家富强、民族复兴、人民幸福、社会和谐。习近平总书记指出：国家好，民族好，大家才会好。近代以来，中国逐渐落伍了，一步步沦为半殖民地半封建社会，中华民族历经磨难，受尽屈辱，一度面临亡国灭种的危险。实现中华民族伟大复兴一直是中华民族无数仁人志士顽强追求的目标，并不懈为之奋斗，中国梦是国家情怀、民族情怀、人民情怀相统一的梦，体现了以习近平同志为总书记的党中央继往开来、高瞻远瞩的战略眼光。

习近平总书记指出：“中国梦归根到底是人民的梦”。他说：“我们的人民热爱生活，期盼有更好的教育、更稳定的工作、更满意的收入、更可靠的社会保障、更高水平的医疗卫生服务、更舒适的居住条件、更优美的环境，期盼孩子们能成长得更好、工作得更好、生活得更好”。中国梦是真实的、具体的、可实现的，与世界各国人民的美好梦想是相通的，实现中国梦将会促进世界和平发展与人类文明进步，为人类生活增加绚丽的色彩。

（四）习近平总书记系列讲话是深入开展党的群众路线教育实践活动的根本指针

中共中央政治局会议决定，从 2013 年下半年开始，用一年左右的时间，在全党自上而下分批开展党的群众路线教育实践活动。2013 年 6 月 18 日，习近平总书记在党的群众路线教育实践活动工作会议上强调，群众路线是我们党的生命线和根本工作路线。实现党的十八确定的奋斗目标，实现中华民族伟大复兴的中国梦，必须紧紧依靠人民，充分调动最广大人民的积极性、主动性、创造性。习近平总书记指出，这次教育实践活动的主要任务要聚焦到作风建设上，集中解决形式主义、官僚主义、享乐主义和奢靡之风这“四风”问题。以“照镜子、正衣冠、洗洗澡、治治病”为总要求。以整风精神开展批评和自我批评，开好民主生活会，坚持开门搞活动。

在一年的时间里，全党分两批深入开展党的群众路线教育实践活动，2013 年 9 月 23 日至 25 日，习近平总书记到教育实践活动联系省份河北省，全程参加并指导河北省委常委班子专题民主生活会。4 个半天的民主生活会，习近平总书记一边听一边记，不时插话询问，进行点评指导。 25 日上午，在专题民主生活会即将结束时，习近平总书记发表重要讲话。他针对大家对照检查出来的突出问题，提出了 4 个方面的要求。一是坚定理想信念，切实解决好世界观、人生观、价值观这个“总开关”问题。二是树立正确政绩观，切实抓好打基础利长远的工作。三是发扬钉钉子的精神，切实把工作落到实处。四是坚持正确用人导向，引导广大干部真抓实干。

2014 年上半年，在第二批党的群众路线教育实践活动中，习近平总书记联系河南省兰考县。2014 年 3 月 17 日至 18 日，习近平总书记到河南省兰考县调研指导党的群众路线教育实践活动。18 日上午，习近平总书记专门听取兰考县教育实践活动情况汇报，并发表重要讲话。他指出，要用好批评和自我批评武器，有一点“辣味”，让每个党员干部都能红红脸、出出汗。要组织党员、干部把焦裕禄精神作为一面镜子，从里到外、从上到下反复照一照自己，深入查摆自己在思想境界、素质能力、作风形象等方面存在的问题和不足，努力向焦裕禄同志看齐。要准确把握教育实践活动实践载体，把学习弘扬焦裕禄精神作为一条红线贯穿始终。一是要学习焦裕禄同志“心中装着全体人民、唯独没有他自己”的公仆情怀；二是要学习焦裕禄同志凡事探求就里、“吃别人嚼过的馍没味道”的求实作风；三是要学习焦裕禄同志“敢教日月换新天”、“革命者要在困难面前逞英雄”的奋斗精神；四是要学习焦裕禄同志艰苦朴素、廉洁奉公、“任何时候都不搞特殊化”的道德情操，努力做焦裕禄式的好党员、好干部。

习近平总书记系列讲话内容非常丰富，博大精深。2017 年 10 月，党的十九大报告确立了习近平新时代中国特色社会主义思想，只有切实通过自觉主动地深入学习，体会其深邃的精神实质和科学思想内涵，不断汲取精神之钙，才能提高自身的思想政治素质和道德品质，从而为做好本职工作打下坚实的理论基础。

三、学习掌握发展新理念，努力实现“十三五”规划

2012 年 11 月，党的十八大提出到 2020 年实现全面建成小康社会宏伟目标。2015 年 11 月，党的十八届五中全会全面分析国际国内形势，认为如期全面建成小康社会既具有充分条件也面临艰巨任务，研究了“十三五”时期我国发展的一系列重大问题，通过了《中共中央关于制定国民经济和社会发展第十三个五年规划的建议》。从 2002 年 11 月党的十六大提出了全面建设小康社会奋斗目标，十多年来，全党全国各族人民接续奋斗，各项事业取得重大进展。

（一）“十三五”发展的新理念

党的十八大以来，以习近平同志为总书记的党中央勇于实践、善于创新、深化对共产党执政规律、社会主义建设规律、人类社会发展规律的认识，形成一系列治国理政新理念新思想新战略。目前，和平和发展的时代主题没有变，世界多极化、经济全球化、文化多样化、社会信息化深入发展，我国发展仍处于大有可为的重要战略机遇期，也面临诸多矛盾叠加、风险隐患增多的严峻挑战。实现“十三五”时期发展目标，破解发展难题，厚植发展优势，必须牢固树立“创新、协调、绿色、开放、共享”的发展新理念。我们要准确把握战略机遇期内涵的深刻变化，更加有效地应对各种风险和挑战，继续集中力量把自己的事情办好，增强忧患意识、责任意识，着力在优化结构、增强动力、化解矛盾、补齐短板上取得突破性进展，不断开拓发展新境界。

（二）“十三五”发展的原则和目标

如期实现全面建成小康社会的奋斗目标，推动经济社会持续健康发展，必须遵循六个原则。一是坚持人民主体地位，必须坚持以人民为中心的发展思想，发展人民民主，维护社会公平正义，保障人民平等参与、平等发展权利，充分调动人民的积极性、主动

性和创造性。二是坚持科学发展，必须坚持以经济建设为中心，把握发展新特征，加大结构性改革力度，加快转变经济发展方式，实现更高质量、更有效率、更加公平、更可持续的发展。三是坚持深化改革，必须坚持以经济体制改革为重点，破除一切不利于科学发展的体制机制障碍，为发展提供持续动力。四是坚持依法治国，加快建设中国特色社会主义法治体系，推进科学立法、严格执法、公正司法、全民守法，把经济社会发展纳入法制轨道。五是坚持统筹国内国际两个大局，必须坚持打开国门搞建设，既充分运用我国资源、市场、制度等优势，又重视国内国际经济联动效应，更好利用两个市场、两种资源，推动互利共赢、共同发展。六是坚持党的领导，必须贯彻全面从严治党的要求，不断增强党的创造力、凝聚力、战斗力，不断提高党的执政能力和执政水平，确保我国发展航船沿着正确航道破浪前进。

今后五年，要在已确定的全面建成小康社会目标要求的基础上，努力实现以下新的目标要求。一是经济保持中高速增长，到 2020 年国内生产总值和城乡居民收入比 2010 年翻一番。二是人民生活水平和质量普遍提高，就业比较充分，教育现代化取得重要进展，收入差距缩小，贫困人口实现脱贫，解决区域性整体贫困。三是国民素质和社会文明程度显著提高，中国梦和社会主义核心价值观更加深入人心，公共文化服务体系基本建成，中华文化影响持续扩大。四是生态环境整体改善，生产方式和生活方式绿色，能源资源开发利用效率大幅提高，主体功能区布局和生态安全屏障基本形成。五是各方面制度更加成熟更加定型，国家治理体系和治理能力现代化取得更大进展，法治政府基本建成，产权得到有效保护，开放型经济新体制基本形成，中国特色现代军事体系更加完善，党的建设制度化水平显著提高。

（三）“十三五”发展的主要内容

《中共中央关于制定国民经济和社会发展第十三个五年规划的建议》用大量的篇幅描述了“创新、协调、绿色、开放、共享”发展的具体内容。《建议》认为坚持创新发展、协调发展、绿色发展、开放发展、共享发展，是关系我国发展全局的一场深刻变革，要充分认识这场变革的重大现实意义和深远历史意义，统一思想，协调行动，深化改革，开拓前进，推动我国发展迈上新台阶。

1. 坚持创新发展，提高发展质量和效益

在国际发展竞争日趋激烈和我国发展动力转换的形势下，必须把发展的基点放在创新上。一是培育发展新动力，优化劳动力、资本、土地、技术、管理等要素配置，激发创新创业活力，发挥消费对增长的基础作用，扩大居民消费；发挥投资对增长的关键作用，深化投融资体制改革，增加有效投资；发挥出口对增长的促进作用，增强对外投资和扩大出口结合度，实施优进优出战略，提高我国产业在全球价值链中的地位。二是拓宽发展新空间，拓宽发展区域空间，以“一带一路”建设、京津冀协同发展、长江经济带建设为引领，形成沿海沿江沿线经济带为主的纵向横向经济轴带；拓宽产业发展空间，支持节能环保、生物技术、信息技术、智能制造、高端装备、新能源等新兴产业发展，推广新型孵化模式；拓宽基础设施建设空间，实施重大公共设施和基础设施工程，实施网络强国战略，完善能源安全储备制度等；拓宽网络经济空间，实施“互联网+”行动计划，实施国家大数据战略，完善电信普遍服务机制；拓宽蓝色经济空间，壮大海洋经济，维护我国海洋权益，建设海洋强国。三是深入实施创新驱动发展战略，加强基础研究，强化原始创新、集成创新和引进消化吸收再创新；推动政府职能从研发管理向创新服务转变，强化企业创业主体地位和主导作用；深化科技体制改革，促进科技与经济深度融合，扩大高校和科研院所自主权，提高科研人员成果转化收益分享比例，鼓励人才弘扬奉献精神。四是大力推进农业现代化，加快转变农业发展方式，稳定农村土地承包关系，构建培育新型农业经营主体的政策体系；坚持最严格的耕地保护制度，确保谷物基本自给、口粮绝对安全；推进农业标准化和信息化，持续增加农业投入，加强农产品流通设施和市场建设。五是构建产业新体系，加强建设制造强国，实施工业强基工程；支持战略性新兴产业发展，实施智能制造工程，构建新型制造体系；开展加快发展现代服务业行动，促进服务业优质高效发展，大力发展旅游业。六是构建发展新体制，深化行政管理体制改革；坚持公有制为主体、多种所有制经济共同发展，深化国有企业改革，鼓励民营企业依法进入更多领域，优化企业发展环境；加快形成统一开放、竞争有序的市场体系；深化财税体制改革，加快金融体制改革，加强金融宏观审慎管理制度建设，防止发生系统性区域性金融风险。七是创新和完善宏观调控方式，依据国家中长期发展规划目标和总供求格局实施宏观调控，减少政府对价格形成的干预，建立风险识别和预警机制，提高风险防控能力。

2. 坚持协调发展，形成平衡发展结构

增强发展协调性，在协调发展中拓宽发展空间，在加强薄弱领域中增强发展后劲。一是推动区域协调发展，深入实施西部大开发，推动东北地区等老工业基地振兴，促进中部崛起，支持东部地区率先发展，支持革命老区、民族地区、边疆地区、贫困地区加快发展；培育若干带动地区协同发展的增长极，推动京津冀协同发展，有序疏解北京非首都功能，推进长江经济带建设，改善长江流域生态环境。二是推动城乡协调发展，发展县域经济发展，加快培育中小城市和特色小城镇，推进以人为核心的新型城镇化；促进城乡公共资源配置，健全农村基础设施投入长效机制，建设美丽宜居乡村。三是推动物质文明和精神文明协调发展，坚持把社会效益放在首位、社会效益和经济效益相统一，用中国梦和社会主义核心价值观凝聚共识、汇聚力量；深化文化体制改革，实施重大文化工程，扶持优秀文化产品创作生产，加强文化人才培养；牢牢把握正确舆论导向，传播正能量，加强国际传播能力建设，推动中华文化走出去。四是推动经济建设和国防建设融合发展，同全面建成小康社会进程相一致，全面推进国防和军队建设，加强军队党的建设和思想政治建设，加强新型作战力量建设，构建能够打赢信息化战争、有效履行使命任务的中国特色现代军事力量体系；健全军民融合发展的组织管理体系、工作运行体系、政策制度体系，加强全民国防教育和后备力量建设。

3. 坚持绿色发展，改善生态环境

推动形成绿色发展方式和生活方式，协同推进人民富裕、国家富强、中国美丽。一是促进人与自然和谐共生，有度有序利用自然，根据资源环境承载力调节城市规模，支持绿色清洁生产，推动建立绿色低碳循环发展产业体系，加强资源环境国情和生态价值观教育，推动全社会形成绿色消费自觉。二是加快建设主体功能区，推动各地区依据主体功能定位发展，防治“城市病”，重点生态功能区实行产业准入负面清单；维护生物多样性，严防外来物种侵入；以市县级行政区为单元，建立空间治理体系。三是推动低碳循环发展，加快能源技术创新，提高非石化能源比重，改革能源体制，形成有效竞争的市场机制；推进交通运输低碳发展，实施新能源汽车推广计划，推广绿色建筑和建材，主动控制碳排放；实施循环发展引领计划，减少单位产出物质消耗，加强生活垃圾分类回收和再生资源回收的衔接，推进生产系统和生活系统循环衔接。四是全面节约和高效利用资源，强化约束性指标管理，实施全民节能行动计划，实行最严格的水资源管理制度和节约用地制度，倡导合理消费，力戒奢侈浪费，推动形成勤俭节约的社会风尚。五是加大环境治理力度，推进多污染物综合防治和环境治理，改革环境治理基础制度，建立全国统一的实时在线环境监控系统。六是筑牢生态安全屏障，全面提升自然生态系统稳定性和生态服务功能，开展大规模国土绿化行动，加强水生态保护和地质灾害防治等。

4. 坚持开放发展，实现合作共赢

丰富对外开放内涵，提高对外开放水平，形成深度融合的互利合作的格局，开创对外开放新局面。一是完善对外开放战略布局，加强内陆沿边地区口岸和基础设施建设，发展外向型产业集群，加快对外贸易优化升级，扩大开放领域，放宽准入限制，积极有效引进境外资金和先进技术，搭建国际产能和装备制造合作金融服务平台。二是形成对外开放新体制，健全有利于合作共赢并同国际贸易投资规则相适应的体制机制，全面实行准入前国民待遇加负面清单管理制度，扩大金融业双向开放，构建海外利益保护体系。三是推进“一带一路”建设，完善双边和多边合作机制，共同建设国际经济合作走廊，加强同国际金融机构合作。四是深化内地和港澳、大陆和台湾地区合作发展，加大内地对港澳开放力度，加快前海、南沙、横琴等粤港澳合作平台建设。五是积极参与全球经济治理，推动国际经济治理体系改革完善，推动多边贸易谈判进程，加快实施自由贸易区战略。六是积极承担国际责任和义务，扩大对外援助规模，积极支持并参与联合国维和行动，推动国际反腐败合作。

5. 坚持共享发展，增进人民福祉

按照人人参与、人人尽力、人人享有的要求，实现全体人民共同迈入全面小康社会。一是增加公共服务供给，提高公共服务共建能力和共享水平，加强基本公共服务，创新公共服务提供方式，广泛吸引社会资本参与，加快社会事业改革。二是实施脱贫攻坚工程，实行脱贫工作责任制，实施精准扶贫，提高扶贫实效，扩大贫困地区基础设施覆盖面，推进贫困地区基本公共服务均等化，坚决打赢脱贫攻坚战。三是提高教育质量，深化教育改革，推动义务教育均衡发展，促进教育公平，提高高校教学水平和创新能力，落实并深化考试招生制度改革和教育教学改革，全面提高教育教育质量。四是促进就业创业，创造更多就业岗位，维护劳动者平等就业权利，建立面向人人的创业服务平台，推行终身职业技能培训制度，提高劳动力素质，完善就业服务体系，提高就业服务能力。五是缩小收入差距，坚持居民收入增长和经济增长同步，持续增加城乡居民收入。六是建立更加公平更可持续的社会保障制度，实施全民参保计划，完善社会保险体系。七是推进健康中国建设，深化医药卫生体制改革，推进医药分开、实行分级诊疗，破除逐利机制，坚持中西医并重，倡导健康生活方式，实施食品安全战略。八是促进人口均衡发展，坚持计划生育的基本国策，完善人口发展战略，全面实施一对夫妇可生育两个孩子政策，积极开展应对人口老龄化行动等。

（四）加强和改善党的领导是全面建成小康社会的坚强保证

全面建成小康社会必须推动经济社会发展，发展仍是党执政兴国的第一要务，各级党委要深化对发展规律的认识，提高领导发展能力和水平，推进国家治理体系和治理能力现代化。一是完善党领导经济社会发展工作体制机制，优化领导班子知识结构和专业结构，加强党的各级组织建设，全面从严治党，落实“三严三实”要求，落实党风廉政建设主体责任和监督责任，为经济社会发展营造良好政治生态。二是动员人民群众团结奋斗，充分发扬民主，贯彻群众路线，加强思想政治工作，巩固和发展最广泛的爱国统一战线，加强海内外中华儿女大团结。三是加快建设人才强国，推动人才结构战略性调整，优化人力资本配置，形成具有国际竞争力的人才制度优势。四是运用法治思维和法治方式推动发展，加强党对立法工作的领导，弘扬社会主义法治精神，在全社会形成良好法治氛围和法治习惯。五是加强和创新社会治理，加强社会治理基础制度建设，完善社会治安综合治理体制机制，牢固树立安全发展观念，建设平安中国。六是坚决贯彻党中央决策部署，确保“十三五”规划建议的目标任务落到实处。

实现“十三五”时期发展目标，前景光明，任务繁重。我们要更加紧密团结在以习近平同志为总书记的党中央周围，万众一心，为夺取全面建成小康社会决胜阶段的胜利而努力奋斗。

四、加强党内规章制度的学习教育

2016年10月，党的十八届六中全会胜利召开，会议审议通过了《关于新形势下党内政治生活的若干准则》和《中国共产党党内监督条例》两个重要文件。这两个文件是党的十八后继修订《党章》、《中国共产党纪律处分条例》、《中国共产党问责条例》后，取得的党内法规建设的又一成果。全会高度评价全面从严治党取得的成就，总结了我们党开展党内政治生活的历史经验，分析了全面从严治党面临的形势和任务，提出监督是权力正确运行的根本保证，是加强和规范党内政治生活的重要举措。学习领会贯彻党的十八届六中全会精神，是当前一项重要的工作任务。

（一）严肃认真的党内政治生活是党的优良传统和政治优势

规范党内政治生活是党的建设的重要内容，从严治党必须从党内政治生活严起，在长期的实践中，我们党形成了以实事求是、理论联系实际、密切联系群众、批评和自我批评、民主集中制、严明党的纪律等为主要内容的党内政治生活基本规范。

1. 坚定理想信念，坚持党的基本路线

共产主义远大理想和中国特色社会主义共同理想，是中国共产党人的精神支柱和政治灵魂，也是保持党的团结统一的思想基础。党在社会主义初级阶段的基本路线是党和国家的生命线、人民的幸福线，也是党内政治生活正常开展的根本保证。全党必须把对马克思主义的信仰、对社会主义和共产主义的信念作为毕生追求，把以经济建设为中心同坚持四项基本原则、坚持改革开放统一于中国特色社会主义伟大实践，按照新发展理念，努力提高发展质量和效益，不断提高人民生活水平，为实现“两个一百年”奋斗目标和中国梦打下坚实的物质基础。

2. 严明政治纪律，坚决维护党中央权威

坚持党的领导，首先是坚持党中央的集中统一领导。纪律严明是全党统一意志、统一行动、步调一致前进的重要保障，是党内政治生活的重要内容。党的十八大以来，以习近平同志为核心的党中央身体力行、率先垂范，坚定推进全面从严治党，净化党内政治生态，赢得了党心民心，开创党和国家事业的新局面。政治纪律是党最根本、最重要的纪律，要把纪律挺在前面，用铁的纪律从严治党。要坚决维护党中央的权威、保证全党令行禁止，全党必须自觉在思想上政治上行动上同党中央保持高度一致。

3. 密切联系群众，保持清正廉洁的政治本色

贯彻党的群众路线，做到一切为了群众，一切依靠群众，从群众中来，到群众中去，密切党群干群关系，着力实现好、维护好、发展好最广大人民群众的根本利益。坚决反对形式主义、官僚主义、享乐主义和奢靡之风，领导干部特别是高级干部要以身作则，保持谦虚谨慎、不骄不躁和艰苦奋斗的作风，严以修身、用权、律己，带头践行社会主义核心价值观，注重家庭、家教、家风建设，带头执行中央八项规定，自觉净化社交圈、生活圈和朋友圈，筑牢拒腐防变的思想防线和制度防线。

4. 发扬党内民主，开展批评和自我批评

党内民主是党的生命，是党内政治生活积极健康的重要基础。必须尊重党员主体地位、保障党员民主权利，坚持党内民主平等的同志关系。坚持“三会一课”制度，坚持民主生活会和组织生活会制度，积极开展谈心谈话活动和党员民主评议工作。民主集中制是党的根本组织原则，是党内政治生活正常开展的重要制度保障，坚持集体领导制度，防止一言堂甚至家长制。要用好批评和自我批评这个锐利武器，坚持“团结——批评——团结”，实事求是，严于自我解剖，严肃认真提意见，满腔热情帮同志，达到强身治病、保持肌体健康的目的。

5. 加强权力监督，坚持正确选人用人导向

党内不允许有不受制约的权力，也不允许有不受监督的特殊党员。各级党组织和领导干部要增强法治意识、弘扬法治精神，主动接受监督，加强自律，慎独慎微。要完善权力运行制约和监督机制，实行权力清单制度，把权力关进制度笼子，让权力在阳光下运行。坚持德才兼备、以德为先选拔任用干部，把公道正派作为干部工作核心理念贯穿选人用人全过程，使选出来的干部组织放心、群众满意、干部服气。

（二）加强党内监督是落实全面从严治党的重要保证

党内监督是党的建设的重要内容，也是全面从严治党的重要保障。新的历史条件下，国际国内形势发生了很大变化，党面临的执政环境和执政条件发生了很大变化，党面临的"四大考验"、"四种危险"是长期的、复杂的、严峻的。党内监督的任务是确保党章党规党纪在全党有效执行，维护党的团结统一。党内监督的重点对象是党的领导机关和领导干部特别是主要领导干部。党内监督必须把纪律挺在前面，建立健全党内监督体系，党内监督与外部监督相结合，实现监督的全覆盖、多方位，充分发挥监督的制度优势。我们要深入开展"两学一做"学习教育活动，积极推进"两学一做"学习教育常态化制度化，抓住"关键少数"，抓实基层支部，坚持问题导向，重点解决党的领导弱化、党的建设缺失、全面从严治党不力、党的观念淡漠、组织涣散、纪律松弛，管党治党宽松软问题，保证党的组织充分履行职能、发挥核心作用。坚持用党章党规规范党员、干部言行，用党的创新理论武装全党，引导全体党员做合格党员，保证全体党员发挥先锋模范作用，保证党的领导干部忠诚干净担当。

（三）"两学一做"学习教育是全面从严治党的基础性工程

日前，习近平总书记作出重要指示强调，在全党开展"两学一做"学习教育，取得显著成效。实践证明，"两学一做"学习教育是推进思想建党、组织建党、制度建党的有力抓手，是全面从严治党的基础性工程，要坚持不懈抓下去。习近平总书记重要指示深刻阐明推进"两学一做"学习教育常态化制度化的重大意义、目标任务和基本要求，为各级党组织做好工作提供了重要遵循。各级党委（党组）要落实主体责任，将"两学一做"学习教育融入日常、抓在经常，发挥"关键少数"示范带动作用，用有效制度机制推动领导干部以身作则、当好表率。要牢固树立党的一切工作到支部的鲜明导向，把"两学一做"作为"三会一课"基本内容固定下来、坚持下去，抓好基层支部相关制度建设，夯实党的组织基础。各级党组织要完善查找解决问题的长效机制，深化问题整改，在补齐基层党建短板、解决群众身边不正之风和腐败问题上下功夫。推动学习教育与中心工作深度融合，激发党员干部干事创业的内生动力，凝心聚力地推动供给侧结构性改革，促进改革发展稳定大局。

加强和规范党内政治生活，加强党内监督，推进"两学一做"学习教育常态化制度化都是深化全面从严治党的重要内容和任务，构成一个有机的思想理论整体，是我们今后工作的行动指南和规范要求。我们要不断深入学习党的十八届六中全会和习近平总书

记重要指示精神，用习近平总书记系列重要讲话精神武装头脑，指导实践，为建设中国特色的社会主义而不断努力奋斗。

第二节　城市管理单位全面从严治党工作

党的十八届六中全会专题研究从严治党问题，加强党组织建设要从从严治党抓起，全面从严治党永远在路上。基层党组织管理和联系最广大的基层党员、干部和群众，基层党组织建设关乎党的路线方针政策贯彻落实和党的形象。据统计，截至 2016 年 12 月 31 日，全国有 8944.7 万名党员，分布在 402.1 万个党支部，全面从严治党要向基层党组织延伸，使每个基层党组织都成为坚强的战斗堡垒。

一、城市管理基层单位党建创新工作

党的十八大提出“以改革创新精神全面推进党的建设新的伟大工程，全面提高党的建设科学化水平”。要结合城市管理工作实际，加强城市管理单位基层单位的党建工作。

（一）建设学习型、服务型、创新型党组织，始终保持党组织坚强领导核心地位。

十八大报告指出“精神懈怠危险、能力不足危险、脱离群众危险、消极腐败危险更加尖锐地摆在全党面前”。这四种危险有些在基层党组织表现得更加突出，以经济建设为中心是兴国之要，发展仍是解决我国所有问题的关键，但有些基层党组织在经济建设中放松党建工作，尤其是放松党员干部的学习教育，导致一些基层党组织软弱涣散、战斗力不强，一些党员干部宗旨意识淡薄、脱离群众。我觉得加强学习教育，提高政治素质，是解决精神懈怠危险的重要抓手和有效途径，基层党建要紧紧抓住思想理论建设这个根本，深入学习马列主义、毛泽东思想、中国特色社会主义理论体系，认真研读原著，撰写心得文章，交流学习体会和经验，切实领会和贯彻实践科学发展观，抓好党性教育和道德建设，推进学习型党组织建设，保持基层党组织旺盛的活力和创造力，教育引导党员、干部坚定理想信念，矢志不渝地为中国特色社会主义共同理想而奋斗。

为人民服务是党的根本宗旨，坚持以人为本、执政为民是建设服务型基层党组织的重要内容。民为邦本，本固邦宁，任何时候都要把人民利益放在第一位，始终保持党同人民群众的血肉联系。城市管理 12319 投诉专线 24 小时接听市民关于城市管理方面问题的投诉。市民反映的问题与其生活密切相关，服务热线的党员要带头增强责任意识和服务意识，高度重视接听、处理、回复等各个环节的服务质量和服务水平。要加强职工队伍素质建设，注重从一线话务员中培养和发展党员工作，充分发挥党员的示范带动作用，提高解决市民群众反映强烈的突出问题的能力，以服务群众为主要工作，不断提高群众的满意度。

党的基层组织是团结带领群众贯彻党的理论和路线方针政策、落实党的任务的战斗

堡垒。基层党组织要以党的十八大精神为指引，以党的先进性和纯洁性建设为主线，以改革创新为动力，创新基层党建工作，夯实党执政的组织基础。首先要大力加强和改进党的思想建设、组织建设、作风建设、反腐倡廉建设和制度建设。其次要进一步健全党员干部能力素质的提升机制，民主公开、竞争择优的选人用人科学机制，干部直接联系群众的常态机制。第三要建立党员干部保持先进性和纯洁性的长效机制，全面构建起科学规范、运转有序的党内建设制度体系，积极发展党内民主，增强基层党组织的创造活力，确保党始终成为中国特色社会主义事业的坚强领导核心。

（二）加强制度建设和创新，加大制度落实力度，不断提高基层党组织的领导水平和工作能力

制度建设是党的建设重中之重。基层党组织要坚持民主集中制，健全党内民主制度体系，以党内民主带动人民民主。保障党员主体地位，健全党员民主权利保障制度，开展批评和自我批评，营造党内民主平等的同志关系、民主讨论的政治氛围、民主监督的制度环境，落实党员知情权、参与权、选举权、监督权。完善基层党组织议事规则和决策程序。扩大党内基层民主，完善党员定期评议基层党组织领导班子等制度，增强党内生活原则性和透明度。要不断加强制度建设，完善和落实基层党组织中心组理论学习制度，集中学习每年不少于 12 次，每半年至少召开 1 次务虚会，每年集中开展 1 次党性分析活动，建立和完善党支部议事规则等会议制度，讨论和研究决定各类重大事务。深化新常态学习调研，认真实施基层党员干部大培训工程，着力提高基层党员干部适应新常态解决实际问题的能力。坚持党管干部、党管人才的原则，积极探索深化干部选拔任用制度改革，通过引入竞争性选拔干部的机制，能够使更多的优秀干部脱颖而出；通过制度创新打破固有模式，使广大基层党组织活起来、强起来。

坚持和发展中国特色社会主义，关键在于建设一支政治坚定、能力过硬、作风优良、奋发有为的执政骨干队伍。新的形势下，要牢牢把握加强党的执政能力建设，不断加强基层党组织领导班子建设和领导干部能力建设，着力打造一支素质高、执行力强、敢于攻坚克难、敢于担当的党员干部队伍，提高领导班子的整体素质，使基层党组织领导“经济建设、政治建设、文化建设、社会建设和生态文明建设”的能力不断增强，为推动城市管理发展、建设幸福城市提供坚强的组织保证。

（三）密切联系群众，加强基层党组织作风建设

人民群众是历史的创造者，是推动社会发展的决定力量。城市管理 12319 专线是政府连接市民的重要桥梁，基层党支部要围绕保持党的先进性和纯洁性，强化以为民务实清廉为主要内容的群众路线教育。首先要按照党的十八报告的要求，坚持立党为公、执政为民，进一步完善党员干部直接联系群众制度，把为人民服务的宗旨意识、党性原则、群众观念转化为服务群众的实际行动，进一步发挥党密切联系群众的优势。其次基层党支部要坚持问政于民、问需于民、问计于民，从干部职工的具体工作实践中汲取群众的智慧和力量。第三要坚持艰苦奋斗、勤俭节约，着力整治慵懒散奢等不良风气，坚决克

服形式主义、官僚主义，以优良党风凝聚党心民心、带动政风民风。第四是拓宽基层党组织与群众定期沟通的有效途径，多听取和采纳群众意见。深入开展“一帮一”结对帮扶活动和城市管理执法人员志愿者活动，使基层单位发展成果惠及全市市民和城市管理基层的全体干部职工，“在改善民生上要扎扎实实办几件实事”，“多谋民生之利，多解民生之忧，解决好市民最关心最直接最现实的利益问题”，增强服务群众实效。

基层党组织的作风好坏关系到党的形象，基层党员干部与广大群众一起工作生活，要加强党性锻炼，自觉弘扬党的优良传统和优良作风，牢固树立正确的世界观、权力观、事业观。模范践行社会主义核心价值观，讲党性、重品行、作表率，做社会主义道德的示范者、诚信风尚的引领者、公平正义的维护者，以实际行动彰显共产党人的人格力量，在实际工作中发挥党员的先锋模范作用。

（四）完善廉政风险防控体系，加强廉洁文化建设。

十八大报告指出：“反对腐败、建设廉洁政治，是党一贯坚持的鲜明的政治立场，是人民关注的重大政治问题。这个问题解决不好，就会对党造成致命伤害，甚至亡党亡国”。习近平总书记在第十八届中央政治局第一次集体学习时的讲话中也对腐败发出了严厉警告，“物必先腐，而后虫生。”基层党组织作为党的“细胞”，保持党的肌体健康，必须保证“细胞”的健康。基层党组织要旗帜鲜明地反对腐败，推进惩治和预防腐败体系建设，抓好党风廉政建设责任制的落实。推动廉洁文化建设，按照“干部清正、政府清廉、政治清明”的要求，开展形式多样、生动活泼的廉政书画展、演讲比赛等活动，使廉洁教育入心入脑，永葆广大党员清正廉洁的政治本色。

在新的形势下，党担负着团结带领人民全面建成小康社会、推进社会主义现代化、实现中华民族伟大复兴的重任。基层党组织必须按照党中央的统一部署，以改革创新精神不断推进党建创新工程，增强自我净化、自我完善、自我革新、自我提高能力，不断提高基层党组织建设科学化水平。

二、创建城市管理单位学习型党组织

城市管理单位是纪律性很强的单位，承担着繁重的城市管理工作任务，城市管理单位党组织作为单位的领导核心，发挥着战斗堡垒作用，加强城市管理单位党建工作，积极推进从严治党主体责任的落实，是推进城市管理单位建设的首要内容。创建学习型党组织既是加强党的建设工作的重要抓手，也是推进城市管理单位全面建设的重要举措。

（一）强化理论学习，更新思想观念

在城市管理大部制机构改革的新形势下，城市综合管理和综合执法使城市管理单位承担的工作内容越来越广泛，工作量也很大，任务庞杂，如何适应城市管理工作的新发展是摆在城市管理单位面前的一个问题。城市管理单位党组织要认识到加强理论学习的重要性，更新思想观念，拓宽工作思路，突破制约城市管理事业发展的思想“瓶颈”，才能赢得生存发展的空间。要在党员领导干部中抓好“三严三实”教育和在全体党员中抓好“两学一做”教育活动，通过理论学习教育，统一思想，提高认识。城市管理单位党组织要坚持理论学习中心组制度，每年都认真制定学习计划，精心安排学习内容，基层各党支部坚持“三会一课”制度，形成领导带头学，党员、干部经常学的良好氛围，用科学理论武装党员、干部头脑，不断解放思想，拓深工作力度，创新工作措施。近年来，随着城市的发展，城市管理发生了很大的变化，城市管理理念不断向城市治理转变，城市管理主要任务由治理乱摆卖等“六乱”向治理城市违法建设转变。要在完成原有城市管理工作任务的基础上，对新出现的城市管理工作任务进行研究，探索有效管理方法和措施。实行领导干部带班巡查工作制度，定期开展城市管理工作研讨分析会，建立与相关部门联动的工作沟通协调机制，打破城市管理单打一的工作局面，推行“城市管理+”工作模式。逐步完善城市管理精细化和信息化管理，根据城市管理的具体内容和城市部件，进行分级分类管理，建立功能强大的城市管理信息系统和应急指挥调度系统，引进使用先进的信息技术和设备，提高工作效率，想方设法地改善工作环境和条件，努力建设高效廉洁文明的城市管理单位。

（二）创新学习形式，增强学习效果

创新是发展的不竭动力，城市管理单位党组织要不断创新学习形式，要从领导班子成员讲学、中层干部领学、党员自学到各党支部、各党小组互学比学，丰富学习内容，增强学习效果。一是领导班子成员要为全体党员上党课，特别党政主要领导，每年都要根据形势任务，结合城市管理单位的工作实际和存在的问题，为全体党员、入党积极分子上一次党课，坚定理想信念和增强宗旨意识。二是组织外出参观学习，要经常组织全体党员、干部参观在改革开放中发展起来的先进企业和单位、党风廉政教育基地等，学习了解先进的管理经验和思想，开阔视野；结合纪律教育和党风廉政建设，进行廉洁自律现场参观教育。三是创新组织生活形式，全体党员集中过大组织生活，在党员先进性教育、党性锻炼和群众路线教育实践、“两学一做”教育活动中，组织党员集中过大组织生活，共同学习提高，发扬优良传统、争当排头兵。四是利用幻灯等电教设备进行教育活动，购置幻灯机，电脑等设备，制作课件，使党员教育活动图文并茂，取得更好的效果。五是设立党员阅览室，购置学习资料和党建刊物，供党员干部学习交流。通过多种形式，激发党员干部的学习热情，推动党员干部学习教育的全员化、常态化和长久化，不断提升党员的理论素养和思想觉悟，保持党员的先进性，在工作岗位上争先创优。六是在抢险救灾、“创卫”、“创文”迎检等重大任务中，充分发挥党员的先锋模范和骨干带头作用。要把学习教育寓于实际工作，在干中学，特别是在重大工作任务中，要鼓励党员冲锋在前，赶学比超，争相涌现出一批先进队（科室）和个人。

（三）狠抓教育培训，提高创新能力。

为适应城市管理事业发展的需要，需要加强城市管理执法人员队伍的教育培训工作，进一步提高城市管理队伍的整体素质。城市管理单位党组织要采取有效措施，狠抓干部职工的教育培训工作，提高干部职工在实际工作中的创新能力。一是鼓励干部职工参加提升学历层次的学习教育，制定在职干部职工学历教育激励办法，调动干部职工学习的积极性，改善城市管理单位干部职工的学历结构，提高知识水平。二是鼓励和选派干部职工参加各类岗位技能培训，特别是各类法律知识的培训，城市管理和执法涉及的法律条文较多，准确掌握相关法律条文的含义对提高城市管理和执法工作水平至关重要。三是在党员干部中开展岗位交流，目前城市管理执法以区域综合执法和专业执法为主要形式，要培养城市管理队员具有“一专多能”的素质，既精通一项专业执法工作，又了解城市管理其他方面的执法工作，结合城市管理工作的实际，定期安排城市管理队员进行交流培训，提高城市管理队员全面掌握城市管理执法工作的能力和素质。四是结合城市管理工作需要，定期进行城市管理和执法业务培训，提高使用城市管理执法通、执法记录仪等现代科技装备的能力；定期开展执法业务培训和分析研讨会，选取典型案例，采用解剖麻雀的方式，分析研讨适用法律依据、处罚标准和自由裁量权的把握等，提高城市管理执法工作适用法律的准确性。五是积极开展“我为城市管理献一策”活动，鼓励党员干部把教育学习与提高岗位技能、进行岗位创新结合起来，支持党员干部开展创新活动，积极为搞好城市管理和执法工作献计献策，并对取得实际效果的好的建议给予表彰鼓励。

（四）创新城市管理单位基层党支部建设

城市管理单位基层党组织要履行职能、发挥核心作用，要把学习习近平总书记系列重要讲话精神作为首要任务，以党员大会、党小组会、上党课为基本形式，组织全体党员定期开展学习讨论，通过学习增强党员干部的“四个意识”即政治意识、大局意识、核心意识和看齐意识，做到“四讲四有”和“四个合格”即政治合格、执行纪律合格、品德合格和发挥作用合格，保证广大党员在日常工作中能够以身作则，发挥先锋模范作用。基层党支部要积极探索创新组织生活方式，注重以学促做，做到学思践悟、学做结合、知行合一，推进“两学一做”学习教育常态化制度化，为统筹推进“五位一体”总体布局和协调推进“四个全面”战略布局提供坚强的组织保证。

城市管理单位要通过创建学习型党组织，深入开展“两学一做”等教育活动，打破城市管理单位中可能存在的安于现状的思想束缚，营造以党组织为核心，人人争先创优、奋发有为的进取氛围，不断探索城市管理单位党建工作的新思路。创建学习型党组织不仅能够保证出色完成各项工作任务，拓宽城市管理事业的发展空间，适应城市管理发展的新需要，而且能够培养造就大批高素质的城市管理和执法干部，使城市管理单位呈现出新的活力、新的气象。

三、积极开展“两学一做”学习教育活动

2016 年 2 月，中共中央办公厅印发了《关于在全体党员中开展“学党章党规、学系列讲话，做合格党员”学习教育方案》。城市管理部门党组织根据上级党组织的部署，在全体党员中开展“两学一做”学习教育活动，按照“两学一做”学习教育实施方案的

内容和要求，在学中干，在干中学，认认真真完成规定内容，并结合城市管理工作实际，不断创新学习的形式和内容，使全体党员争做合格党员，不断促进城市管理工作取得新的成绩。

（一）领导重视，组织有力

开展“两学一做”学习教育活动，是面向全体党员深化党内教育的重要实践，是推动党内教育从“关键少数”即党员领导干部向广大党员拓展、从集中性教育向经常性教育延伸的重要举措。城市管理部门领导班子要非常重视“两学一做”学习教育活动，采取多种措施，加强活动的组织领导工作，领导班子在日常工作中，要经常研究和强调“两学一做”的工作内容，指定人员负责“两学一做”学习教育的具体工作，研究制定学习教育实施方案，并根据学习教育内容制定工作安排进度表和具体的工作指引，召开“两学一做”学习教育动员会，布置学习教育活动的具体内容，强调要求全体党员干部要认真学习党章党规，学习习近平总书记的系列讲话精神，按照“四讲四有”标准，践行入党誓词，在实际工作中奋勇争先，努力做一名合格的党员。基层中队要根据上级的要求，结合基层城市管理工作实际，认真开展“两学一做”学习教育工作，采取多种行之有效的形式，充分调动党员干部学习党章党规和系列讲话的热情和积极性，不断提高全体党员的思想素质和能力水平。

（二）措施得力，顺利推进

城市管理部门领导班子要分工不分家，互相配合，齐抓共管“两学一做”学习教育工作，保证学习教育活动顺利开展。

1. 认真学习，提高认识

以党组织中心组理论学习会为示范，带动党员干部通过自学和集中学习，认真学习《中国共产党党章》，学习《中国共产党廉洁自律准则》、《中国共产党纪律处分条例》、《中国共产党问责条例》等党内法规，学习《习近平总书记系列重要讲话读本（2016 年版）》等精神，认真做好学习笔记，撰写学习的心得体会。通过学习不断提高思想认识，坚定理想信念，增强全心全意为人民服务的宗旨意识，严格遵守党章和党内法规，遵守党的政治纪律和政治规矩，为做合格党员奠定坚实的思想基础。

2. 考学结合、巩固提高

为促进学习，检验学习效果，要根据上级党组织的部署和安排，组织安排学习党内法规的考试。组织全体党员进行两部党内法规考试，考前进行严密的组织工作，由非党员干部出两题并向上级部门备案，严肃考场纪律，保持考场秩序良好，参考人员独立完成考试。组织党员登陆上级省纪委网站进行考学。通过考试，巩固了党员的学习成果，为做合格党员打下了坚实的理论知识基础。

3. 集中学习、讨论交流

为增强学习效果，提高学习水平，城市管理部门党组织要组织全体党员开展“两学一做”学习教育讨论交流会，党员按照“四讲四有”标准，逐个发言交流学习心得。大家要紧紧围绕“讲政治、有信念，讲规矩、有纪律，讲道德、有品行，讲奉献、有作为”畅所欲言，从不同角度阐述了自己对“两学一做”学习教育的体会，讨论中要注重学用结合，知行合一，以期取得了良好的教育和启发效果。

4. 学有领悟，撰写文章

在学习过程中，城市管理部门党员要学有所悟，结合自己工作实际，积极撰写心得体会和理论研究文章。优秀的理论研究文章可推荐到上级有关部门组织的征文比赛活动。

（三）狠抓作风建设，争做合格党员

根据贯彻落实党风廉政建设责任制的要求，城市管理部门要狠抓作风建设，使全体党员遵纪守法，争做合格党员。

1. 落实“两个责任”

根据党风廉政建设责任制的要求，制定城市管理部门贯彻落实“两个责任”工作方案，对城市管理部门党风廉政建设党组织的主体责任，纪委的监督责任进行明确和规定，提出具体的责任要求。根据工作方案，制定了详细的落实“两个责任”工作台账，将具体的责任内容落实到责任领导、牵头部门和责任人员，使工作情况和工作进度一目了然，确保党风廉政建设“两个责任”工作落实。

2. 开展以案治本工作

结合城市管理系统发生的案件，开展以案治本工作。制定以案治本工作方案，用城市管理系统发生的案件教育全体党员干部，利用身边人身边事警示党员干部要遵纪守法，不越雷池半步，以期杜绝违纪违法现象的发生。

3. 开展谈话提醒工作

谈话提醒工作是预防腐败的重要举措，要积极开展谈话提醒工作，扯袖子、咬耳朵、红红脸、出出汗。为保证谈话提醒工作顺利进行，要制定开展谈话提醒工作方案和工作安排表。根据工作安排，分期分批与党员、干部进行谈话提醒，谈心交心，特别要注重与受到纪律处分的党员、干部进行谈话提醒，作为必谈对象，以期取得良好的教育提醒效果。

4. 精心组织开展纪律教育月活动

城市管理部门要积极开展纪律教育学习月活动，以“学党章强党性、讲规矩守纪律”为主题，围绕“两学一做”教育学习，深入开展党性宗旨教育、党规党纪教育和优良作风教育。相对集中 3 ~ 5 天组织开展纪律学习教育活动，开展好党性宗旨教育、党规党纪教育、正反面典型教育、文化教育和家风教育，教育大家不忘初心，继续前进，力争取得良好的而教育效果。

（四）学以致用，促进工作

“两学一做”学习教育活动关键在做，城市管理部门在开展“两学一做”学习教育中要十分注重学以致用，以促进城市管理各项工作的深入开展。要通过学习教育，使广大党员、干部端正思想态度，在实际工作中践行一名合格党员的标准，要为党尽心尽责工作。城市管理和城市管理执法工作还在探索摸索阶段，还没完全定型，总的来说，条件还比较艰苦，城市管理工作任务重，面临的问题也较为复杂，城市管理部门的广大党员、干部肩上的担子很重。要通过“两学一做”学习教育活动，提高城市管理队伍的素质和能力，提高城市管理工作水平，这样才能搞好城市管理工作。

（五）注重宣传，营造氛围

在“两学一做”学习教育活动中，城市管理部门要非常重视宣传动员工作，营造浓厚的学习氛围。制作“两学一做”学习教育宣传板报，每次较大的学习教育活动都要注意拍照留存资料，并撰写宣传报道新闻稿件投到有关媒体，广泛宣传城市管理部门开展“两学一做”工作情况。

总的来说，城市管理部门通过开展“两学一做”学习教育活动，增强党员的党性观念和宗旨意识、提高遵章守纪的自觉性，树立良好的作风，取得了一定的学习教育效果。城市管理部门要再接再厉，查找不足和存在的问题，按照上级党组织的要求和活动实施方案，进一步推进“两学一做”学习教育活动深入开展，查缺补漏，努力做到工作学习两不误，互相促进，力争在城市管理工作中取得更好的成绩。

四、习近平总书记系列讲话是做一名合格党员的行动指南

党的十八大以来，习近平总书记围绕改革发展稳定、内政外交国防、治党治国治军发表了一系列的讲话，深刻阐述了党和国家发展的重大理论和实践问题，进一步丰富和发展了党的科学理论。党员在“两学一做”学习教育活动中，不仅要学好党章党规，还要学深学透习近平总书记系列讲话的精神。习近平总书记系列重要讲话，内涵丰富、思想深邃、博大精深，是一个系统完整的科学理论体系，同时也是做一名合格党员的行动指南。

（一）中国梦与中国特色社会主义

十八大以来，习近平总书记在国内国际多个场合，结合不同工作内容对“中国梦”的具体内涵、奋斗目标、总体布局、实现路径等进行了系统阐释。习近平总书记指出：“每个人都有理想和追求，都有自己的梦想。现在，大家都在讨论中国梦，我以为，实现中华民族伟大复兴，就是中华民族近代以来最伟大的梦想。”习近平总书记对“中国梦”这一时代解读，既包含着对近代以来中国历史的深刻洞悉，又彰显了全国各族人民的共同愿望和宏伟愿景，进一步揭示了中华民族的历史命运和当代中国的发展走向，深情描绘了近代以来中华民族生生不息、不断求索、不懈奋斗的历史，升华了我们党的执政理念和治国方略，为党带领人民开创未来指明了前进方向，同时也为坚持和发展中国特色社会主义注入新的内涵。

2012 年 11 月 29 日，习近平总书记在国家博物馆参观《复兴之路》展览时讲话指出：审视现在，全党同志必须牢记，道路决定命运，找到一条正确的道路多么的不容易，我们必须坚定不移走下去。中国特色社会主义成功实现了马克思主义与中国实际相结合，

既坚持了科学社会主义基本原则，又根据我国实际和时代特征赋予其鲜明的中国特色，既破除了对马克思主义的教条式理解，又抵制了偏离和抛弃社会主义基本制度的错误主张。习近平总书记指出，中国特色社会主义是社会主义而不是其他什么主义，科学社会主义基本原则不能丢，丢了就不是社会主义。一个国家实行什么样的主义，关键要看这个主义能否解决这个国家面临的历史性课题。历史和现实都告诉我们，只有社会主义才能救中国，只有中国特色社会主义才能发展中国，这是历史的结论、人民的选择。习近平总书记的系列讲话高屋建瓴、深谋远虑，进一步发展了中国特色社会主义理论成果。

道路关乎党的命脉，关乎国家前途、民族命运、人民幸福。中国特色社会主义道路、中国特色社会主义理论体系、中国特色社会主义制度，是党和人民 90 多年奋斗、创造、积累的根本成就。坚持和发展中国特色社会主义，是改革开放以来我们党全部理论和实践的主题，习近平总书记的系列讲话对这个主题阐述得很深刻、很精辟、很有针对性，他指出：中国特色社会主义，是科学社会主义理论逻辑和中国社会发展历史逻辑的辩证统一，是根植于中国大地、反映中国人民意愿、适应中国和时代发展进步要求的科学社会主义，是全面建成小康社会、加快推进社会主义现代化、实现中华民族伟大复兴的必由之路。

（二）协调推进“四个全面”战略布局

“四个全面”战略布局，确立了新的历史条件下党和国家各项工作的战略目标和战略举措，是我们党在新形势下治国理政的总方略。

1. 全面建成小康社会

党的十八大提出了到 2020 年全面建成小康社会的奋斗目标，小康社会是中华民族自古以来追求的理想社会状态，是实现中华民族伟大复兴的重要基础、关键一步。“小康”是指发展水平，“全面”是指发展的平衡性、协调性、可持续性。习近平总书记强调：“没有全民小康，就没有全面小康。”要维护和用好我国发展重要战略机遇期，加快转变经济发展方式，不断优化经济结构，持续转换发展动力，防控发展风险，提高发展的质量和效益，如期完成全面建成小康社会的任务。

2. 全面深化改革

改革是一个国家、一个民族的生存发展之道，我国过去 30 多年的快速发展靠的是改革开放，我国未来发展也必须坚定不移地依靠改革开放。习近平总书记强调：“改革开放只有进行时，没有完成时。”实践充分证明，改革开放是当代中国最鲜明的特色，也是当代中国共产党人最鲜明的品格。全面深化改革的总目标是完善和发展中国特色社会主义制度、推进国家治理体系和治理能力现代化。根本目的就是要促进社会公平正义，让改革发展成果更多更公平惠及全体人民，处理好改革发展稳定等各种重大关系，“空谈误国，实干兴邦。”争当改革的促进派和实干家。

3. 全面依法治国

法律是治国之重器，法治是国家治理体系和治理能力的重要依托。全面依法治国是关系我们党执政兴国、关系人民幸福安康、关系党和国家长治久安的重大战略问题。全面依法治国，必须坚持中国共产党的领导、坚持人民主体地位、坚持法律面前人人平等、坚持从中国实际出发、坚持依法治国和以德治国相结合，坚定不移地走中国特色社会主义法治道路，建设以宪法为核心的中国特色社会主义法律体系，加强党内法规制度建设，维护司法公正，领导干部带头遵纪守法、捍卫法治，使尊法、信法、守法、用法成为全体人民的共同追求。

4. 全面从严治党

党是我们事业的坚强领导核心。党要管党、从严治党，是党的建设的一贯要求和根本方针。习近平总书记指出："党要管党，才能管好党；从严治党，才能治好党"。现在全国有 8900 多万党员，党的基层组织 451.8 万个，全面从严治党关键在严，要害在治。"打铁还需自身硬。"理想信念是共产党人精神上的"钙"，从严管党治党，首先要坚定党员干部的理想信念，培养造就一支具有铁一般信仰、铁一般信念、铁一般纪律、铁一般担当的党员干部队伍，发扬党的优良传统和作风，加强作风建设，坚持以零容忍的态度惩治腐败，用制度治党、管权、治吏，严明党的政治纪律和政治规矩，维护党的团结统一。

（三）创新发展理念，引领经济发展新常态

党的十八届五中全会坚持以人民为中心的发展思想，提出了创新、协调、绿色、开放、共享的发展理念。新发展理念集中反映了我们党对经济社会发展规律认识的深化，是我国发展理论的又一次重大创新。新发展理念是针对我国经济发展进入新常态、世界经济复苏低迷形势提出的治本之策，创新是引领发展的第一动力，协调是持续健康发展的内在要求，绿色是永续发展的必要条件和人民对美好生活追求的重要体现，开放是国家繁荣发展的必由之路，共享是中国特色社会主义的本质要求。习近平总书记指出："'十三五'时期，我国经济发展的显著特征就是进入新常态。"推进供给侧结构性改革，是适应和引领经济发展新常态的重大举措，当前和今后一个时期，我国经济发展面临的问题，供给和需求两侧都有，但矛盾的主要方面在供给侧。要坚持以提高发展质量和效益为中心，加快实施创新驱动发展战略，通过去产能、去库存、去杠杆、降成本、补短板等一系列政策措施，来解决我国经济供给侧方面存在的问题，为经济持续健康发展提供源源不断的内生动力。

（四）发展社会主义民主政治，践行社会主义核心价值

我国实行工人阶级领导的、以工农联盟为基础的人民民主专政的国体、人民代表大会制度的政体、中国共产党领导的多党合作制和政治协商制度、民族区域自治制度和基层群众自治制度，具有鲜明的中国特色。习近平总书记指出："人民民主是社会主义生命。没有民主就没有社会主义，就没有社会主义现代化，就没有中华民族伟大复兴。"要坚定不移走中国特色社会主义政治发展道路，继续推进社会主义民主政治建设、发展社会主义政治文明。党的十八大提出，倡导富强、民主、文明、和谐，倡导自由、平等、公正、法治，倡导爱国、敬业、诚信、友善，积极培育和践行社会主义核心价值观。习近平总

书记指出："要用社会主义核心价值凝魂聚力，更好构筑中国精神、中国价值、中国力量，为中国特色社会主义事业提供源源不断的精神动力和道德滋养。"要立足于中华优秀传统文化，大力弘扬爱国主义精神，突出道德价值的作用，弘扬主旋律、传播正能量、讲好中国故事，提高国家文化软实力。

（五）创新社会治理，推进生态文明建设

党的十八大以来，党中央坚持以民为本、以人为本的执政理念，高度重视、大力推进民生工作和社会治理工作，使改革发展成果更多更公平地惠及全体人民。习近平总书记指出："让老百姓过上好日子是我们一切工作的出发点和落脚点。"要在学有所教、劳有所得、病有所医、老有所养、住有所居上不懈努力，坚决打赢扶贫攻坚战，逐步实现共同富裕，维护社会和谐稳定，构建全民共享的社会治理格局。要按照绿色发展理念，把生态文明建设融入经济建设、政治建设、文化建设、社会建设各方面和全过程。习近平总书记指出："我们既要绿水青山，也要金山银山。宁要绿水青山，不要金山银山，而且绿水青山就是金山银山。"要实现人与自然和谐发展，实行最严格的生态环境保护制度，像对待生命一样对待生态环境，建设生产发展、生活富裕、生态良好的文明社会，努力开创社会主义生态文明新时代，建设美丽中国。

习近平总书记系列重要讲话还讲了国防和外交等方面的内容，贯穿着科学的思想方法和工作方法，是中国特色社会主义理论体系最新成果，是马克思主义中国化最新成果。城市管理部门党组织要从整体上有机统一地学习领会讲话精神，上升为系统的理性认识，提高思想理论水平和政治政策水平，在实践中运用讲话精神指导实际工作和解决实际问题，做好本职工作，推动事业发展，并严格遵守党章和各项党内法规，争做一名合格党员。

第三节　加强城市管理基层单位思想政治工作

基层单位是政府联系广大群众的一线部门，承担着政府治理的具体工作，加强基层单位思想政治工作是搞好政府善治工作的重要保证。城市管理基层单位党组织要履行全面从严治党的主体责任，始终重视抓好思想政治工作，通过深入开展党的群众路线教育实践活动、"三严三实"专题教育和"两学一做"学习教育等活动，全面加强城市管理基层单位建设，提高基层单位的纪律性和执行力。

一、"三严三实"的思想体系建设

2014 年 3 月 9 日，习近平总书记在参加十二届全国人大二次会议安徽代表团审议时明确指出："各级领导干部都要树立和发扬好的作风，既严以修身、严以用权、严以律己，又谋事要实、创业要实，做人要实"。2015 年 4 月，党中央决定在全国县处级以上领导干部中开展"三严三实"专题教育。"三严"与"三实"既从精神和实践两个层面提出高要求，又相互呼应，把提升思想认识和解决实际问题有机地结合起来、相互促进，蕴含着丰富的辩证法思想，形成了一个完整的思想体系，明确了领导干部的修身之本、为政之道、成事之要，体现了新的中央领导集体全面从严治党的要求，丰富和发展了党的建设理论。城市管理系统的处级以上领导干部要切实践行“三严三实”的要求，领导好城市管理工作。

从字面上分析理解，修身、用权、律己是思想道德方面的要求，是内在的；谋事、创业、做人是具体实践方面的要求，是外在的。大致上修身与谋事相对应，用权与创业相对应，律己与做人相对应，但又相互联系，相辅相成，有机结合。“三严三实”彰显“严”的精神和“实”的作风，应成为领导干部的自觉遵守的行为习惯。“三严三实”是对党员领导干部的基本要求，城市管理系统的党员领导干部要从以下六个方面理解和把握“三严三实”整体思想体系。

（一）严以修身

儒家经典著作四书之一《大学》中讲“修身、齐家、治国、平天下”，修身是人们做人干事的基础，习总书记在提出“三严三实”要求，首先要求领导干部要严于修身。

1. 为何要修身

严以修身是中华民族的优良传统，从古至今都强调修身养性，在中华远古时期，人们在长期与自然环境相处中，就形成了“修身为本、修德为上、德才兼有”的思想智慧。《论语》中讲“吾日三省吾身”，就是讲要修身，民间也有言，“打铁还要自身硬”，“身正不怕影子斜”等，修身的重要性是不言而喻的。在当今社会生活和社会管理中，无论是普通群众，还是领导干部都应注重自身的品性和形象修炼，尤其是在面临的复杂的国内国际形势，各种敌对分子和不法分子用尽各种方法腐蚀拉拢，作为领导干部更要明白“不修身者无以治国”的道理，苍蝇不叮无缝的蛋，倘若修身不严、对自己要求不严，就可能被糖衣炮弹击中，而滑向错误的深渊。

2. 什么是修身

修身，是指修养身心，修身的具体行为表现在日常生活中，就是择善而从，博学于文，并约之于礼。本次“三严三实”专题教育，对领导干部严以修身的要求，除了上述要求外，还要加强党性修养，坚定理想信念，提升道德境界、追求高尚情操、自觉远离低级趣味、自觉抵制歪风邪气。修身是领导干部终身都要进行的课题，领导干部道德水平的高低、品性修养的好坏，是衡量其是否保持先进性的标准之一，也是其区别于普通群众的重要尺度之一，领导干部必须具有更加高尚的道德情操和更加优异的品质行为，必须严格按照共产党员的行为规范和道德要求谨言慎行，才能成为一名合格的领导干部。

3. 以身作则的重要性

修身的本质是一个长期与自己的恶习和薄弱意志作斗争的过程，本次专题教育要求重点把握四个原则，第一个就是要坚持以上率下的原则，领导干部要树标杆、作表率，层层示范带动。领导干部是否以身作则，是此次教育取得成效的关键，做到以身作则，首先要修身，自身要正。正人要先正己，“其身正不令而行，其身不正虽令不从”，所以领导干部的一言一行、所作所为对干部群众的影响很大，俗话说“上梁不正下梁歪，中梁不正倒下来”，各级领导干部都要以身作则，要求别人做到的，首先自己要做到。孟子曰“我善养吾浩然之气”，领导干部只有心正、气正、身正，才能成为干部群众的榜样。

（二）严以用权

权力的问题是个复杂的问题，我国有“耕读传家”、“学而优则仕”的传统，古往今来，通过读书或其他途径，成为国家和社会的管理者（做官），是无数人的理想，也确实有很多人通过个人努力和奋斗，实现了这个理想，成为国家和社会的管理者，掌握了或大或小的权力，但如何用权，又给为政者带来不同的命运和人生结局。

1. 何为权力

权，本义是黄花木，引申为衡器。力是指力量、能力。权力是平衡的力量、平衡的能力，是一种广泛存在的社会现象。我国的国家权力属于人民，全国人民代表大会是最高国家权力机关，我们平时接触比较多的是国家的各级行政机关、审判机关和检察机关等，还有党委系统和人大、政协、社会团体等机关，各级领导干部在日常的工作中，都或多或少掌握一定的权力，在复杂的社会形势下，正确行使权力是我们面临的艰难抉择，有时甚至是生死选择。

2. 如何看待权力

权力是把双刃剑，当有了权力以后，如何看待权力是人生的又一个考验，不同的人交出了不同的答卷。领导干部如何对待权力，首先应该弄清楚权力从哪里来？我国是人民当家做主，国家的一切权力属于人民，领导干部手中的权力是人民赋予的。但有些人一旦当上领导干部，认识上逐渐出现偏差，就淡忘了权力来自人民，而是认为手中的权力是自己通过个人奋斗得来的，把人民忘在脑后，狂妄自大，有的甚至产生“有权不用，过期作废”等错误思想，滥用权力，为所欲为，贪污受贿，最终滑向违法犯罪的深渊。

3. 权为民所用

在漫长的从政生涯中，如何用权考量着领导干部的思想素质和品质修养。权力来自人民，权力当然要为民所用，要全心全意为人民服务，而不是用来为个人谋私利，这是一条高压线，触碰不得。在当今世界，诱惑很多，稍不留神，就会陷入陷阱。2013 年 7 月 12 日，习近平总书记到河北省民政厅社会福利和社会事务处视察，语重心长地对该处工作人员说，省直机关的一个处，每个人都有一定的权力，但是，大家都要牢记，权力是人民赋予的，要为人民用好权，让权力在阳光下运行。如何正确行使权力，做到权为民所用，就要严以用权，对自己要求严格，时刻记住自己手中的权力是人民给的，自己只是受人民的委托，代表人民在行使权力，要严格遵守国家法律、法规和制度，严守党的纪律，始终对人民群众赋予的权力心存敬畏，按照规则、按照制度、按照法律行使权力，并自觉接受监督。

（三）严以律己

“严以律己”是一个成语，指对自我进行严格的要求。各级领导干部掌握一定的权力，有的甚至可以说是位高权重，更应慎独慎微，在各个方面严格规制自身的言行，以免对党的事业造成巨大的伤害。

1. 领导干部要做遵章守纪的模范

基层农村有句谚语，“村看村、户看户，群众看干部”，尤其是要看领导干部的示范带动作用。在党的群众路线教育实践活动中，各级领导干部查找和剖析了在“四风”等方面存在的问题，对照检查了在严格遵守党的政治纪律、组织纪律和廉政纪律等方面存在的不足。在法律和规章制度面前，没有特殊人，没有铁帽子王，古时就有“王子犯法与庶民同罪”的规定，更何况在法制逐渐完善的现代社会。如果领导干部不遵守规章制度，就会上行下效，法律和规章制度就无人遵守，形同虚设。领导干部要自觉遵守法律和规章制度，把权力关进制度的笼子里，不该说的话坚决不说，不该做的事坚决不做，将对法纪的敬畏内化于心，外化于行，带动广大干部群众形成遵章守纪的良好氛围。

2. 领导干部要一心为公、言行一致

一个单位的领导干部特别是主要领导干部，其职责就是带领和引导大家一起干事创业，是领头羊，其工作态度和言行很重要。面对新的历史时期新的任务，以习近平同志为总书记的新一届中央领导集体，肩上责任重大，夙夜在公、恪尽职守，勤勉工作，为民服务，为国尽力，以天下为公的宽阔胸襟，摒弃任何私心杂念，把为全中国人民谋利益作为唯一追求，为党的事业和人民利益鞠躬尽瘁，体现了对国家、对民族、对人民的责任担当，对中国特色社会主义事业的坚定自信。各级领导干部，只有一心为公，不谋取任何私利，才能坚持原则，带好队伍、干好工作。领导干部要言行一致，言出必行，不要说一套做一套，或今天这样说，明天那样说，出尔反尔，好高骛远，否则就会失去广大干部群众的信任，脱离群众，最终也是一事无成。

3. 领导干部要防微杜渐

三国时期，刘备临终前叮嘱其子刘禅“勿以恶小而为之，勿以善小而不为”。意思是说不要因为是较小的坏事就去做，不要因为是较小的善事就不去做。这段著名的话告诉我们一个做人的道理，就是如果平时不注意防止做较小的坏事，日积月累，可能就会酿成大祸。对于领导干部，尤其要注意小节，很多领导干部被拉下水最终走向不归路，就是从很小的事情开始，温水煮青蛙。“千里之堤，毁于蚁穴”，当前，中央正在整治“四风”问题，有些“四风”问题看起来小，有的人不以为然，其实兹事体大。领导干部肩负使命和责任，尤其要防微杜渐，在履行职责的过程中，要炼成金刚不坏之身，即使偶尔思想上和行为上稍有放松或波动，也要在问题萌芽时就加以制止，筑牢拒腐防变的思想防线。

（四）谋事要实

谋划事业和重大工作是各级领导干部的重要工作内容，任何事物都不是一成不变的，随着社会的发展和进步，需要不断地进行谋划和完善。领导干部在谋划事业时，制定出来的方针、政策和各种规章制度既要切合实际，能够解决现实面临的问题，又要立足于现实情况，着眼于人民群众利益，才能得到广大干部群众的真心拥护和支持，才能脚踏实地，落地生根，使所谋划的事业能够顺利实现。

1. 谋事是领导干部的必修课

辩证唯物主义认为，世界是物质的，物质是运动的，运动是绝对的，静止是相对的。我们从事的伟大事业，即建设中国特色的社会主义，任务还十分艰巨。2012 年 11 月 17 日，习近平总书记在十八届中共中央政治局第一次集体学习时的讲话中提出“两个一百年”奋斗目标，即在中国共产党成立 100 年时全面建成小康社会，在新中国成立 100 年时建成富强民主文明和谐的社会主义现代化国家。实现这两个奋斗目标天上不会掉下来，不可能坐享天成，还需要各级领导干部在实际工作认真谋划，并带领广大干部群众实实在在干出来。

2. 领导干部要脚踏实地

“实”与“虚”相对立，我们在实际工作中，很容易受到虚幻的思想的影响，“去虚存实”是检验领导干部能力的试金石。领导干部既要高瞻远瞩，但又不能好高骛远，既要有超前意识和预见事物发展趋势的能力，但又不能脱离实际。万丈高楼平地起，领导干部任何时候都要接地气，排除虚幻思想的影响，其实官僚主义、形式主义、享乐主义和奢靡之风都是虚幻的东西，都是浮云。领导干部只要脚踏实地，密切联系群众，就不会犯“四风”的问题，就会权为民所用、情为民所系、利为民所谋，其谋划的事业就不会虚无缥缈，无法实现。

3. 领导干部要精通本职工作

领导干部虽不从事具体工作，但对本单位、本行业、本领域的工作还是要熟悉，甚至要精通、要内行，这样从事领导工作才能符合工作实际，才能得到广大干部群众的认可和支持，取得成效。有的人可能会认为，领导干部主要是协调、发号施令，对本单位的工作稍微了解一下即可，不用深入掌握，其实不然，领导干部也要干一行，专一行，不要当“万金油”，要当行家里手，哪怕是到一个新的领域工作，也要尽快熟悉和掌握该行业的工作情况，这样才能不说外行话、办外行事，才能做好领导工作，才能取信于干部群众。

（五）创业要实

艰苦创业是中华民族的传统美德，也是我们共产党人的政治本色。创业要实是要求各级领导干部在开创事业的时候，要着眼于解决当前人民群众关心的利益问题，即民生问题，要着眼于解决社会面临的突出矛盾，建设和谐社会。同时要真抓实干，敢于担当，创造经得起历史与实践检验的业绩。

1. 树立正确的政绩观

我国很早就有“为官一任，造福一方”的古训，现在各级领导干部大都有在任期内干出一番事业，创造一番业绩的想法和追求，这当然是对的，领导干部的职责就是为党尽责，为民造福。但有些领导干部的政绩观出现偏差，有的热衷于搞华而不实、劳民伤财的“形象工程”,树立个人形象,为个人升迁铺路。有的盲目攀比、好大喜功,竭泽而渔。有的注重显绩，而忽视潜绩，例如在城市建设和管理上，喜欢做表面上能看得到的高楼大厦、广场等,而对各种基础设施建设不重视,对群众的日常生活需要不热心。更有甚者，当领导干部是为了个人和亲戚朋友发财，拉帮结派，徇私枉法，贪污受贿，最终走向违法犯罪的道路。

2. 要按照客观规律办事

创业是一个艰苦的过程,不是一件容易的事,创业不能仅靠热情,更不能蛮干、硬来，要遵循客观规律。在创业时无论是目标、方法和步骤，都要符合实际和事物发展的规律，要抛弃“人有多大胆、地有多大产”和“人定胜天”的狂热思想，要坚持实事求是，一切从实际出发、理论联系实际，切忌假大空，在实践中检验真理和发展真理，尊重客观规律和自然规律。领导干部在做出的每一个决策、采取的每一项措施前，要注重调查研究,深入基层和工作一线,了解实际情况,努力使做出的决策和措施科学合理,切实管用。不要拍脑袋决策，在广州出现“山顶挖湖，江边修轨”的荒唐规划，疯狂而狂妄，不尊重科学，不懂常识，而被讥为“规划之神”而贻笑大方。

3. 要真抓实干，重在落实

2012 年 11 月 29 日,习近平总书记在参观国家博物馆《复兴之路》时强调“实干兴邦，空谈误国”，创业不能停留在嘴上、文件里和图纸上，要表现在行动上，喊破嗓子不如甩开膀子，世界上的事情都是干出来的，而不是吹出来的。领导干部不能说得漂亮，大道理讲得眉飞色舞，空喊口号，而不注重抓落实，做语言上的巨人，行动上的矮子，要带头真抓实干，一步一个脚印抓好工作落实。改革开放三十多年取得的巨大成就，是党中央带领全国人民不断解放思想、共同努力奋斗的结果，十八大以来，习近平总书记在多个场合提出，要实现中华民族伟大复兴的中国梦。实现中国梦关键还是要实干，创造性地干，勇于创新，干出成绩，为国家和人民的利益做出贡献。

（六）做人要实

做官先做人,做人先立德,无论是做官还是做事,首先都强调做人。毛泽东同志在《纪念白求恩》一文中,号召全党同志要做“一个高尚的人,一个纯粹的人,一个有道德的人,一个脱离低级趣味的人,一个有益于人民的人”。做人要实是要求各级领导干部诚信对人，实在做人，要言出必行，兑现对上下级和人民群众的承诺，在工作与生活中踏踏实实、不欺上瞒下，飞扬跋扈。

1. 忠诚于党的事业

习近平总书记在关于“做人要实”的重要讲话中指出“做人要实，就是对党、对组织、对人民、对同志忠诚老实，做老实人，说老实话、干老实事，襟怀坦白，公道正派”。作为党员、特别是作为党员领导干部，对党忠诚老实是第一位的，党章明确规定，共产党员要“对党忠诚老实，言行一致”，这不仅是对每个党员提出的政治规矩，更是党员干部必须遵循的党性原则。忠诚老实，要求党员干部必须忠于党、忠于祖国、忠于人民，在政治上、思想上、行动上同党中央保持高度一致。不能对党阳奉阴违，要言必行、行必果，搞当面一套背后一套。也不要先斩后奏，为所欲为，独断专行，用倒逼方式违反程序原则。更不能稍不如意，就端起碗来吃肉，放下筷子骂娘。要以实际行动践行入党誓言，在工作实践中奉献聪明才智，把毕生的精力用于为人民服务。

2. 密切联系群众

密切联系群众是我们党最大的政治优势，脱离群众是我们党执政后的最大危险，群众是我们党赖以存在和发展的坚实基础。我们党历来重视密切联系群众工作，从2013年下半年开始直到2014年底，党中央用一年多的时间，分两批在全体党员中开展了群众路线专题教育实践活动，此次“三严三实”专题教育也是群众路线教育活动进一步巩固、拓展和深化，人民群众是最实在的，人民群众最喜欢与实在人打交道，做群众工作来不得半点虚伪，否则群众就不买账，就会脱离群众，所以领导干部若摆官架子、打官腔，热衷于形式主义，搞花架子，就会被人民群众认为不老实，人品有问题，就不会取得人民群众的信任。做人老实与密切联系群众关系重大，领导干部首先也是人，要做一个实在人，不要把自己当成官老爷而高高在上、目空一切，要与群众心连心，这样才能与群众打成一片。

3. 做老实人，不做老好人

好官必定是好人，但好人不一定是好官。老实人和老好人很容易混淆，其实有很大差别，领导干部要做“老实人”，不是做“老好人”。老实人讲真理，老好人讲面子；老实人坚持实事求是，老好人信奉实用主义；老实人积极进取，奋发有为，老好人庸碌无能，碌碌无为；老实人在坚持原则的基础上加强团结，老好人搞无原则的一团和气。老好人不敢担当，一旦当上领导干部其危害也是相当大的，2014年8月，湖南省政协原副主席童名谦被以玩忽职守罪判刑五年，童名谦在官场以清流自许，但也留下了矛盾的评价“他是个好人，但不是个好官”，其主政一方却不敢作为，成为庸官的典型，导致官场乱象丛生，发生严重贿选事件。

“三严三实”是对马克思主义理论的继承和发扬，也是当前开展党建活动的新实践。“三严三实”思想体系的提出，标明了马克思主义政党建设应遵循的基本价值尺度，指明了共产党人应不懈追寻的价值目标，“严”与“实”两个维度体现了中国化马克思主义理论与当前党建实践活动的辩证统一。它思想内涵丰富，体现了理论与实践的辩证统一，内在自律与外在约束的辩证统一，行动指南与工作方法的辩证统一，时代内涵与传统文化的辩证统一。“三严三实”语言虽然朴实无华，但内容博大精深，既要求各级领导干部进行内在的自律修养，同时又提出领导干部谋事、创业与做人的外在行为准则，既是切合当今实践需要的总结归纳，又传承了中华民族优秀传统文化的内在精髓。城市管理系统的党员，特别是处级以上领导干部应加强内在的道德修养，自觉抵制外界腐蚀，坚定共产主义理想信念，牢固树立为人民服务的价值目标，要以高度的历史责任感和使命感，成为“三严三实”的忠实的践行者，以“三严三实”为标杆，自觉践行并以此引领修身做人、从政用权、创业干事的新风尚。

二、“三严三实”专题教育与思想道德建设

“三严三实”的提出，标明了马克思主义政党建设应遵循的基本价值尺度，指明了共产党人应不懈追寻的价值目标，“严”与“实”两个维度体现了中国化马克思主义理论与当前党建实践活动的辩证统一。它的思想内涵丰富，抓好“三严三实”专题教育，首先要加强思想道德建设，搞好思想道德建设是“三严三实”教育取得实效的关键。

（一）注重学习修炼和环境影响，形成良好的思想道德

人们思想道德水平的高低不是一天形成的，要经过长期的学习和修炼。人一生下来，应该都是一张白纸，差别不大，但后来思想道德水平各不相同，有很大差异，主要原因是与自己成长的环境和学习修炼这两个因素有关。首先是环境的影响，身处何种环境对思想道德的形成的重要性是不言而喻的，所谓“近墨者黑，近朱者赤”，我们的工作圈、生活圈、朋友圈是否健康对我们的思想道德的形成影响很大，如果我们工作环境是团结向上的，生活环境是和睦友爱的，所结交的朋友熟人是积极进取的，会对我们思想道德的形成起到正能量的积极作用。其次学习的促进，学习对思想道德的形成也至关重要，要学习马列主义、毛泽东思想、邓小平理论、“三个代表”重要思想和科学发展观，要深入开展“三严三实”专题教育学习研讨活动。有的人一提到政治学习就认为是政治说教，不感兴趣，甚至排斥，其实这种看法是不对的，要用马列主义基本原理和党的基本理论武装头脑，并在工作实践中加以运用，使自己的思想道德持续得到升华，从而不断提高思想政治水平和道德品质。

（二）严以修身，加强党性修养，坚定理想信念，把牢思想和行动的“总开关”

严以修身是中华传统文化中的重要内容，修身关键是要正心，心正才能身正。2015年1月12日，习近平总书记同中央党校第一期县委书记研修班学员座谈时讲到，始终做到心中有党、心中有民、心中有责、心中有戒。“三严三实”贵在修身，心为人之本，修心是第一位的，修心当正心，要戒贪止欲。共产党人的思想境界要远比封建士大夫更高洁，有远大理想、奋斗目标、高尚情操和严明的纪律，应该做到心中有党不忘恩，心中有民不忘本，心中有责不懈怠，心中有戒不妄为。要把修身与加强党性修养紧密结合起来，认真研读原著，学原文、悟原理，坚定马克思主义信仰和中国特色社会主义信念，增强道路自信、理论自信、制度自信。领导干部无论何时、无论何地，都要站稳党和人民立场，牢固树立正确的世界观、人生观、价值观和公私观、是非观、义利观，忠于党、忠于国家、忠于人民。加强党性修养锻炼，保持高尚的道德情操和健康的生活情趣，重视家庭建设，树立良好家风，管好亲属，孝敬长辈，坚决抵制歪风邪气，坚守共产党人的精神家园。

（三）严以律己，严守党的政治纪律和政治规矩，自觉做政治上的“明白人”

认真学习和遵守《党章》，落实习近平总书记在十八届中央纪委五次全会上提出的“五个必须”要求，即必须维护党中央的权威，必须维护党的团结，必须遵循组织程序，必须服从组织决定，必须管好亲属和身边工作人员。领导干部任何时候任何情况下都要做到在思想上政治上行动上与习近平同志为总书记的党中央保持高度一致，不另搞一套，自行其是。做老实人，说老实话，干老实事，不培植私人势力，坚持五湖四海，不搞团团伙伙，拉帮结派，以人画线，不搞任何形式的派别活动，团结就是力量。重大问题该请示的请示，该汇报的汇报，不允许擅自决定，不超越权限办事，不搞先斩后奏，严格按程序办事。不欺骗组织和上级领导，不跟组织讨价还价、对抗组织，不允许搞非组织活动，坚决服从组织的决定和安排。领导干部要绝不允许亲属和身边的工作人员擅权干政，不要让他们利用特殊身份谋取非法利益，也是自己身败名裂。2015 年 6 月人民日报有一篇文章里谈到，中央政治局原常委周永康面对妻儿的非分要求不懂取舍，走向犯罪的道路，教训不可谓不深刻。

（四）严以用权、真抓实干，实实在在谋事创业做人，树立忠诚、干净、担当的新形象

领导干部要始终坚持用权为民，自觉遵守宪法法律和党的纪律，按规则、按制度、按法律行使权力，敬法畏纪，为政清廉，任何时候都不能搞特权、以权谋私。当官和发财是两个矛盾的方面，当官就不能发财，想发财就不要来当官，要破除“当官发财”的封建陈腐观念，加强作风建设，坚决杜绝“四风”问题，不要把小问题养成大问题。坚持民主集中制，自觉接受监督，不搞大权独揽，一手遮天。按照“四个全面”要求，全面建成小康社会，全面深化改革，全面推进依法治国，全面从严治党，坚持从实际出发谋划事业，推进城市管理工作，敢于担责，“为官有为”，努力创造经得起实践、人民、历史检验的实绩。数字城市管理是城市管理的有效手段，目前全国数字城市管理发展很快，广州作为超大城市，城市管理复杂，任务艰巨，使命光荣，数字城市管理工作还要不断地发展进步，才能适应城市管理工作的需要。为适应新的工作形势，广大干部职工要积极主动作为，把握先机，在实践工作中谋事创业，发挥信息指挥中心更大的作用。

（五）加强思想道德建设的几点要求

从古至今都强调思想道德建设，尤其是在党的领导下，更加重视党员和干部职工的思想道德建设，用正确的理论武装党员干部的头脑，保持党员干部的先进性和纯洁性。

1. 通过学习提高思想认识

要树立终身学习的观念，现在知识更新很快，不学习就会很快落伍，学习是一件非常辛苦的事情。大家要珍惜学习的机会，不要浪费时间，时间过得很快，一晃一年、十年就过去了，与历史的长河相比，人的一生很短暂。学习什么时候开始都不算晚，要不间断地进行政治学习、业务学习、文化知识和艺术修养等的学习，通过学习，不断提高思想认识，专业技术技能和自身修养，从而能够正确把握今后的人生航向。

2. 通过实践提升价值认知

价值认知是思想道德建设的一项重要内容，一个单位集体的共同价值追求和我们个人的价值认知，要在我们的工作实践中不断得到升华。我们工作到底是为什么？仅仅是为了钱，为了工资，当然钱很重要，没有工资体现不了劳动的价值，这一点是不需质疑的。除了工资之外，还有价值追求的问题，心灵归宿的问题，在一个单位工作，安心本职工作并创造性地把工作干好，在工作不断总结成绩和经验，不断提升价值认知，形成共同的价值追求，大家为实现共同的工作目标而努力奋斗，才能不断地促进单位的可持续发展。

3. 通过修炼端正行为习惯

思想道德虽然属于意识形态方面的范畴，但通过行为习惯能够反映思想观念和价值认知，所谓知行合一，言行一致就是这个道理。人的思想观念和价值认知是内在的，行为习惯是外在的，是大家能够看见的、感知的，一个人的思想道德水平和素质虽然看不见，摸不着，但会通过其言行举止表现出来。

（1）谨言。说话看起来简单，谁不会说话？其实没那么简单，把话说好很重要。每个人一生下来并不会说话，甚至不会笑，只会哭，说话要慢慢学，谁一生下来就又说又笑可能会吓死人，马上就会上全世界新闻媒体的头条。我们每个人在单位集体里肯定不会天天哭，天天都要与同事说话交流，我们讲话一要文明，不文明别人会觉得你没礼貌、素质欠佳，二要准确，不准确你说了半天，别人不明白你的意思，三要真实，假话大话说多了就没人相信了，就会产生信任危机。

（2）慎行。其实不是让大家循规蹈矩而不越雷池半步，走路都不敢迈步，小心翼翼，而是要求我们在工作交流中，一定要注意行为规范，尊重东方传统礼节习惯，这是渗入中国人骨子里的思想意识。其实在春秋以前，中国的礼制是非常严格的，春秋时期礼崩乐坏，但在整个封建社会，中央政府都设有礼部专门管理行为规范，大家在单位不要太随意，不要打打闹闹。工作场合要着正装或制式服装，要坐有坐相，站有站相，不要东倒西歪，摇摇晃晃，总之我们的职业行为要规范。

（3）养成良好的习惯。习惯很重要，习惯往往决定一个人的成败。习惯是长期养成的，往往会在不经意间流露出内心世界。好的习惯是我们取得成功的重要帮手，我认为要养成以下三个习惯。一是认真的习惯。认真是一种态度，更是一个习惯，我们要认真地对待自己的工作，唯有认真，才能出色，如果对待工作马马虎虎、得过且过，是不可能把工作做得好的。二是守纪的习惯。遵章守纪是纪律要求，更是一种习惯，如果形成了守纪的习惯，就不会违反纪律。为什么现在这么多腐败分子，就是因为没有养成守纪的习惯，纪律约束不起作用，结果越陷越深，不能自拔。我们要自觉遵守单位的管理制度，坚守住守纪的底线，养成守纪律的习惯，不发生工作上的失误，而引发各种事故。三是节约的习惯。勤俭节约是一种生活的习惯，也是一种工作习惯，于公于私都要节约，不要慷公家之慨，一些腐败分子在个人生活上是很简朴的，但对国家和他人的资金物资却没有节约的观念，贪赃枉法。我们要按照三大纪律八项要求的要求，养成节约的习惯，不浪费，浪费是最大的犯罪，能节约就节约，积沙成塔、集腋成裘，长此以往就能使单位和个人积累大量财富基础。

天行健，君子以自强不息，地势坤，君子以厚德载物。这出自《易经》的两句话，至今仍有现实意义，要求我们要不断追求进取，取得优异的工作成绩；要不断修正待人接物的行为，使社会和谐有序，生活更加美好。

三、“两学一做”教育的“知行合一”智慧

“两学一做”学习教育蕴含着深刻的中华传统文化思想，体现“知行合一”的伟大智慧。2017年初，习近平总书记对推进“两学一做”学习教育常态化制度化做出重要批示，强调要抓住“关键少数”，抓实基层支部，保证广大党员以身作则，发挥先锋模范作用。城市管理系统的党员干部要深刻领会“两学一做”教育的“知行合一”智慧，把握“两学一做”深邃的思想内涵，“两学一做”学习教育，基础在“学”，关键在“做”，学做合一，着眼点和落脚点就是引导广大党员做合格党员。

（一）“知行合一”的重要性

知行合一是阳明“心学”的核心内容，是中华优秀传统文化的精华，闪耀着智慧的光芒。习近平总书记历来非常重视“知行合一”，党的十八大前后，习近平总书记在多次讲话中强调知行合一，强调理论与实践的辩证统一，要以知促行，以行促知，知行合一。当前我们党执政面临“四种危险”，改革进入深水区，肩负艰巨的历史使命，我们要一心一意谋发展。做到知行合一并不容易，知行合一重在行，全体党员要向党中央看齐，充分认识知行合一的重要性，要忠诚干净担当，在做好本职工作中发挥带头作用，以实际行动做一名“合格党员”。全党团结一心，行动一致，才能实现中华民族伟大复兴的目标。

（二）“知”与“行”一体的思想

传统儒家思想注重格物致知，一般认为知先行后，知易行难，知与行是两件事。明代思想家王阳明创立的“心学”，提出了“知行一体”的思想，王阳明认为知是行之始，行是知之成，知必然要表现行，不行不能算是真知，知中有行，行中有知，知行是一回事，不能分为“两截”。王阳明经过数十年之功，历经磨难，逐步提出的“心即理，心外无物，知行合一，事上炼，致良知”等思想，构成了完整的心学体系。王阳明的心学看似平易粗简，其实思想内容博大精深，影响广泛深远（据说影响和导致了日本的明治维新），在今天仍有积极的意义。

（三）“两学一做”与“知行一体”

学习党章党规，学习习近平总书记系列讲话，就是“知”；做合格党员就是“行”。“两学一做”看似是两件事，其实是一个有机的整体。光学不做，就不是真学，也不是真知。知是行之始，“两学一做”首先要“学”，是做合格党员的基础。行是知之成，“两学一做”

关键在“做”，要真心实意地做一名合格党员。现在还有不少党员干部，甚至有一些位高权重的各级领导干部，在中央全面从严治党和反腐败的高压态势下，依然敢违反中央八项规定，“四风”问题严重，因涉嫌违纪违法接受组织审查，究其原因，就是没有认真学习党章党规和系列讲话，或者学习了，但没有真学，没有内化于心、外化于行，没有做到“知行一体”，结果说一套、做一套，成为违纪违法的“两面人”，最终受到党纪国法的制裁，身败名裂。

（四）“两学”与“一做”的合一

“两学一做”学习教育要做到知行合一，是“两学一做”学习教育取得实际效果的重要保证。“两学”和“一做”是一件事，不是两件事，不能只学不做，或者只做不学，要“合二为一”。要通过深入学习党章党规，深入学习习近平总书记系列讲话精神和党中央治国理政新理念新思想新战略，获取真知，在获取真知的过程中，运用于实践。共产党员要在实际的工作中，努力做一名合格的党员，即做讲政治、有信念，讲规矩、有纪律，讲道德、有品行，讲奉献、有作为的合格党员。广大党员要在学中干，在干中学，增强“四个意识”，在思想上政治上行动上同以习近平同志为核心的党中央保持高度一致，做到政治合格、执行纪律合格、品德合格、发挥作用合格。

（五）做一名党性坚强的合格党员

十八届中纪委书记王岐山在中纪委十八届六次会议的报告中强调，党性教育是共产党人的“心学”，是党员正心修身的必修课。阳明“心学”知行合一的“一”是致良知，“两学一做”合一要达到的“一”，就是党性修养，做一名党性坚强的合格党员是“两学一做”学习教育的出发点和落脚点。

1. 坚持马克思主义的指导地位

马克思主义是共产党人的“初心”，我们党从建党开始至今 96 年来，始终以马克思主义作为指导思想，取得了革命和建设的胜利，尤其是改革开放 30 多年来，坚持走中国特色社会主义道路，取得巨大的成就。我们党肩负着艰巨的历史使命和任务，积极推进“一带一路”建设，但同时也还面临巨大的考验和挑战，任何时候我们都不能动摇“初心”，不能淡化宗旨意识，这是我们取得事业成功的根本保证。面对复杂的国内外形势，我们要不忘初心，继续前进，为实现“两个一百年”奋斗目标和中华民族复兴的“中国梦”而不断努力奋斗。

2. 实践是检验真理的标准

空谈误国，实干兴邦。阳明“心学”注重事上炼，不仅是纯粹的理论（王阳明运用心学的强大力量，在敌强我弱的情况下，取得平定江西匪患、宁王之乱、广西叛乱等功业，实现立言、立德、立功三不朽）。共产党人要十分注重实践，坚持理论联系实际，不能只做“理论家”、光说不练的“假把式”。党性坚强的合格党员要不畏困难、勇于实践，做一个真抓实干的行动派。当前，全面建成小康社会，全面深化改革，全面依法治国，全面从严治党的任务还十分繁重艰巨，广大党员要积极投身实际工作，立足本职，积极进取，以身作则，发挥先锋模范作用，用实实在在的工作成效来回答各种质疑和非难，在火热的具体的工作实践中实现共产党人的信仰和理想。

3. 共产党员要在工作岗位上建功立业

共产党员要坚定理想信念，心无旁骛，只信仰共产主义，不受其他各种错误思潮和腐朽思想的影响和侵蚀，筑牢拒腐防变的思想道德防线。每名党员都要凝心聚力地做好本职工作，在工作岗位上积极践行“知行合一”的要求。随着城市的发展，城市管理工作越来越重要，要维持城市正常运行，保持“干净、整洁、平安、有序”的城市环境，城市管理单位的党组织在开展“两学一做”学习教育中，要注重“知行合一”，不要学做分离，要教育和引导广大党员干部在城市管理的实际工作中奋勇争先，熟练掌握城市管理的规律、特点和工作方法，专心致志，发挥先锋模范作用，在本职工作中不断取得新成绩，从而不断提高城市管理工作水平。

阳明“心学”产生已有500年了，是中华民族的宝贵的精神文化财富，知行合一更是影响广泛和深远，在今天仍有现实意义。我们开展“两学一做”学习教育，学习和借鉴阳明“心学”的核心内容，并不是要完全照搬阳明“心学”，共产党人要不断吸收和借鉴中外优秀文化成果来丰富和发展党的基本理论，才能不断取得马克思主义中国化的新成果，不断推进党的事业阔步前进和取得胜利。

四、加强作风建设

作风建设永远在路上，继承和发扬党的优良作风，是加强思想政治建设永恒的主题，我们要坚持不懈地反对“四风”问题，保持党组织的优良传统和本色。

（一）加强纪律教育

基层单位要积极开展纪律教育专题活动，把纪律建设摆在单位思想政治工作的重要位置，强化理论武装，在思想上政治上行动上始终与党中央及上级党组织保持高度一致，把纪律挺在前面。

1. 加强理论学习，提高思想素质

健全城市管理单位党组织中心组理论学习制度，强化领导班子成员的理想信念和宗旨意识，加强党员干部培训工作，经常开展理论学习和政治教育活动。领导班子成员要带头学习党章党规，以集体学习和个人自学、参加报告会、学习考察和参加培训班等多种形式，认真学习贯彻党的十八大、十八届五中全会、六中全会和习近平总书记系列重要讲话以及批示精神，努力提高思想认识和政策理论水平。通过学习培训，提升班子成员的思想政治素质、战略思维能力和政策理论水平，并以上率下，提高党员干部的整体素质和遵守纪律的自觉性。

2. 坚持贯彻民主集中制

加强民主集中制教育实践，增强城市管理单位领导班子成员贯彻民主集中制的自觉性，严格遵守党章，充分发扬党内民主，制定并执行党组织议事规则，不断增强领导班子的团结。严格按照“集体领导、民主集中、个别酝酿、会议决定”的原则，对重要的人事（任免、奖惩、调整）、大额经费开支、项目招标等，都要经集体讨论研究决定。做好干部任用和交流工作，按照民主推荐、班子考察、讨论决定的程序，选拔任用群众公认、德才兼备的干部，严格开展选人用人问题倒查和责任追究工作。

3. 完善重大事项决策程序

坚持集体领导和个人分工相结合的制度，广泛征求意见，集体讨论决定，防止决策失误、权力失控和行为失范。以建设“学习型、创新型、廉洁型”领导班子为核心，切实加强自身建设,不断提高领导班子决策的民主化、科学化水平。在重大事项组织实施前，班子成员都要进行充分酝酿，实现思想合心、行动合拍、工作合力，在重大项目招投标、单位预算执行情况、机构整合和人员调整等重大事项中，都应通过班子集体讨论研究决定。

（二）坚决反对形式主义

坚持理论联系实际，通过深入调查研究、拓宽学习思路等全面改进学风、工作作风和生活作风，加强各部门和各执法中队协调配合，凝聚集体力量。

1. 提高调查研究的能力和水平

发扬严谨求实的调研作风，将与基层单位长远发展关系密切的重大课题列入调研范围，以调查研究结果作为解决问题的基本依据。要全面了解基层单位工作的现状，单位领导要带领相关人员进行实地调研，摸清基本情况，对政府治理工作的难题要找准症结所在，提出解决的具体方案和措施。通过调查研究，结合本单位本地实际，科学及时提出今后工作发展思路，适应基层单位体制机制改革的要求。

2. 加强业务学习，提高实际工作能力

举办形式多样的知识竞赛和业务培训活动，提高基层单位工作人员业务素质和能力。一是举办业务知识竞赛。基层单位业务庞杂，为了强化工作人员的业务知识和技能，要经常举办业务知识竞赛，通过竞赛促进基层单位工作人员学深学透业务知识，个个成为业务能手。二是进行专业知识考核。以基层单位各项重点业务工作规范和制度以及相关的法律、法规为重点考核内容，定期进行业务知识考核，通过考核，提高基层工作人员对业务知识学习的积极性。三是加强内外培训。一方面定期在单位开展业务培训活动，由单位领导和业务骨干亲自授课讲解，有效拓展工作人员的业务知识面。一方面积极参加上级或单位之间的业务培训和交流，结合典型案例重点培训疑难问题的办理工作规范，有效提高基层人员的办事和服务能力。

3. 完善工作沟通交流制度

建立协调机制，主要领导负责总协调，分管领导具体牵头负责，加强基层单位各部门之间沟通协调。完善首办负责制和责任追究制，加强各部门工作统筹能力和全局观念，树立基层工作“一盘棋”思想。单位领导要经常和干部职工共同探讨分析工作中遇到的问题，并认真听取群众意见，不断提高群众参与单位决策的工作力度。

（三）坚决反对官僚主义

坚持深入实际、深入群众，尊重群众意愿，狠抓工作落实，着重解决脱离实际以及脱离基层、脱离群众的问题，更多更好地为干部职工谋实惠。

1. 全面掌握全体干部职工情况

领导干部要经常与干部职工进行交心、谈心、会心活动，充分了解他们的思想状况、工作态度等，正确引导他们的思想和行为。还要主动不定期到各部门进行巡查，了解单位的工作开展情况和人员情况。高度重视对一线工作人员的关怀，充分发挥工青妇等组织的桥梁作用，真正深入一线、深入群众，力所能及解决一线人员在工作中和生活中的困难。

2. 加强一线业务工作指导

领导干部要改善业务指导工作的方式，要沉下身子到工作一线进行调查研究，避免了走马观花，真正加强与一线工作人员的沟通交流，熟悉和掌握一线部门在工作中的遇到的困难和存在的问题，并提出有针对性建设性的指导意见，协助一线人员解决问题，提升工作质量，并通过考评等手段强化对一线工作的监督和考核。

3. 完善联系群众长效机制

一方面通过设置意见箱、定期召开座谈会等，及时了解群众诉求，接受群众监督，推动领导干部深入工作一线，了解情况，解决实际问题。另一方面通过群众来电、来访、来信等主要渠道掌握群众迫切需要解决的问题，并了解群众对社会治理工作提升方面的建议，对照检查本单位自身在工作中存在的不足，采取针对性的措施加以改进。

（四）坚决反对享乐主义

进一步强化改革创新、开拓进取意识，克服安于现状、不思进取和特权现象，真正做到敢于担当、艰苦奋斗、干事创业，不断开创基层治理工作新局面。

1. 加强党风廉政建设

切实加强党风廉政建设“两个责任”的落实，形成抵御腐败的思想防线。一是加强廉政宣传教育。开展纪律教育学习月活动，制作廉政专题板报，观看廉政教育话剧和警示教育片、组织集中学习、开展廉洁书画和摄影文化作品评选、撰写廉洁化座右铭和学习心得等活动，使廉政教育形式多样、内容丰富。二是完善监督约束机制，推进廉政建设深入开展。按照“从严治党、着眼防范、综合治理”的方针，以领导干部、财务采购人员为重点，着重发挥监督在惩治和预防腐败工作中的关键作用。落实廉政工作责任，领导干部要签订党风廉政建设责任书。三是做好廉政风险防控工作。绘制权力运行流程图，全面梳理岗位职权、职责和风险点，制定防控措施，干部职工要签署防范岗位廉政风险承诺；做好制度廉洁性评估，防止制度“带病上岗”。要加强违法建设查处、广告审批管理和环卫保洁项目招投标等容易发生腐败领域的风险防控。四是加强党内监督，全面贯彻党内监督条例，班子成员带头积极主动接受监督，做到上下监督、左右监督，形成监督的合力。五是加强人财物管理的监督制约，重点对《党政领导干部选拔任用工作条例》的贯彻执行情况和大宗物品采购、固定资产使用和管理、三公经费支出进行监督。

2. 树立主动奉献精神

注重引导全体干部职工爱岗敬业，做实践职业道德的模范，增强干部职工的工作责任心，任务繁忙或紧急时要都能主动加班加点，分工协作，高质量完成工作任务。要使全体干部职工拧成一股绳，心往一处想，劲往一处使，为基层治理事业奉献自己的力量。要根据上级要求积极开展扶贫工作，选派优秀干部参加扶贫工作，积极发动扶贫捐款等工作。

（五）坚决反对奢靡之风

坚持精打细算、勤俭节约办事，强化自我约束和规范管理，狠刹铺张浪费、奢侈享乐的不良风气。

1. 完善“三公”经费管理使用制度

落实上级关于党政机关厉行节约反对浪费的相关规定，修订基层单位《“三公”经费管理办法》、《财务管理规定》、《接待费管理规定》、《误餐费管理规定》等，细化有关定额和标准，严格控制会议活动经费，严禁会议费用超支，严格控制接待标准，严格公务用车管理，做到用前申请，用后核销，严禁公车私用，规范人、财、物管理。根据上级违规公款消费和私设“小金库”进行清查的要求，要对公务车经费支出、公务接待经费、会议费、培训费等内容进行清查，使“三公经费”等支出真实、合规，不存杜绝私设“小金库”情况。

2. 树立勤俭节约意识

加强宣传教育，创建节约型机关，每位干部职工都要从自己做起，从身边小事做起，树立“节约光荣、浪费可耻”的思想观念。在用水、用电、用纸等日常办公方面不要大手大脚，防止可能存在的浪费现象，杜绝在单位内出现水龙头不关、电灯空照、空调常开等造成公共物力和财力浪费的情况。

加强思想政治工作和作风建设没有休止符，城市管理基层单位要完善学习教育的长效机制，把加强作风建设作为思想政治工作的时代主题和长期任务，融入城市管理日常工作之中。“四风”问题容易反复，要在平时工作中不断查找“四风”问题，深挖细查，坚持边整改边查找，持续抓好作风问题的整改工作，加强督促检查，落实标本兼治，进一步落实深化整改措施，真正把问题整改到位、整改彻底，不断巩固思想政治工作的成果。

第四节 加强法治建设和党风廉政建设

城市管理单位担负着城市管理和执法任务，更要加强法治建设，依法行使管理城市的职责，并与党风廉政建设互为促进，创造依法执法、执法守法、廉洁执法的良好的法治环境和工作氛围。党风廉政建设是城市管理单位党组织建设的重要内容，党风廉政建设与法治建设紧密相连，好的法治环境有利于党风廉政建设。党风廉政建设的关键是领导干部要率先垂范，做好党风廉政建设的表率。

一、法治建设与党风廉政建设的关系

党的十八大报告指出“法治是治国理政的基本方式。”2013 年 2 月 23 日，中共中央政治局进行第四次集体学习，习近平总书记强调全面建成小康社会对依法治国提出了更高的要求。城市管理单位党组织要全面贯彻落实党的十八大精神，以邓小平理论、“三个代表”重要思想、科学发展观为指导，增强法治意识，抓好法治建设和党风廉政建设，全面推进科学立法、严格执法、公正司法、全员守法，坚持依法治国、依法执政、依法行政共同推进，树立法治国家、法治政府、法治社会一体建设的思想，不断开创城市管理系统法治建设和党风廉政建设的新局面。

党风廉政建设作为党的建设的重要内容，与法治建设密切相关，相互依存。习近平总书记 2013 年 1 月 22 日在中纪委十八届二次全会上强调“要加强对权力运行的制约和监督，把权力关进制度的笼子里，形成不敢腐的惩戒机制、不能腐的防范机制、不易腐的保障机制”。十八大报告指出：“深化重点领域和关键环节改革，健全反腐败法律制度，防控廉政风险，防止利益冲突，更加科学有效地防治腐败”。

（一）我国法治建设取得的成就

改革开放以来，党和政府一直致力于推进民主法制建设，并取得一系列的成就。十八大报告指出：“中国特色社会主义法律体系形成，社会主义法治国家建设成绩显著”。习近平总书记在中共中央政治局第四次集体学习时强调“我国形成了以宪法为统帅的中国特色社会主义法律体系，我们国家和社会生活各方面总体上实现了有法可依，这是我们取得的重大成就”。

经过改革开放后三十多年来的民主法制建设，我们党自觉在宪法和法律范围内活动，支持人大、政府、政协、司法机关等依照法律和章程独立负责、协调一致开展活动，党和国家各项工作法治化规范化进展明显。建立健全权力运行制约和监督体系，出台了一系列法律法规和规章制度，从实体和程序两个方面，为权力运行提供了制度框架、划定了运行轨道，保证党和国家机关按照法定权限和程序行使权力。

（二）法治建设的重要性和必要性

党的十八大报告提出“到 2020 年实现全面建成小康社会的宏伟目标”。并指出“要推进科学立法、严格执法、公正司法、全民守法，坚持法律面前人人平等，保证有法必依、执法必严，违法必究。完善中国特色社会主义法律体系，加强重点领域立法，拓展人民有序参与立法途径”。虽然我国法治建设取了重大进展，但我们也应该清醒地看到，我国法治建设与促进经济社会发展要求等方面还不完全相适应，要全面推进依法治国，加快建设社会主义法治国家，发展社会主义政治文明。

党风廉政建设是关系到党和国家生死存亡的重大政治问题，做到干部清正、政府清廉、政治清明，就要坚持改革创新精神，切实加强以党章为核心的党内制度建设，加强国家廉政立法，健全反腐败法律制度，努力形成反腐倡廉的法律制度体系。各级领导干部特别是高级领导干部必须自觉遵守廉政准则，绝不允许搞特权。要坚持有案必查、有腐必惩，坚决查处大案要案，着力解决发生在群众身边的腐败。不管涉及什么人，不论权力大小、职位高低，只要触犯党纪国法，都要严惩不贷。

（三）法治建设是加强党风廉政建设的重要保证

法治国家法治政府法治社会一体建设，为党风廉政建设提供良好的环境。党的十八大报告明确指出，反对腐败、建设廉洁政治，是党一贯坚持的鲜明政治立场。廉洁政治就是不以公权谋私权的政治，其核心是全心全意为人民服务，本质是为人民掌好权用好权，不以权谋私。一是要保证党员干部作风优良、廉洁从政；二是要促使党政机关廉洁自守、公共权力规范运行；三是促进政治文明充分发展，努力建成一个政通人和、安定有序、明礼诚信、公平公正的政治环境。

廉洁政治是与腐败政治根本对立的。加强法治建设，推进依法治国依法执政依法行政，是广大党员干部保持清正廉洁的"保护伞"，是预防腐败的"防火墙"和惩治腐败的重要的法律武器。严格执行党风廉政建设责任制。加强反腐倡廉教育和廉政文化建设。深入开展法制宣传教育，在全社会弘扬社会主义法治精神，引导全体人民遵守法律、有问题依靠法律来解决，形成守法光荣的良好氛围。要坚持法制教育与法治实践相结合，广泛开展依法治理活动，提高社会管理法治化水平。

（四）注重实践，提高法治建设水平

习近平总书记强调，实践是法律的基础，法律要随着实践发展而发展。提高我国法治建设水平，要在注重实践的基础上，加强以下几个方面的工作。

1. 完善立法规划，突出立法重点

坚持立、改、废并举，提高立法工作的科学化、民主化水平，增强法律的针对性、及时性、系统性。要完善立法工作机制和程序，扩大公众有序参与，充分听取各方面意见，使法律更能够准确反映经济社会发展要求，更好地协调各方面利益关系，发挥立法的引领和推动作用。

2. 加强宪法和法律的实施

维护社会主义法制的统一、尊严、权威，形成人们不愿违法、不能违法、不敢违法的法治环境。行政机关是实施法律法规的重要主体，要带头严格执法，维护公共利益、人民利益和社会秩序。执法者必须忠实于法律。确保审判机关、检察机关依法独立公正行使审判权、检察权。

3. 坚持公平正义，改进司法工作

重点解决影响司法公正和制约司法能力的深层次问题。坚持司法为民，改进司法工作作风，通过热情服务，切实解决好老百姓打官司难问题，特别要加大对困难群众维护合法权益的法律援助。司法工作者要密切联系群众，规范司法行为，加大司法公开力度，回应人民群众对司法公正公开的关注和期待。

4. 加强对执法活动的监督

坚决排除对执法活动的非法干预，坚决防止和克服地方保护主义和部门保护主义，坚决惩治腐败现象，做到有权必有责、用权受监督、违法必追究。

（五）领导干部遵守廉政准则是法治建设的关键

党的十八大报告深刻指出："各级领导干部特别是高级干部必须自觉遵守廉政准则，严格执行领导干部重大事项报告制度，既严于律己，又加强对亲属和身边工作人员的教育和约束，决不允许搞特权"。总的来说，当前我们党的作风是好的，广大党员干部能够坚持全心全意为人民服务的宗旨，时刻保持艰苦奋斗的优良传统。但同时也要看到，在新的历史条件下，特权思想在一些干部中蔓延扩散，特权行为在一些社会领域时有发生，引起群众不满。一些干部因违纪违法被纪检司法机关处理审判。这些都严重损害党的形象，严重影响党的执政地位和执政基础巩固。

十八大报告明确指出："党领导人民制定宪法和法律，党必须在宪法和法律范围内活动。任何组织和个人都不得有超越宪法和法律的特权，绝不允许以言代法、以权压法、徇私枉法"。习近平总书记在政治局第四次集体学习时强调，任何组织或者个人都必须在宪法和法律范围内活动，任何公民、社会组织和国家机关都要以宪法和法律为行为准则，依照宪法和法律行使权利或权力，履行义务或职责。各级领导机关和领导干部要提高运用法治思维和法治方式的能力，努力以法治凝聚改革共识、规范发展行为、促进矛盾化解、保障社会和谐。他在中纪委二次全会上强调，从严治党、惩治这一手决不能放松。要坚持"老虎"、"苍蝇"一起打，既坚决查处领导干部违法违纪案件，又切实解决发生在群众身边的不正之风和腐败问题。

领导干部决不允许搞特权是我国国家法律和党内法规的重要准则。特权现象与我国的基本法律制度相抵触，与我们马克思主义政党的根本宗旨相违背。绝对的权力必然导致绝对的腐败，严格规范权力行使，加强对领导干部特别是主要领导干部行使权力的监督。领导干部必须充分发挥表率作用，模范遵守党纪国法，带头依法办事，而不去破坏党纪国法，法治建设才能顺利推进。"物必先腐，而后生虫"。我们党是执政党，坚持依法执政，反对腐败，加强党风廉政建设，对全面推进依法治国具有重大作用。积极推进依法行政，切实做到严格规范公正文明执法。法治建设不是孤立的，在推进法治建设过程中，要坚持依法治国与以德治国相结合，把法治建设和道德建设紧密结合起来，把他律和自律紧密结合起来，做到法治和德治相辅相成、相互促进。要坚持党的领导、人民当家做主、依法治国有机统一，把党的领导贯彻到依法治国全过程。我们城市管理系统的党员领导干部，要以更加坚定的信念、更加顽强的努力，高举中国特色社会主义伟大旗帜，做好城市管理工作，为努力实现全面建成小康社会各项目标任务，继续实现推进现代化建设、完成祖国统一、维护世界和平与促进共同发展三大历史任务而奋斗。

二、领导干部要做党风廉政建设的表率

2016年1月12日，习近平总书记在十八届中央纪委六次全会上的讲话中指出“党中央坚定不移反对腐败的决心没有变，坚决遏制腐败现象蔓延势头的目标没有变。”并要求“各级领导干部特别是高级干部要从自身做起，给下级带个好头。”各级领导干部特别是“一把手”作为各级单位领导班子成员和主要负责人，在抓好本单位党风廉政建设的同时，要能够按照《党章》和《中国共产党廉洁自律准则》、《中国共产党纪律处分条例》等规定，严格要求自己，以身作则，带头遵守党风廉政建设的各项内容，廉洁奉公，干净干事，做好全体党员干部的表率，做遵纪守法的模范。城市管理部门管理的事务较多，有一定的自由裁量权和权力，领导干部的廉政风险还比较大，要切实加强党风廉政建设。

（一）加强理论学习，筑牢拒腐防变的思想防线

当前，党风廉政建设和反腐败斗争形势依然严峻复杂，领导干部作为干部队伍中的“关键少数”，党中央历来重视对领导干部的教育和管理。领导干部要不断加强党的基本理论和廉洁从政规定的学习，坚定理想信念，不断增强宗旨意识。许多曾经身处高位的腐败分子在悔过书中写到，之所以走上违法犯罪的道路是因为放松理论学习，或者学习没有真学，使自己的思想发生了变化而越陷越深。党的十八大以来，党中央加大了党风廉政建设和反腐败工作力度，出台了八项规定，修改了《中国共产党章程》，印发了《中国共产党廉洁自律准则》和《中国共产党纪律处分条例》，并在2016年2月在全党开展“两学一做”学习教育活动。为保持思想不退化，党组织每年都安排领导干部进入党校学习，领导干部要珍惜到党校学习的机会，不要借口工作忙不参加，或者参加了人在心不在。领导干部要通过深入的理论学习，强化思想武装，筑牢拒腐防变的思想防线，进一步牢固树立以人为本和全心全意为人民服务的观念，切实用党的科学理论指导工作实践，做到理论联系实际，增强责任意识，认真履行工作职责，兢兢业业完成各项工作任务。搞好领导班子的团结，在上级党组织和派驻纪检组的正确领导和指导下，抓好本单位的党风廉政建设责任制的落实，切实加强作风建设，提高领导班子及成员勤政廉政和领导能力，在思想上政治上行动上与党中央保持高度一致，严守党的政治纪律，集中精力抓好科学发展，努力促进本单位各项工作取得新的进步。

（二）加强党性锻炼，不断提高党性修养

党培养一名领导干部很不容易，一名领导干部的成长，既有本人自身的努力，但更多的是组织的信任和培养。思想建党，是我们党的一大创造，思想建党使我们党具有独特的政治优势、组织优势和密切联系群众等优势。在平时工作中要注重政治学习，通过集中教育和自学，系统全面学习掌握党的十八大精神和习近平总书记系列讲话精神，学习经济发展新常态和新型城镇化发展等理论，在学习中更要注重加强党性锻炼，不断提高党性修养，严明政治纪律和政治规矩，加强纪律建设，提高岗位胜任能力。领导干部肩负着重要的责任，在实际工作中，要能够严格按照党员的标准要求自己，要求群众做

的自己首先做到，率先垂范，以身作则。要树立大局观念，严格按照组织原则和规章制度办事。要弘扬党的优良传统，深入群众和工作一线，带领干部职工真抓实干，塑造创业干事、风清气正的环境。要思想解放，勇于改革创新，着力冲破制约科学发展的瓶颈问题，探索新时期党风廉政建设的新途径。要民主意识强，自觉接受群众监督，乐意听取和采纳不同意见。要团结意识强，不拉帮结派，自立山头，不断提高本单位党建和党风廉政建设工作水平。

（三）密切联系群众，保持优良作风

党的十八以来，党中央先后深入开展党的群众路线教育实践活动、“三严三实”和“两学一做”等学习教育活动，这些教育活动是一脉相承的，就是教育广大党员，特别是领导干部思想不变色、不腐化，不要走上违纪违法的邪路和歪路上。近几年来，我们身边不少上级领导、同事和下属纷纷落马，或者因犯错误受到党纪政纪的处分，很大原因就是因为他们脱离了群众，沾染上一些不良的习气和作风，追求奢靡享受，对事业和工作热情减退。领导干部无论到哪里工作，职务多高，都要永葆共产党员的本色，时刻保持谦虚谨慎、不骄不躁的作风和艰苦奋斗的作风。要正确对待权力，不要用组织赋予的权力谋私利，也不要滥用权力，为所欲为，目空一切，要做到权为全体干部职工所用，利为全体干部职工所谋，把自己看成是全体干部职工的一个服务员，一个领头雁。要始终认真听取群众意见，虚心向群众学习，解决群众实际问题和困难，坚持从群众中来，到群众中去，不断汲取群众的智慧和听取群众建议，依靠群众做好本职工作。要始终保持朴素的品质和作风，做到不为私心所扰，不为名利所累，不为物欲所惑，不追求排场奢华，不热衷于华而不实的形式主义，不赶时髦。要在工作中注重效率，讲求实效，不忽悠，不讲空话假话大话，不哗众取宠。要密切联系群众，与干部职工形成健康的领导与被领导关系，使所在单位的党群关系、干群关系和睦，广大干部职工心情舒畅，全心力地投入到各项工作任务中，形成和谐的谋事创业的工作氛围。

（四）廉洁自律，树立新时期党员领导干部良好形象

习近平总书记在中纪委十八届六次全会的讲话中强调“教育引导广大党员、干部特别是领导干部严格按党章标准要求自己，知边界、明底线，把他律要求转化为内在追求，自觉以身作则，发挥表率作用。”领导干部要树立正确的权力观和价值观，带头严格遵守党风廉政建设的各项制度和规定，严格执行财经纪律和财务审批“一支笔”制度，坚持集体领导和集体研究决定重大事项，对重大事项能够与班子成员充分讨论协商，求同存异，发扬民主，不独断专行，不搞个人说了算。领导干部要严守党的经济工作纪律，不超越职责范围插手具体的经济活动，廉洁自律，在工作和生活中，能够做到勤俭节约，不浪费，不攀比，不虚荣，不与干部职工吃吃喝喝，拉拉扯扯，搞庸俗的关系哲学。领导干部在处理各种事务中要能够做到“一碗水端平”，公私分明，坚持公开、公平、公正的原则，严格按照规章制度办事，尤其是不要利用职权谋好处，不收受与职权有关单位或个人的现金、有价证券和支付凭证，不贪不占，不与群众争利，按照规定使用公务

车辆，使单位党组织和领导班子及成员在干部职工中有威信，得到干部职工的拥护和好评，树立新时期党员领导干部的新形象。

（五）加强理论研究，探索党风廉政建设工作规律

党风廉政建设还任重道远，领导干部尤其是“一把手”不仅要增强自身预防腐败的能力和思想道德防线，还要不断加强从严治党要求下的党风廉政建设的学习和理论研究，探索党风廉政建设工作规律，从而更好地抓好本单位的党风廉政建设工作。党风廉政建设是党的建设的重要内容和组成部分，领导干部不仅要做党风廉政建设的表率，还承担着进行党风廉政建设教育的重要职责，要在预防腐败上下功夫。一是要加强党员干部廉政教育学习，重点加强对管钱管物部门和人员的教育，防患于未然。二是加强党风廉政工作的制度建设，建立廉洁从政的惩防体系，认真研究分析本单位的廉政风险点，制定相应的防范措施，从源头上抓好党风廉政建设工作。三是做好以案说法工作，要经常用典型案例特别是身边的案例教育广大党员干部，帮助党员干部看清违纪违法带来的后果。四是加大对违纪党员干部的惩处力度，对违纪违法人员严格按照党纪法规及时进行处理，不护犊子，以免使违纪人员犯更大的错误，滑向犯罪的深渊。

习近平总书记在中共中央政治局第五次集体学习时强调：“我们党把党风廉政建设和反腐败斗争提到关系党和国家生死存亡的高度来认识，是深刻总结了古今中外的历史教训的。”领导干部要在党风廉政建设和反腐败斗争中立场坚定，坚决反对各种形式的“四风”，不踩“红线”，不越“雷池”半步，推动作风建设的常态化，带头守纪律、讲规矩，以上率下，做好党风廉政建设的表率。

第七章

城市管理队伍建设

圆满完成城市管理工作任务需要有一支“政治坚定、作风优良、纪律严明”的城市管理队伍，加强城市管理执法人员队伍建设是城市管理部门的重要工作内容。各级城市管理部门要按照住建部的统一部署，深入开展“强基础、转作风、树形象”专项教育行动，以教育培训为载体、制度建设为基础、改进城市管理方式为抓手，着力提高城市管理执法人员队伍的政治素质和业务水平，切实转变工作作风，树立城市管理执法人员队伍的新形象。

第一节　城市管理单位的价值观和发展观建设

党的十八大提出，倡导富强、民主、文明、和谐，倡导自由、平等、公正、法治，倡导爱国、敬业、诚信、友善，积极培育和践行社会主义核心价值观。城市管理单位的广大干部职工在积极践行社会主义核心价值观的基础上，要结合城市管理工作的实际，形成城市管理单位的共同价值追求，以促进城市管理队伍建设，推进城市管理工作。

一、积极践行社会主义核心价值观

社会主义核心价值观与中国特色社会主义发展相契合，与中华优秀传统文化和人类文明优秀成果相承接，是我们党凝聚全党全社会的价值共识，在不断汲取中华优秀传统文化的精华的基础上，逐步发展和完善的重要论断。这一论断明确了社会主义核心价值观的基本理念和具体内容，指出了社会主义核心价值体系建设的现实着力点，是对社会主义核心价值体系建设的新部署、新要求，具有重要的理论意义和实践意义。城市管理部门要加强社会主义核心价值观的宣传教育，引导广大干部职工中积极践行社会主义核心价值观。

（一）社会主义核心价值观的科学内涵

社会主义核心价值观基本内容全文共 24 个字，分别从国家、社会、公民个人三个层面阐述了社会主义核心价值的内涵。富强、民主、文明、和谐是社会主义核心价值观国家层面的价值目标；自由、平等、公正、法治是社会主义核心价值观的社会层面的价值取向；爱国、敬业、诚信、友善是社会主义核心价值观的公民个人层面的价值准则。社会主义核心价值观是社会主义核心价值体系最深层的精神内核，是现阶段全国人民对社会主义核心价值观具体内容的最大公约数的表述，具有强大的感召力、凝聚力和引导力。深刻分析社会主义核心价值观的科学内涵，其包含马克思主义指导思想、中国特色社会主义共同理想、以爱国主义为核心的民族精神和以改革创新为核心的时代精神、社会主义荣辱观等四个方面，是有机统一的整体。社会主义核心价值观作为神会主义制度的内在精神，是引领社会思想道德建设的一面旗帜，是全民族团结和谐、奋发向上的精神纽带。

（二）中华优秀传统文化中的家国情怀

中华优秀传统文化源远流长，博大精深。以孔子为代表的儒家文化是中华传统文化的源头之一和重要的组成部分，出自于《礼记·大学》的"修身齐家治国平天下"是中国古代士人的人文理想和宏愿，把古代士人的远大理想与个人抱负、家国情怀与人生追求融合为一体。家国情怀体现更多的是责任担当，尤其是对国家的热爱和为国舍家舍己、舍生取义的精神追求。家国情怀是儒家亦即读书人的千年传统和理想人格，在中华五千年的历史中，他们提出的光辉的思想和创作的灿烂的文学作品中，随处可见家国情怀的内容。家国情怀是一个人对国家和人民的深情大爱，是对国家富强、人民幸福的理想追求，是一种深层次的文化心理密码。"烽火连三月，家书抵万金"是杜甫对家的眷顾，"先天下之忧而忧，后天下之乐而乐"是范仲淹心系国家民族的大任担当，"王师北定中原日，家祭无忘告乃翁"是陆游对国家复兴的期望，"苟利国家生死以，岂因祸福避趋之"是林则徐对国家的责任感，"埋骨何须桑梓地，人生无处不青山"是毛泽东的壮志豪情。

（三）社会主义核心价值观的家国情怀

习近平总书记在中共中央政治局第十三次集体学习时强调，培育和弘扬社会主义核心价值观必须立足中华优秀传统文化。社会主义核心价值观深深植根于中华优秀传统文化的沃土，将涉及国家、社会、公民的价值要求融为一体，与中华传统文化中的家国一体的理念相契合。

1. 社会主义核心价值观的国家情怀

富强、民主、文明、和谐是我国在社会主义初级阶段的奋斗目标，党的十八大提出，要在新中国成立一百周年时（2050 年）建成富强、民主、文明、和谐的社会主义现代化国家。全文 24 个字的社会主义核心价值观前 8 个字就是"富强、民主、文明、和谐"，体现了社会主义核心价值观在发展目标上的规定，是立足于国家层面提出的要求。

习近平总书记在阐述"中国梦"时曾深情讲道："国家好、民族好、大家才会好。"爱国是每个中国人骨子里深藏的最质朴的对国家的忠诚，实现中华民族的伟大复兴是新世纪中国共产党领导中国人民正在进行的伟大梦想，民富国强、以民为本、文明礼仪、和合观念等既是中华传统文化中的精髓，也是社会主义核心价值观国家层面的重要组成内容。中华民族自秦汉就进入盛世，古代中国繁荣富强，是世界上当之无愧的第一大强国，在历史上曾独领风骚1500年之久，近代以来，由于帝国主义列强入侵而变得积贫积弱。建成富强、民主、文明、和谐的社会主义现代化国家，实现中华民族的伟大复兴的中国梦，是中国共产党对国家和民族的责任担当，也是我们党矢志不渝的奋斗目标，需要一代又一代的中国人民在党的领导下长期共同努力奋斗。

2. 社会主义核心价值观的家庭（社会）情怀

社会主义核心价值观三个层面的划分虽与中国传统的“家、国、天下”的划分有所不同，但社会主义核心价值观的社会层面其实是与古时的家庭层面相暗合。在中国发展的历史进程中，家和国的关系是紧密联系一起的，家是国的载体和表现形式，家族是家庭的扩大，国家则是家族的扩大和延伸。古时社会生产力不发达，不同于现代小家庭，家庭都聚族而居，一个家族就相当于一个小的社会。随着社会的演变，中国古代家族治理方式逐渐转变为现代化的社会管理和服务，“家”的概念也就演变成“社会”。

自由、平等、公正、法治是社会主义核心价值观的社会层面的价值取向。社会主义核心价值观继承了“家国一体”的理念，从社会层面和公民个人层面进行了价值取向和价值准则的规定。中国历来重视家庭建设，国家是由一个个家庭组成，个人生活在家庭中，家庭环境的好坏对国家和个人极为重要，历史上许多家族留下的治家格言和家训至今仍有意义，如朱子家训和曾国藩家训等。习近平总书记在2015年春节团拜会上强调：“家庭是社会的基本细胞，是人生的第一所学校。不论时代发生多大变化，不论生活格局发生多大变化，我们都要重视家庭建设，注重家庭、注重家教、注重家风。”社会风气的好坏与家教家风关系极大，家风在一定程度上反映社会风气，是社会风气的风向标。家庭的价值取向决定了社会的价值取向，习近平总书记在中纪委十八届六次全会上强调：“每一位领导干部都要把家风建设摆在重要位置，廉洁修身，在管好自己的同时，严格要求配偶、子女和身边工作人员。”要建设崇尚个人自由健康成长、平等友爱、公平正义、遵纪守法的良好的家庭环境和风气，谨记“忧劳兴国、逸豫亡身”的道理。

3. 社会主义核心价值观对家国情怀的发展

中国传统政治没有“公民”的观念，也不提公民意识。社会主义核心价值观将家庭情怀细分为社会层面和公民个人层面，更加强调公民个人的作用，是对传统的家国情怀的发展，也更加符合现代社会的实际情况需要。爱国、敬业、诚信、友善是社会主义核心价值观的公民个人层面的价值准则，《周易·乾》里讲“天行健，君子以自强不息。”和顾炎武“天下兴亡、匹夫有责。”等都是古时要求个人对家国的责任担当和奋斗精神。作为新时期的公民，我们个人作为一个层面，在日常行为中要积极践行社会主义核心价值观，遵守热爱国家、敬业乐业、诚实守信和团结友善等基本准则。

（四）社会主义核心价值观的现代理念

我国与世界同步发展，近代以来，许多西方的现代理念传入中国，在社会主义核心价值观中融入了许多先进的现代观念和现代化国家治理理念，如民主、自由、法治等精神，是对中华传统文化的升华，使社会主义核心价值观更具有时代性和先进性。社会主义核心价值观既传承了中华优秀传统文化，又自觉地将马克思主义历史观、价值观和道德观融入社会主义核心价值体系，树立了我们的共同理想、价值导向和道德规范。

未有我之先，家国已在焉；没有我之后，家国仍永存。中华优秀传统文化是社会主义核心价值观的源头和根本，尤其是家国情怀，是社会主义核心价值观的思想内核。多少沧桑付流水，常念家国在心怀。几千年来，无论是古老的甲骨文字、简牍的记载，还是当前社会主义核心价值观的思想内涵，都难以挥去中华儿女的家国情怀。

二、塑造城市管理基层单位共同价值追求

党的十八大提出，倡导富强、民主、文明、和谐，倡导自由、平等、公正、法治，倡导爱国、敬业、诚信、友善，积极培育和践行社会主义核心价值观。习近平总书记在主持中共中央政治局第十三次集体学习时强调要“把培育和弘扬社会主义核心价值观作为凝魂聚气、强基固本的基础工程”，深刻阐明了社会主义核心价值观对于我们党、国家和民族的重要地位和重要作用。由于城市管理重心下移，城市管理执法人员队伍主要分布在城市管理基层单位，每个城市管理基层单位及其干部职工，既有个人的价值取向问题，也有单位共同的价值追求问题，二者紧密相连，互为影响，要塑造城市管理基层单位的共同价值追求，才能建设一支有理想、有追求、有干劲、朝气蓬勃的城市管理执法人员队伍。

（一）目前城市管理基层单位及其人员价值追求的基本情况

价值观的最终点是理想，理想是人们的世界观、人生观、价值观在奋斗目标上的集中体现，实现理想是一个长期的过程，塑造共同的价值追求是实现理想的前提条件。人们见到陌生人常会不屑地问：你谁啊？有时可能会再追问一句：你哪来的？见到比较熟悉的人可能一阵寒暄后会常顺便问一句：你要到哪？这三个问题人们很少问自己，如果问自己则变成了哲学（或人生）的三个终极问题,我是谁？我从哪儿来？我要到哪儿去？这三个哲学史上的终极问题，也只有少数哲学家穷尽一生的时间在苦思冥想，也没想个所以然出来，我们普通人只会问别人这三个问题，是从来不问自己或很少想这三个问题。其实这三个问题与人们的价值取向和价值追求有很大关系。这三个问题深思起来确实很沉重，但也可以简单、通俗地理解为我现在处在什么位置和环境，我过去的成绩、经验和教训，我今后的发展方向和具体规划。城市管理基层单位的干部职工对单位和自己目前所处的位置和环境，也就是我是谁的问题，应该都还是或多或少地关注过或思考过，有的人可能对单位关注得多些，对自己关注得少些，有的人可能对自己关注得多些，对单位关注得少些，有的人可能都关注，有的人可能都不关注，各人情况不同，应该不会有完全相同的，总会有差异。有的城市管理基层单位有共同的价值追求，单位欣欣向荣，不断发展壮大，但有的城市管理基层单位及其人员缺乏理想和奋斗目标，终日碌碌无为，得过且过，日渐衰落。

（二）塑造共同价值追求的重要性和必要性

如果城市管理基层单位人员对单位的未来发展方向还不够明确，就是还没有形成共同的价值追求。没有共同的价值追求，就没有集体的奋斗目标，就形不成合力，可能就会是一盘散沙，难以干事成事。爱国、敬业、诚信、友善是社会主义核心价值观的公民个人层面的价值准则，也就是我们作为一个公民必须具备的基本准则，要求每个公民都要做到，这是最基本的要求，应该不太难做到。城市管理基层单位的干部职工在遵守基本价值准则的基础上，还应有共同的价值追求，也就是作为一个单位集体层面的价值取向。自由、平等、公正、法治是社会主义核心价值观的社会层面的价值取向，基层单位共同的价值取向除了包含以上内容外，还应有自己独特的内容。如果有，作为一个单位的集体形象就很清晰，如果没有，作为一个单位的集体形象就很模糊，就像一个人有自己的性格特点一样，没有特点就会混迹于人群中让人难以辨认，久而久之就会消逝于拥挤的人群中而不见踪影。一个单位的消亡固然有很多原因，但价值取向问题是一个重要的原因。塑造城市管理基层单位共同价值追求是单位建设的重大问题，千万不要掉以轻心，关系到城市管理基层单位的发展和生死存亡。

（三）城市管理基层单位共同价值追求的具体内容。

城市管理部门是城市政府一个新兴的职能部门，城市管理基层单位共同的价值追求中的自己特有内容是什么？需要城市管理工作认真思考，这些特有内容是基层单位区别于其他单位和存在的最重要的理由，具体应包括以下四个方面的内容。

1.定位

定位是很重要的问题，无论是老单位还是新成立的单位，单位要做什么？就是定位问题，单位人员在这个集体中也有个定位问题，个人要扮演什么角色，就是角色定位问题。定位准确是基础工作，定位不准确会造成很多问题，其实这个问题也就是我是谁的问题。定位太高不行，定位太低也不行。城市管理基层单位如何定位，编制部门都有明确的职能规定，但具体落实和完全履行好这些职能也不是件容易的事，那就需要找准定位。

一是紧紧抓住看家本领不要丢。每个城市管理基层单位也许职能很多，但术业有专攻，都有重点要把握的职能，这是立家之本，不要轻易放弃，许多单位消亡，就是因为放弃了自己最重要的职能。有的是耕了别人的田，荒了自己的地；有的是所有的田地都抛了荒，无所事事，最终一事无成。

二是要大致了解本行业的全貌。虽然每个城市管理基层单位的职能及其干部职工的岗位不同，侧重点不同，但都服务于一个共同的目的，所以既要熟练掌握本单位的职能和本职岗位的工作技能，也要了解本行业的基本状况，这样才能避免局限、触类旁通，更好地完成职能要求和本职工作。

三是要正确把握本行业的发展趋势。任何行业都不是一成不变的，要根据形势的发展变化，研判本行业的发展趋势，城市管理基层单位要不断解放思想和创新发展，调整工作思路和方法，适应不断变化的城市管理工作需要，永远保持城市管理基层单位的活力和创造力。

2. 发展

任何一个单位和个人，都有追求发展的主观要求，也有适应发展趋势的客观需要，发展是一个单位永恒的话题。目前绝大多数城市管理基层单位都不是很完善、很完美，还有很大的发展空间，需要长时间的探索，每一个干部职工，尤其是领导干部要在思想上多思考、在实际工作中多尝试，在自己的职责范围内坚持科学发展，最终共同促进整个单位的发展。停滞不前、消极倒退最终会使一个单位消亡，消逝在历史的尘埃中，现实是无情的。

一是发展离不开创新。创新是发展进步的不竭源泉，通俗地理解，创新有两层意思，一是与众不同，如果大家都能想得到，都是这样做，也就没有什么新不新的。二是以前没有，如果是以前就有的，你拿过来改头换面或照搬过来，也不叫创新，只能叫模仿。创新有正反两方面，有的创新有利于发展，但并不是所有的创新都有利于发展，比如所谓在“四风”方面的“创新”，就会带来很多问题，会所就是维持奢靡之风的一种创新，饭店不去了，就去会所，花样翻新，创造力不可谓不丰富，但可惜没有用到正道上。

二是创新的难易关系。创新是很难的，创新其实也很容易，创新就是改变，只要我们稍动心思，不墨守成规，就能创新。创新不完全是对过去的颠覆，另搞一套新东西，其实我们每个人在日常工作中，工作思路、方法的一些小的改进也是创新，日积月累也会取得意想不到的效果。古语说，治大国如烹小鲜，就是这个意思。目前我们国家虽然没有提出新的创新性理论，但很多以前想改而没改的政策都在悄然改变，大家应该都有体会。

三是个人与单位发展的关系。干部职工对自己个人发展或升迁问题都很关注，这是很正常的，但个人发展与单位发展是紧密相连的，单位发展了，个人才会有更大的发展空间，如果单位衰落了，个人发展要受很大的影响，甚至各奔东西，要到新的环境，有的人适应各种环境的能力比较强，会有更大的发展，有的就不一定能适应。基层单位干部职工在关注个人发展的同时，要更多地为单位的发展做贡献，甚至要做出很大的付出。

3. 平安

平安是人类生存的基本要求，也是人们共同的价值追求。2014 年 8 月，广州市新任市委书记履新后，就立即提出广州市城市管理“干净、整洁、平安、有序”八字要求，现在为什么这么强调平安，是因为不安全的问题很突出，不安全的因素太多，主要有两个因素要引起特别注意。

（1）人的思想问题

人的思想容易出问题，而且最不易察觉和掌控，长时间思想不通就会忧郁，就可能走极端，现在干部特别是领导干部忧郁自杀的例子很多，应引起高度重视。在漫长的人生长河里或者是长路上，不全是顺境和鲜花，也要经历很多逆境和挫折，无论是在顺境还是在逆境，无论面对的是鲜花还是困苦，都要有正确的思想认识和平常的心态，得意不忘形，失意不丧志。这两点说起来容易，其实也很难做到，大多数人在顺境时和得到表扬时很高兴，但在遇到逆境时和批评时灰心丧气，有的人经得起批评和困难，却经不起表扬和鲜花，容易骄傲自满，被糖衣炮弹击中。要教育干部职工明白乐极生悲、否极泰来的道理，人生不可能是一帆风顺的，要既经得起顺境和表扬，又经得起逆境和批评，在各种情况面前，要顺应自然，按照事物的规律处理各种问题，不要大起大落，反复折腾。

（2）腐败问题

腐败是目前存在的最大问题，关系到党的生死存亡，现在反腐败斗争如火如荼，对基层单位腐败问题要防患于未然，防止小官大贪。腐败的危害非常大，七十多年前，著名民主人士黄炎培与毛泽东主席在延安窑洞有一段著名的关于历史周期率的对话，目前大刀阔斧地进行的惩治腐败行动，就是为了跳出历史周期率的包围圈。城市管理基层单位的工作面对的都是违反城市管理法律法规的行为，党风廉政建设和作风建设一刻也不能放松，否则，随着时间的推移就会产生问题，小问题就会积累成大问题。要做到以下几个方面：一要守规矩。要严格要求自己，遵守纪律不逾矩，腐败往往是从不守规矩开始，千万不要打擦边球，正确与谬误往往只是一步之遥，腐败分子也不是天生就是腐败分子，也是逐步蜕化，所以不要以为偶尔违纪和小问题没关系，把握不好就会滑向深渊，千里之堤，毁于蚁穴。二要修身。大家都知道一句话，修身齐家治国平天下。如何修身，要格物致知意诚心正，格物就是认知研究万事万物，致知就是获得知识，意诚就是意念真诚，心正就是心思端正，通过认知研究万事万物才能获得知识，获得知识后才能意念真诚，意念真诚后，心思才能端正，心思端正后才能修养品性，就是修身。俗话说，江山易改，本性难移，品性修养很重要，一旦形成想改也难，大家要一开始就重视修身。三要惜福。我们身逢盛世很幸运，经过三十多年的改革开放，人民衣食住行都有很大的改善，要教育干部职工珍惜今天的幸福生活，现在几十年的和平生活来之不易，是无数先烈用鲜血换来的，我们一定要珍惜。当然现在各种诱惑也很多，不要过度追求能力之外的东西，要懂得福祸相依的道理，祸兮福所倚，福兮祸所伏。不要受奢靡之风浸淫，吃要吃精美食品，住要住漂亮的大房子，坐车要高档豪华的汽车，这样就可能出问题，粗茶淡饭、安步当车、陋室能挡风雨也是人生别致的风景。追求更好的生活无可厚非，但要在能力范围之内，一般来说能满足基本生活就可以了，不要奢侈浪费，一个人挣钱再多也不一定是你的，因为你可能会把钱全部胡乱花掉，一个人节约的钱才是自己的。总的来说，人的一生关键是平安，安全第一。

4. 和谐

和谐是社会主义核心价值观国家层面的价值目标，具体到一个单位也要讲和谐，营造和谐环境对干部职工愉快高效工作、并取得重大工作成绩至关重要，要从四个方面加强和谐单位建设。

一是公平。古话说，“吏不畏吾严而畏吾廉，民不服吾能而服吾公，廉则吏不敢慢，公则民不敢欺，公生明，廉生威”。从某种意义上说，公平比廉洁更重要，公平能保持甚至激发大家的工作积极性，只要在任何事情上“一碗水端平”大家就没意见，中国人不患贫患不均，就是害怕不公平，不公平会摧毁大家之间的相互信任，就会互相猜疑，滋生事端。

二是意诚。意诚才能心正，借用现在流行的一句话，就是不要太任性。现在的人不同过去那样单纯，想法比较多，也比较复杂，这是社会大环境造成的。但大家在工作交往中，只有真心实意才能相处得好，如果都虚情假意，戴着面具，将会很累很辛苦，或者谎话大话满天飞，不仅影响同志间交流沟通，还会影响工作，所以无论是同事之间，还是对待管理或服务对象，都要真诚相待，友好相处。

三是有序。秩序很重要，尤其是在单位这样集体，一定要讲秩序，要遵章守纪。广州市委主要领导提出的城市管理八字要求的最后两个字就是“有序”，一个城市要有序，一个单位也要有序。有序包含很多内容，大到遵守单位内部管理规章制度和纪律、工作程序和步骤，小到公私物品摆放，正确使用公共设备，在饭堂就餐排队等等，都要按照规定执行，否则就会混乱，造成矛盾或效率低下。

四是团结。城市管理基层单位不仅班子要讲团结，内设部门之间也要团结，干部职工之间也要讲团结，团结就是力量，只有团结才能和谐相处。要正确处理同学、战友、老乡等关系，正常交往是可以的，但不要将这些关系带进工作中，搞亲亲疏疏，最近的反腐败工作也是在整治山头和拉帮结派，城市管理基层单位党组织要团结所有的干部职工，劲往一处使，才能取得更大的进步。

基层单位是国家行政和社会管理或服务的基础，往往与人民群众直接接触，只有塑造共同的价值追求，才能履行好职责，高质量完成工作任务，永远保持健康发展。

三、科学发展与做合格党员

有了正确的价值观和共同的价值追求，就有正确的发展观，才能够在实际工作中做一名合格的党员干部。加强城市管理队伍建设，做好城市管理的本职工作，城市管理系统的党员干部要把握好科学发展与做合格党员的关系。深入开展“两学一做”学习教育活动已经近两年了，通过学习党章党规、学习习近平总书记的系列讲话，对于如何做一名合格的党员，我们广大党员已经有了统一的思想认识。当前，发展仍是我们党执政兴国的第一要务，要通过供给侧结构性改革促进经济社会持续健康发展，作为城市管理系统的党员干部特别党员领导干部，要在新发展理念的引领下做深做细城市管理工作，要奋发有为，更好地为实现“两个百年”奋斗目标贡献力量。

（一）理解和掌握科学发展的基本内涵和精神实质

在科学发展观提出以前，科学和发展是两个概念，发展是硬道理，科学技术是第一生产力，大家耳熟能详，发展是目的，科学是促进发展的手段。科学发展不是科学和发展两个词的简单组合，而是对发展的重新认识和定位。过去一段时期我们对发展的认识比较单一，往往理解为经济增长方面，通过一段时间的发展，认识到过去对发展的理解的片面性。科学发展观有着极其丰富的内涵，目前我国发展仍处于重要战略机遇期，但战略机遇期的内涵已发生深刻变化，经济发展进入新常态。党的十八届五中全会坚持以人民为中心的发展思想，鲜明提出了创新、协调、绿色、开放、共享的发展新理念，在理论和实践上实现了新的突破，不断开创我国发展的新局面。

（二）努力挣脱惯性思维的束缚，勇于在实践中创新

发展是科学发展观的第一要义，科学发展离不开创新，所以创新是学习实践科学发展观的一个基本要义。在创新过程中，我们往往受传统思维模式的影响，贯彻落实科学发展观，必须挣脱传统的惯性思维的束缚，从传统的发展模式中走出来，走上科学发展的道路。挣脱传统思维模式的过程，其实就是发展获得新生或者是说获得新的解放的过程，挣脱旧有的束缚去创新往往比较难，而且往往要经历剧痛，所以我们必须要有敢于创新的勇气和信心。只有在深入领会科学发展观精神实质的基础上，创新才有意义，在创新的过程中，也并非是一条平坦的大道，往往要攻坚克难。不能因为其难，就不去创新，不去创新，科学发展只能会永远停留在纸上或口头上，而难以在实践中贯彻落实。所以我们要充分估计在创新过程中困难和障碍，通过不断地深入学习和领会科学发展观，做勇于创新、善于创新和善于创新发展的模范。新发展理念是在深刻总结国内外发展经验教训、分析国内外发展大势的基础上形成的，集中反映我们党对我国发展规律的新认识，是关系我国发展全局的深刻变革。

（三）进一步深入联系群众，不断提高群众的信赖度

由于工作条件和环境的变化，过去艰苦年代党员干部特别是领导干部与群众吃住在一起同甘共苦（共盖一条被子、共饮一杯水、共啃一块馒头）的情景少了。现在房子宽敞了，工作环境好了，人们更加强调隐私权和个人空间，人与人的联系与过去相比，似乎就没有过去那么亲密无间。在科学发展观提出之前，领导干部较多地把精力放在抓生产效益和效率的提高上，科学发展的核心是以人为本，要从见物不见人的发展模式转向以人为本的科学发展的轨道。如何在思想政治工作中贯彻落实科学发展观念，成为新的研究课题，需要不断地探索新方式、新方法。在新的环境下如何进一步密切联系群众，与群众沟通，听取群众意见和建议，成为思想政治工作的主要内容。在新时期深入联系群众要根据群众新的要求，采取新的方式，传统的方式可能收效不大而且不合时宜，过去的党员领导干部喜欢到群众家中家访，这在过去无疑是好的有效的方式，现在党员干部很少到职工群众家中家访，并不是说现在党员干部的作风变了，过去的党员干部风格特别高，特别关心群众，而是环境改变了，过去职工群众住房靠单位按级别分配，住房普遍紧张，艰苦，住得也比较集中，所以职工群众都非常欢迎领导干部去家访，让领导了解群众的居住环境，希望单位在分配房子考虑解决。现在都是货币分房，不需要单位分房，都是自己买房，有的职工在高尚住宅区买房，一些职工的居住条件可能比领导干部的居住条件还要好，房子还要大，还要豪华漂亮，做思想政治工作领导要去家访，职工还要指路带路，还要在小区门口接，不然进不去，进家里要不要换鞋，你去到群众家里拜访一下，

说两句问候的话，也没有什么实际问题需要你去解决，显然群众是不会欢迎的。当然特殊情况下，家访慰问也是必要的，但毕竟不是思想政治工作的一种普遍的方式。新时期思想政治工作首先要着重加强民主建设，通过多种民主建设的方式来联系群众，拓宽普通职工民主参与、民主监督、民主管理的渠道，通过民主建设，提高广大职工的认同感和积极性。其次是开展丰富多彩的文体活动，通过与职工一起参与各种健康的、有益的文体活动来联系群众，既锻炼了身体，又了解了职工的想法，沟通了思想，密切了干群关系。三是关心职工的进步成长，积极创造条件，营造拴心留人、舒心从业的环境。

（四）放开手脚，撸起袖子加油干

最近，党中央加强了党章党规的学习教育，修订和颁布《中国共产党纪律处分条例》、《中国共产党问责条例》和《中国共产党党内监督条例》等党规，狠抓纪律教育和执纪工作，一些党员干部在工作中不敢担当，放不开手脚，形成谨慎有余，大胆不足的情况，甚至存在观望等待、为政不为的消极现象。城市管理工作非常重要，任务艰巨，需要城市管理部门积极作为，作为一个党员干部尤其是党员领导干部，不能过于谨小慎微，要能够放开手脚，敢抓敢管，发挥党员的先锋模范作用。对工作考虑细致一点是正确的，但也不能够顾虑太多，束手束脚，要随着年龄的增长，工作历练和经验的丰富，应该更加大胆地工作，更好地为党组织和单位服务。大胆工作不是在工作中胆子大什么都敢干就是大胆工作，也不是什么都不怕天不怕地不怕就是大胆工作，大胆工作应该是一种敢于负责、敢于担当的精神，一种积极向上不畏艰难的工作态度，不因循守旧，不瞻前顾后，敢于抓住机遇，趁势而上，开拓工作的新局面。我们要在新发展理念的指导下，勇于实践，敢于破解难题，放开手脚，大胆工作。畏首畏尾，过多考虑进退得失，是难以打破传统思维模式的束缚，也难以在实际工作中取得真正的成效。党员干部要主动适应经济发展新常态，更加大胆地工作，撸起袖子加油干，取得更大的工作成绩，争做一名合格的党员干部。

（五）加强学习，全面提高党员干部素质和能力

党的十八大以来，党中央先后在全体党员和党员领导干部中组织开展了“党的群众性路线”教育实践活动、“三严三实”专题教育活动和“两学一做”学习教育活动等，这些教育活动一脉相承，目的都是要提高党员干部特别是党员领导干部的思想政治素质、遵守纪律的自觉性和工作能力。现在正在开展的“两学一做”学习教育活动，基础在“学”，关键在“做”，着眼点和落脚点就是引导广大党员做合格党员。我们要学深学透党章党规，深刻领会习近平总书记系列讲话的精神实质和丰富内涵，按照“四讲四有”的标准和要求，做到知行合一，守住纪律底线，全面提高党员干部的综合素质和推动发展的本领。

对照科学发展和做合格党员的要求，党员干部尤其是党员领导干部要深深地剖析自己，查找自己在思想和行动方面存在的不足，加强学习和自我批评，勇于正视和改正存在的问题，努力通过不断的学习和改造，使自己成为一名更加符合科学发展要求的合格的党员干部。

第二节 继承和发扬优良传统精神

我们党在革命和建设时期，形成了许多优良的传统精神，是我们党宝贵的精神财富。我们在建设中国特色社会主义的伟大事业中，要继承和发扬这些优良传统精神，才能保证我们的发展目标能够顺利实现。

一、学习井冈山精神 传承红色基因

2016 年 2 月 2 日至 3 日，习近平总书记到井冈山考察指出："井冈山是革命的山、战斗的山，也是英雄的山、光荣的山，每次来缅怀革命先烈，思想都受到洗礼，心灵都产生触动。回想过去那段峥嵘岁月，我们要向革命先烈表示崇高的敬意，我们永远怀念他们、牢记他们，传承好他们的红色基因"。井冈山精神是马克思主义基本原理与中国革命实践相结合的产物，是中国共产党的先进性在革命战争年代的具体体现，是中国共产党和中国人民弥足珍贵的精神财富。学习井冈山精神，对于加强城市管理队伍建设具有重要意义。

（一）井冈山革命根据地的形成和历史地位

井冈山是中国革命的摇篮，是以毛泽东为代表的中国共产党人开辟的第一块农村革命根据地。井冈山位处湘赣交界的罗霄山脉中段，地势险要，五大哨口扼守井冈山，易守难攻，山下有宁冈、永新、莲花、遂川、茶陵等六个县。1927 年 10 月 27 日，毛泽东率秋收起义部队历经艰难曲折，经三湾改编后抵达井冈山的中心茨坪，开始了创建井冈山革命根基地的伟大斗争。1928 年 4 月下旬，朱德率南昌起义余部抵达宁冈砻市，与毛泽东部胜利会师，成立红四军，壮大了井冈山的革命力量。1928 年 12 月初，彭德怀、滕代远率领平江起义建立的红五军一部 700 余人抵达宁冈，与红四军会师，增强了井冈山的军事力量。中国工农红军与井冈山人民一道，发展和建设井冈山革命根据地，巍巍五百里井冈，点燃了中国革命的星星之火。

中国共产党人在井冈山开辟了新的中国革命道路，打破了"城市中心论"，开创了中国特色的农村包围城市的正确道路，诞生了伟大的井冈山革命精神，铸就了建立中华人民共和国的奠基石，其不朽的丰功伟绩，足以彪炳千秋，永载中国革命的史册。

（二）井冈山的斗争

井冈山革命根据地从 1927 年 10 月到 1930 年 2 月，坚持了两年四个月的革命斗争，国民党对井冈山发动了三次"会剿"，对井冈山进行经济封锁，企图将中国革命扼杀在摇篮中。井冈山军民奋起抵抗，进行了可歌可泣的英勇斗争，牺牲的红军战士、赤卫队员和革命群众达 4.8 万人，有姓名的烈士有 15744 人，3.3 万多人甚至都没留下姓名。1929 年 1 月底井冈山失守后，国民党对井冈山根据地进行了惨无人道的"石头要过刀、

茅草要过火、人要换种”的血腥屠杀，井冈山大小五井五个村庄总共才 130 多户群众，被杀绝的就有 69 户，小井红军医院 130 多名重伤员和医护人员被敌人用机枪扫射全部杀死在医院旁边的稻田里。敌人的残暴并没有吓倒红军和井冈山的群众，不断袭扰敌人，加之给养困难，敌人不到 10 天就被迫撤出大小五井，根据地逐渐恢复。1930 年 2 月，由于红军将领袁文才、王佐被错杀，井冈山失去群众基础，从此井冈山由“红区”沦为“白区”，直至 1949 年全国解放。

经过两年多的井冈山的革命斗争，保住了中国革命的火种。中国工农红军从井冈山出发，不断发展壮大，开辟了以瑞金为中心的中央苏区，进行两万五千里长征，播撒革命的火种，进行抗击日本侵略战争和解放战争，最终取得全国政权，建立中华人民共和国。

（三）传承井冈山精神

井冈山精神是中国革命精神之源，是传统民族精神与时代精神的融汇和统一，是具有原创意义的民族精神。毛泽东是井冈山精神的开创者，邓小平、江泽民、胡锦涛、习近平都对井冈山倾注了无限深情，提出了“井冈山精神”的科学概念，强调要弘扬“井冈山精神”的光荣传统，建设中国特色的社会主义事业。江泽民同志精辟地、科学地把井冈山精神概括为“坚定信念、艰苦奋斗、实事求是、勇闯新路、依靠群众、勇于胜利”。

1. 坚定信念、矢志不渝

南昌起义计划南下广东攻打广州，秋收起义计划攻打长沙，在敌强我弱的形势下，攻打敌人力量强大的大城市和省会城市是不可能实现。起义失败后，许多人悲观失望，思想动摇，离开革命队伍，有的甚至叛变投敌。一些人不愿意到山沟里和农村过艰苦生活，不愿意上井冈山，开小差的很多。平江起义失败后，彭德怀坚定地表示，哪怕部队剩下他一个人，他也要举着红旗，爬山越岭干到底。秋收起义、南昌起义、平江起义余部都经过整编后，不愿上井冈山的发路费遣散回家，留下了信念坚定的革命分子，把以农民及旧军人为主要成分的革命军队，改造成为有共产主义理想信念的新型人民军队，上井冈山的道路是崎岖的，没有坚定的理想信念支撑，是难以上到井冈山的，几支部队在信念驱使下激流归大海。井冈山战斗频繁，生活条件艰苦，红米饭、南瓜汤，红军战士发扬牺牲的大无畏革命精神，不怕艰难困苦的革命乐观精神，坚持理想信念，开展了两年多的艰苦卓绝的井冈山斗争，为中国革命的最终胜利开辟了新的道路。曾担任过广州市委书记的井冈山红军女战士曾志留下一个儿子在井冈山，名字叫石来发，她逝世后，将她的一部分骨灰葬在井冈山小井红军医院死难伤病员墓旁的一棵树下，陪伴她的战友，守护她在井冈山的亲人。

毛泽东在井冈山战斗生活了一年三个月，在繁忙的斗争期间，写下了《中国的红色政权为什么能够存在？》、《井冈山的斗争》和《星星之火，可以燎原》三篇光辉著作，回答了“红旗到底打得多久？”的疑问，阐述农村包围城市的理论，毛泽东思想在井冈山开始孕育和奠基。

2. 实事求是、勇闯新路

井冈山精神的核心是勇闯新路，突破苏俄“以城市为中心”的道路模式，坚持实事求是的思想路线，把马克思主义无产阶级革命理论与中国实际相结合，开辟了一条具有中国特色的“农村包围城市”的崭新的革命道路。俄国十月革命的一声炮响，给中国送来了马克思主义。十月革命的成功，产生了城市工人运动夺取政权的道路，但中国与俄国的国情不同，经过南昌起义、秋收起义等的失败，中国共产党人深刻认识到照搬俄国十月革命的道路是行不通的，必须根据实际情况，探索出一条新的符合中国国情的革命道路。中国是农业大国，具有广袤的农村，人口也集中在农村，而敌人的统治力量主要集中在城市，在农村敌人的统治力量最为薄弱，尤其是在山路崎岖交通不便的山区。要首先在农村建立革命根据地，造成“工农武装割据”局面，以农村包围城市，最后武装夺取政权。井冈山革命根据地的建立，使红军站稳了脚跟，有了家。毛泽东在探索中国革命道路中做出了最为卓越的贡献，1930 年 1 月《星星之火，可以燎原》发表，标志“农村包围城市，武装夺取政权”道路理论基本形成。

3. 依靠群众、勇于胜利

依靠群众是井冈山精神的根本，也是中国共产党人战胜敌人的三大法宝之一。1927 年 10 月 24 日，毛泽东率工农革命军上井冈山前往大井，部队上山前，毛泽东在荆竹山村前“雷打石”处讲话，首次提出和颁布了工农革命军的“三大纪律”。1928 年 1 月，工农革命军攻占遂川县城，1 月 25 日，毛泽东在遂川县城李家坪召开了工农革命军全体军人大会，公布了工农革命军的“六项注意”。1929 年 1 月底红四军抵达“三南”地区，增添了“洗澡避女人”、“大便找厕所”，至此发展为完整的“三大纪律、八项注意”。毛泽东等人在领导井冈山根据地的斗争中，始终把人民群众组织和团结在自己的周围，为人民群众的利益而奋斗，深入开展土地革命，进行打土豪分田地，使广大贫苦农民得到了实际利益，极大地激发了群众支援革命战争的热情，形成了独特的鱼水深情的党群关系。“三大纪律、八项注意”的提出和颁布，集中体现了红军军民一致、秋毫无犯的新型军民关系，人民群众倾其所有、甚至不惜献出生命支持革命事业，有了人民群众支持和拥护，党和红军就能深深根植于人民群众的沃土中，从一个胜利走向另一个胜利，直至取得全国的解放。

井冈山的斗争虽然只有两年零四个月，但井冈山斗争中形成的井冈山精神，是中国共产党优良革命传统的源头，也是中华民族的“脊梁精神”。井冈山精神所蕴含的革命传统和精神血脉，是激励中华民族和中国人民“自强不息”的原动力，对当今建设中国特色社会主义仍具有现实意义，我们要学习、继承和发扬井冈山精神，艰苦奋斗、清正廉洁，始终保持党同人民群众的血肉联系，为实现两个百年目标和中国梦而不懈努力奋斗。

二、学习弘扬焦裕禄精神

领导干部是干部队伍中的关键少数，要率先垂范，以身作则。城市管理单位的领导干部尤其是处级以上的干部，对城市管理事业的发展具有举足轻重的作用，住建部也非常重视城市管理系统处以上领导干部的教育培训工作。焦裕禄同志是领导干部的楷模，是优秀共产党员的代表，对照焦裕禄同志的事迹和精神，我们许多领导干部还有较大的差距。一些领导干部在工作中挑肥拣瘦，不愿意到艰苦困难的岗位，与党组织讨价还价；一些领导干部工作消极，出工不出力，不作为、慢作为；还有一些领导干部不顾党中央三令五申，不收敛，不收手，在城市管理和执法工作中以身试法，最终走上违法犯罪的道路。焦裕禄同志是领导干部的榜样，学习焦裕禄同志的事迹，弘扬焦裕禄同志的精神，对当前加强领导干部思想教育和党性锻炼具有重要意义。

（一）坚定马克思主义的信仰

党员领导干部要具有坚强的党性，党性首先来源于对马克思主义的坚定信仰。焦裕禄同志从旧社会的一名长工成长为新中国的一名县委书记，是他在长期颠沛流离的苦难生活中接受了马克思主义，在中国共产党的领导下，为实现其崇高理想而努力奋斗。领导干部要深入研读《共产党宣言》、《资本论》等经典著作，深刻理解作为中国共产党指导思想的马克思主义的科学性。焦裕禄同志说过，别人嚼过的馍没味道，学习马克思主义要研读原著，从原著中汲取马克思主义的思想理论，不断坚定理想信念。现在领导干部普遍年轻、大都接受过高等教育，有良好的学习条件，有能力研读马克思主义的经典著作。现在社会上思想比较复杂多元，受各种社会思潮的影响，一些党员干部信神，一些党员干部信佛，一些党员干部信奉易经算卦，还有一些党员干部研究曾国藩如何做官处世，但是研究马克思主义、研读马克思主义原著的党员干部并不多，这是不正常的现象，容易使党员干部的理想信念发生动摇。原中央电视台某主持人原是一名海军战士，在青岛当兵时爱好文艺，喜欢在海边写写画画，入了党，后来到中央电视台长期主持某综艺节目，可以说是功成名就，但他最终违反党的政治纪律，我觉得他之所以犯错误，主要原因是他作为一名党员，在功成名就后不学习马克思主义，信仰发生了动摇，走入了歧路，以至于发生了不符合一个党员要求的不当言行。

（二）保持党员的先进性

我们党有 8900 多万党员，但相比 13 亿多中国人口，还是占少数。党员不同于一般群众，具有先进性。首先党员要在工作中带头，发挥先锋模范作用，党员领导干部不是普通党员，更要在工作中带头，践行全心全意为人民服务的宗旨意识。焦裕禄同志到兰考工作一年多时间，几乎走遍全县的村，在治理内涝、风沙、盐碱三大灾害冲在工作一线，起到了很好的带头示范作用，为广大党员干部和群众所敬仰。其次是服从，个人服从组织、下级服从上级、全党服从中央是我们党的组织原则，也是我们党的纪律要求，当上级党组织派焦裕禄同志到兰考工作时，焦裕禄同志二话没说立即上任，连家都没有回，体现了一个共产党员的纪律性和服从组织的自觉性。第三是密切联系群众，群众路线是我们党三大法宝之一，群众的智慧是无穷的，相信群众、依靠群众是正确的工作方法，焦裕禄同志到兰考后，就访贫问苦，听取群众意见，找到了治理风沙等灾害的正确方法。从焦裕禄同志身上，充分体现了一个共产党员的先进性。

（三）学党章党规、学系列讲话，做合格党员

当前，全党正在开展“两学一做”教育活动，做一名合格党员，首先要遵守党纪国法。党章是党内的“宪法”，规定了党员的基本权利和义务，党中央近期制定和印发了《中国共产党廉洁自律准则》《中国共产党纪律处分条例》和《中国共产党党内问责条例》等党内法规，党员要严格遵守。习近平总书记系列讲话也多次要求党员干部严守政治纪律、组织纪律、工作纪律、廉洁纪律、生活纪律等，强调依法行政、依法治国，党的活动和政府行为要在法律框架内进行。焦裕禄同志在兰考工作期间，始终将纪律挺在前面，与兰考人民同甘共苦，不占公家一分便宜，哪怕是小孩子没买票看了一场电影，焦裕禄同志知道后都严厉批评了孩子，并补交了电影票钱。党的十八大以来，全国有130多万党员干部受到党纪政纪处分，其中各级领导干部占了相当大的比例，县处级以上领导干部就达7万多人，可谓教训深刻。“两学一做”教育活动充分体现了党中央全面从严治党、全面依法治国的决心，党员干部要将学党章党规、学系列讲话内化于心、外化于行。领导干部要在“两学一做”教育活动中做好带头示范作用，不断提高党性修养，严守党的纪律和国家法律，做一名合格的党员。

（四）领导干部要做优秀的共产党员

2014年3月，习近平总书记在河南兰考调研时指出：“要特别学习弘扬焦裕禄同志‘心中装着全体人民、唯独没有他自己’的公仆情怀，凡事探求就里、‘吃别人嚼过的馍没味道’的求实作风，‘敢叫日月换新天’、‘革命者要在困难面前逞英雄’的奋斗精神，艰苦奋斗、廉洁奉公、‘任何时候都不搞特殊化’的道德情操。”领导干部要学习和弘扬“亲民爱民、艰苦奋斗、科学求实、迎难而上、无私奉献”焦裕禄精神，争做一名优秀的共产党员和优秀的领导干部。

1. 不忘初心，踏实工作

领导干部经过长期的奋斗走上领导岗位确实很不容易，工作职责重要了、地位高了、权力大了，面对许多荣誉和尊崇，一些领导干部开始飘飘然，在成功面前开始自我膨胀，开始追求虚名浮利，脱离实际和群众，逐渐淡忘自己最初追求的理想，革命意志消退，不愿意做艰苦细致的工作，作风漂浮，官僚主义和形式主义严重，有的甚至追求奢靡之风，出入会所、交友不慎、以权谋私。领导干部应像焦裕禄同志一样，不忘初心，心里始终装着人民和干部职工，始终把自己看作是一名公仆，是单位集体的一分子，踏实工作，严肃认真地对待自己的工作，探求本职工作的特点和规律，团结带领干部职工干事创业，积极想办法做好职责范围内的工作，完成党和人民赋予的工作任务。

2. 不惧困难，继续前进

领导干部在工作的过程中，由于工作的艰巨性和局势的复杂性，可能会遇到很多困难，在困难面前，是前进还是后退，还是裹足不前，确实考验着领导干部的素质、胆识和能力。焦裕禄同志初到兰考时，面临内涝、风沙、盐碱三大自然灾害，粮食减产，风

沙肆虐严重的地方寸草不生，全县十多万人外出逃荒要饭，有的领导干部惧怕困难，不愿意去兰考，躲在厕所里哭，不服从组织安排，焦裕禄同志临危受命，以大无畏的革命精神，不惧困难，到兰考后拖着有病的身体，深入群众和农村基层一线，寻找工作的突破口，对症下药，树立“赵垛楼的干劲、韩村的精神、双杨树的道路、秦寨的决心”四面红旗，带领兰考人民治理自然灾害，短短一年多的时间，就取得巨大的成效，实现了粮食的丰收。工作中遇到各种困难是正常的，领导干部要在困难面前勇于奋斗，不要被困难吓倒，无论多大的困难，只要积极想办法，总能找到解决的办法，不要畏缩不前，消极怠工，无所作为。只要找到解决困难和问题的正确方法，一切问题就迎刃而解，就会推动我们的事业不断前进。

3. 艰苦朴素，保持本色

艰苦朴素是共产党人的优良传统，现在经济发展，生活条件好了，适当改善工作生活环境无可厚非，但盲目攀比豪华、过分追求奢侈浪费的生活并不可取。焦裕禄同志虽为县委书记，但严格要求自己，公私分明，不搞特殊化。办事和下乡基本上都是步行或骑自行车，很少使用县里的吉普车，只有去非常偏远的村庄才偶尔使用，他认为使用汽车费油、浪费公家的钱。下乡是到村民家吃派饭，有时吃村民要饭回来发霉的饼子并交饭钱。奢侈享乐的生活需要大量的金钱和资源，仅靠自己正常的工资收入一般难以维持，领导干部一旦丢掉艰苦朴素的优良作风，沾染上奢靡浮华的生活习气，就会成为别有用心的人或不法之徒围猎的对象，成为他们谋利的工具，就可能走上违纪违法的道路。领导干部要时时刻刻保持清醒的头脑，保持一个共产党员的本色，不为各种诱惑所动，严以律己，严以用权，严格遵守党章党规，管好自己的工作圈、朋友圈和亲属圈等，把全部心思用在党的事业和工作上，才能做好本职工作，取得应有的工作成就。

焦裕禄同志离开我们已有 50 多年了，但他的事迹在兰考的土地上传颂，他的精神为世人所景仰，历久弥新，无论什么时候都是领导干部学习的榜样。城市管理系统的领导干部肩负着党和人民赋予的城市管理的重要的职责和光荣的使命，只有不断地向焦裕禄同志学习和看齐，才能更好地符合党中央对领导干部的要求，才能更好地履行好职责任务，把握好人生的航向。

三、发扬优良传统要做到公私分明

2016 年 2 月，党中央决定在全体党员中开展“两学一做”学习教育活动，在全党掀起了学习党章党规、学习习近平总书记系列讲话、争做合格党员的热潮。《中国共产党廉洁自律准则》第一条规定“坚持公私分明，先公后私，克己奉公。”这是对全体共产党员廉洁自律的规范要求。公私分明是党员干部廉洁自律的“防火墙”，一名合格党员干部首先要廉洁自律，廉洁的关口把不好，就极易滑向违纪违法甚至犯罪的深渊。

（一）公私分明对党员干部行为的重要性

中国共产党党员是中国工人阶级的有共产主义觉悟的先锋战士。《党章》规定“中国共产党党员永远是劳动人民的普通党员。除了法律和政策规定范围内的个人利益和工作职权以外，所有共产党员都不得谋求任何私利和特权。”正确处理公与私的关系，是摆在共产党员面前的一道重要命题。党员作为一个人，既具有个体人的自然属性、群体人的社会属性，同时作为一个有觉悟的先锋战士，又具有党员的根本属性即党性。个体人的自然属性强调“私”，党性和群体人的社会属性都强调“公”，公与私不能混淆。习近平总书记在中纪委十八届三次全会上的讲话强调“作为党的干部，就是要讲大公无私、公私分明、先公后私、公而忘私，只有一心为公、事事出于公心，才能坦荡做人、谨慎用权，才能光明正大、堂堂正正。作风问题都与公私问题有联系，都与公款、公权有联系。公款姓公，一分一厘都不能乱花;公权为民，一丝一毫都不能私用。”一个党员干部，特别是领导干部无论他多么优秀，能力多么强，取得多么大的成绩，但如果他认为公私不分是小节而不加以注意，养成公私不分的行为习惯，就很难做到成为一名合格的党员，最终大都会走上违纪违法甚至犯罪的道路，悔恨终身。

（二）加强党性修养是党员做到公私分明的基础

在市场经济的条件下，党员干部受到的诱惑很多，公私不分的结果往往是化公为私，公款、公权乱用私用，可能会给自己带来牢狱之灾。党员要做到公私分明必须首先加强党性修养，坚持党性的根本就是要坚定共产主义信念。许多党员干部之所以违纪违法，剖析其思想根源就是思想发生了变化，理想信念发生了动摇。党员干部要深刻理解马克思关于社会历史发展规律的正确认识，不断坚定马克思主义信仰。全心全意为人民服务是我们党的根本宗旨，坚持全心全意为人民服务是检验党员干部党性修养的首要标准。一个党员党性修养好，就会时刻坚持党和人民的利益高于一切，个人利益服从党和人民的利益，吃苦在前，享受在后，克己奉公，多做贡献，就会处理好公与私的关系，做到公私分明，先公后私，就会时刻保持一名合格的党员的状态而不褪化。党员干部要在工作实践中，充分发扬老一辈无产阶级革命家艰苦奋斗的精神，鞠躬尽瘁，殚精竭虑，履职尽责，自觉地为共产主义事业奋斗终生。

（三）公私分明应注意的几个问题

古人云:“君子爱财，取之有道。”公私不分其实也是取与舍的问题，中国共产党并不否认党员作为个体人的自然属性，合法正当的权利和收入受到法律的保护。当党员干部掌握一定的权力和资金支配权后，公私的界限很容易混淆，做到公私分明并不容易，以下几个问题一定要切实引起注意。

1. 正确看待党员个人与党组织的关系

中国共产党是根据自己的纲领和章程，按照民主集中制组织起来的统一整体，目前全国有 8900 多万党员，每名党员无论资格多老、职务多高、权力多大，都是党组织肌体的一个细胞。党章规定：党员个人服从党的组织，少数服从多数，下级组织服从上级组织，全党各个组织和全体党员服从党的全国代表大会和中央委员会。任何党员都是党组织的一员，任何时候都不能凌驾于组织和群众之上，更不能对抗党组织。不要认为自己职务高、本事大，就目空一切，老子天下第一，天不怕地不怕，不受党组织和纪律的约束，为所欲为，公私不分，化公为私，最终受到党纪国法的惩处。现在中纪委每月通报全国都有数千名党员干部受到党纪政纪的处分，应当引起各级党组织的重视，加强对党员干部的教育管理。

2. 正确认识和行使手中的权力

我们要充分认清权力是人民赋予的，权力来自人民，权力要为民所用，要全心全意为人民服务，而不是用来为个人或亲戚朋友谋私利，否则，权力就会给自己带来灾祸。权力是把双刃剑，每名党员干部都有一定的权力，要正确认识和行使权力，要为人民用好权服好务，让权力在阳光下运行。要时刻牢记自己只是受人民的委托，代表人民在行使权力，要严格遵守国家法律、法规和制度，严守党的纪律，始终对人民群众赋予的权力心存敬畏，按照规则、按照制度、按照法律行使权力，并自觉接受组织和群众的监督。

3. 正确行使资金、物资支配权

目前国家经济处在高速发展期，经济形势很好，很多单位、很多党员干部掌握一定量的资金、物资使用权。这些财政资金、集体资金和物资等都是国有的、公有的，不是个人的，千万不要有资金物资归我支配审批就是我的、想怎么花就怎么花的错误思想，要根据实际需要和财务管理制度科学合理的使用，严守财经纪律。在使用公有资金、物资时要公私分明，不要将公有资金、物资据为己有，或供个人使用、享乐，也不要大手大脚，胡乱花钱，要感念“一粥一饭当思来之不易，半丝半履恒念物力维艰。”大额使用资金、物资时要反复论证，集体研究决策。不要用财政资金搞花架子，沽名钓誉，要把钱用在刀刃上，不要盲目上不切实际的项目，条件不具备，目的达不到，半途而废，造成财政资金的巨大浪费，自己也受到渎职的责任追究，甚至被追究刑事责任，这样的例子现在也屡见不鲜。

4. 正确处理亲戚朋友、老乡、同学、战友等关系

党员有正常的感情无可厚非，但不能异化。当党员干部掌握权力、资金支配权后，亲戚朋友和各种熟悉的人就可能会纷至沓来攀附，这个时候就要经受情感与纪律较量的考验。有的党员干部自身原则性还比较强，平时也能够廉洁自律，但是就是过不了亲情关，子女成年后要创业，就利用手中的权力帮一把，在对待子女问题上不懂取舍，以致使自己违法犯罪，身陷囹圄。现在全国有一半以上的人生活在远离家乡的城市里，有的党员干部乡情很浓，在陌生的城市里，对老乡、同学、战友等特定的人有着“他乡遇故知”般的亲切感情，但如果把握不好界限，极易利用手中的职权为这些特定的人谋取不正当利益，而使自己违纪违法。党员干部不要违反组织原则和纪律，利用老乡、同学、战友等关系拉帮结派，搞团团伙伙，不能公平公正地处理事务，破坏团结稳定的局面。

（四）克己奉公是党员干部安身立命的基本准则

公与私是此消彼长的关系，公长则私消，私长则公消，私欲的闸门一旦打开，将一发不可收拾，弄不好就会使自己身败名裂。克己奉公就是克制住自己的私心，以公事为

重，党员干部要深刻认识到自己手中的权力不是用来给自己、亲戚朋友和特定关系人谋私利的，而是用来为人民群众服务的，要把克己奉公作为自己安身立命的基本准则。党员干部要严于律己，一心为公，恪尽职守，正确看待功名利禄，不要过分贪求地位、名誉、金钱等虚幻的东西，老实做人，踏实做事，忠诚党的事业，践行入党誓言，为共产主义事业奋斗终生，才能做一名合格的党员。

党中央十分重视公私分明对党员干部廉洁自律的重要性，把公私分明放在《中国共产党廉洁自律准则》第一条内容，以警示全体党员。我们党员干部要充分认识公私分明的重要意义，时刻坚守“公私分明、先公后私、克己奉公”这一准则，走好一个合格党员应走的人生道路。

第三节　加强城市管理领导干部队伍建设

搞好城市管理工作，城市管理单位的领导班子建设和领导干部队伍建设至为关键。古语说：“千军易得、一将难求”，他们的能力和素质决定着城市管理工作的水平，影响城市管理事业的成败，要切实重视和加强城市管理单位领导班子建设和领导干部队伍建设。住建部城市管理监督局非常重视全国城市管理系统的领导干部队伍建设，2017 年 3 月至 10 月，住建部和国家公务员局联合开展全国城市管理执法处级以上干部轮训工作，轮训共分 7 轮，19 期，每期 3 天，培训领导干部超过 5000 名。通过集中培训，提高城市管理处级以上干部的思想政治素质和业务能力。

一、加强城市管理单位领导班子建设

领导班子是一个单位的“火车头”，领导班子建设是加强单位全面建设的首要内容，是一个单位顺利完成各项工作和发展进步的关键。城市管理单位要在党的十八大精神的指导下，在上级党组织的正确领导下，按照“建一流班子，带一流队伍，创一流业绩”的要求，采取各种有效措施，抓好领导班子建设，使班子成员团结一心、开拓创新、务实苦干、廉洁从政，提高领导班子建设水平，建设一个“讲政治、识大局、促团结、善合作”的坚强的领导班子，从而不断提高基层单位工作的领导能力。

（一）加强思想政治建设，提升领导班子的政策理论水平

领导班子建设首先要重视加强思想政治建设，坚持将思想政治建设作为班子全面建设的首要任务来抓。科学规划和安排领导班子理论学习专题及内容，用科学理论武装领导干部头脑，领导班子成员要以集体学习和个人自学、参加报告会、考察学习和培训班等多种形式，努力提高思想认识和政策理论水平。要完善领导班子知识结构，拓宽观察问题的视角，提高理解政策的深度，提升把握全局的能力和战略思维能力。要根据上级党组织的决策部署，按照上级党组织中心组理论学习计划安排的要求，结合本单位实际，

认真制定本单位党组织的理论学习中心组学习计划，科学确定相应的学习范围、内容和要达到的学习目的等具体任务。学习中，班子成员要研读马克思主义经典著作原文，学习城市管理业务知识，深入钻研领会，努力思考掌握，撰写学习笔记和心得体会文章。通过学习，提升班子成员的思想政治素质、战略思维能力和政策理论水平。

（二）加强民主集中制建设，提升领导班子凝聚力和战斗力

民主集中制是搞好领导班子建设的一大法宝，也是增强班子凝聚力、战斗力的重要抓手。单位党组织要严格按照“集体领导、民主集中、个别酝酿、会议决定”的原则，对重要的人事（任免、奖惩、调整）、大项经费开支、建设工程项目等，都要经集体讨论研究决定，有些重大事项还应先听取群众和基层的意见，提高决策民主化和科学化水平。特别是在干部的选拔任用工作中，要严格按照“两推一评”的方式进行选拔，投票推荐和谈话推荐相结合，并进行广泛的民主测评，进一步体现了决策的民主化。在日常工作中，领导班子成员要能够正确处理好集体领导和个人分工负责的关系，从我做起、以身作则、率先垂范。要正确对待和处理矛盾和问题，大事讲原则，小事讲风格，增进相互沟通，形成团结统一、坚强有力的领导集体，充分发挥领导班子的核心作用，并且充分调动一切积极因素，凝心聚力地做好各项工作，切实做到“权为民所用，情为民所系，利为民所谋”。以实际工作取信于民，提高领导班子在干部职工中的威信和认可度。

（三）加强制度建设，提升领导班子科学决策能力和管理水平

党中央高度重视社会治理工作，采取有力措施加强社会治理工作。基层单位要抓住有利时机，紧紧围绕建设一流单位的目标，坚持从实际出发，切实转变工作作风，提高工作的效能，高标准建立健全和完善一系列基层单位管理的规章制度，形成依靠制度管人、管事、管财的工作常态，依法依规开展社会治理工作。在理顺社会治理体制机制过程中，基层单位的制度建设更为繁重和迫切，要根据社会治理的实际需要，具体详细地制定和完善基层单位党的建设、党风廉政、组织人事、执法程序、装备财务和行政后勤管理等方面的制度，规范人、财、物及装备款物等管理。要加强社会治理队伍的管理，采用不同方式加强内外勤工作人员的考勤管理办法，杜绝迟到早退甚至无故旷工的不良现象。建立单位各种会议制度，不断完善领导班子成员集体议事规则和工作规则，明确重大问题民主决策的程序和途径，提高班子成员的议事能力和决策水平，从根本上杜绝个人说了算的现象，保证重大事项决策科学、公正、合理，提升领导班子的管理力度。

（四）加强党的建设，提高领导班子开展党建工作能力

基层单位党组织要结合工作实际，积极组织开展党的建设工作，履行从严治党的主体责任，发挥党组织的领导核心作用。一是大力开展学习型党组织建设。以马克思主义、毛泽东思想、邓小平理论、“三个代表”重要思想和科学发展观为指导，以学习宣传贯彻十八大精神为主线，大力开展学习型党组织建设，树立党员干部终身学习的观念，深

入学习党章党规，学习习近平总书记的系列讲话，正确深入领会党的方针路线政策。组织党员干部学习考察先进地方社会治理模式和经验，不断创新学习方式，促进全体党员干部思想观念、思维模式、理论素养、知识结构、工作能力转型升级，建设高素质的党员干部队伍。二是深入开展党组织调查摸底分类定级工作。根据基层党组织“五个好”标准和“一个好的支部，必须要有一个好的带头人、一个好的发展思路、一个好的工作制度、一个好的活动阵地、一个好的保障机制”的要求，对“党组织带头人、工作思路、工作制度、活动阵地、保障机制、工作业绩、群众评价”七项分类定级指标进行细化分解和调查摸底工作，找出不足，补齐短板，不断推进基层党组织建设。三是发展壮大党员队伍。要积极培养入党积极分子，本着成熟一个发展一个的原则，发展和壮大党员队伍，不断为基层单位党组织注入新鲜血液，进一步发挥党员的先锋模范作用。

（五）大力开展创先争优活动，打造公开透明的领导班子

基层单位党组织要时刻保持先进性，深入开展“学标兵当先锋、学模范当先进”创先争优活动，提高工作标准，努力创建“先进基层党组织”。在城市管理、违法建设整治、六乱治理、创文创卫检查等重大社会治理活动和工作任务中，要号召和组织广大党员干部冲锋在前、奋勇争先、敢打硬仗，争当优秀共产党员。单位党组织主要负责人要牵头抓好党员、干部队伍建设，密切联系和依靠群众，关心干部职工的工作、学习、生活和福利待遇，积极创造条件营造良好的工作环境，确保社会治理队伍稳定，保持良好的精神面貌和工作状态。在干部选拔、发展党员、优秀等次评选等重大工作事务中，严格执行党务政务公开制度，在重要环节进行公示，征求群众意见，接受群众监督，打造公开透明的领导班子形象。通过开展一系列创先争优活动，促使党员干部的精神有新面貌、作风有新转变、能力有新提升，打造一流的党员、干部队伍，创造一流的工作业绩。

（六）加强廉政建设，打造廉洁勤政的领导班子

廉政建设是领导班子建设的重要内容，领导干部都手握一定的权力，要贯彻党风廉政建设“两个责任”的落实，加强领导干部的思想道德建设，教育领导干部廉洁从政，筑牢思想道德防线。要开展以廉洁、廉政教育为主要内容的廉政文化建设，不断改善领导班子的作风建设，从源头上预防腐败现象的发生，营造廉洁高尚、腐败可耻、风清气正的良好工作氛围，为全面完成工作任务提供有力的政治思想保障。通过开展党性党风党纪教育整顿，组织观看反腐倡廉警示片等，推进廉政风险防控工作，强化班子成员廉政意识，培养宗旨意识、纪律意识、公仆意识和廉洁意识。加强作风建设，整治慵懒散奢，勤奋工作，带领干部职工在社会治理工作中建功立业。

领导班子建设是城市管理单位建设的重中之重，从某种程度上讲，领导班子的好坏关系到单位的发展前途甚至关系到单位的“生死存亡”，要切实引起高度重视，尤其是城市管理基层单位党组织要在城市管理的实际工作中，不断探索加强领导班子建设的方法和途径，努力建设一个思想素质高、团结奋进、勤政廉政、坚强有力的领导集体，带领城市管理执法人员队伍搞好城市综合管理工作。

二、领导干部要不断提高岗位胜任能力

一名领导干部的成长极不容易，需要经过组织的长期教育培养和个人不懈的努力，才能在庞大的干部队伍中脱颖而出。成为领导干部后，不能满足现有的成就而止步不前，否则就会落后，就会出现领导能力不足的问题和危险。由于城市管理工作的复杂性和艰巨性，城市管理部门的领导干部更需要有较高的领导能力。城市管理系统领导干部要通过持续的理论学习和实际工作磨炼，理论与实践相结合，不断提高思想政治素质和领导岗位的胜任能力，熟悉和掌握城市管理工作的规律和特点，才能保持成为一名合格的领导干部。

（一）理论对实际工作的重要指导作用

领导干部的能力不是天生的，领导干部往往都是从一般干部成长起来，一般都是从基层的普通工作岗位干起，经过多个岗位的实际锤炼，经过党校等各种教育培训，才能逐步具有领导干部应有的素质和能力。我们党历来重视思想建党，重视理论和实践相结合，理论学习对实际工作具有重要的指导作用。领导干部要重视理论学习，积极参加任职培训和各项专题培训学习，不要认为自己已经是领导了什么都懂，理论学习是空洞的说教，更不要有理论学习是虚幻的、没有实际用处的错误思想认识，或者只热衷于事无巨细、忙忙碌碌，借口工作忙而忽视理论学习。“磨镰不误砍柴工”，领导干部要养成自觉学习的习惯，通过平时的自学和参加集中培训，系统地学习马列主义、毛泽东思想、邓小平理论、“三个代表”重要思想、科学发展观和“三严三实”等思想体系，深刻领会这些重要理论的精神实质和深刻内涵，熟练掌握党的基本理论知识、党的路线方针政策和各个时期的政治形势，提高全面驾驭工作和复杂局面的能力，从而在领导工作岗位上不断取得新的成绩和进步。

（二）领导干部要清楚自己岗位特点与胜任能力情况

目前我国领导体制是集体领导下的分工负责制，每个领导干部都是在一个领导集体里，是领导集体中的一员。领导干部在领导班子分工中都负责一定范围的领导工作，作为一名领导干部，要清楚自己岗位的特点和要达到的与岗位相匹配的工作胜任能力，尤其是主要领导干部，更要清楚自己岗位的责任和任务。习近平总书记在中纪委十八届六次全会上讲话强调：“坚持民主集中制是强化党内监督的核心。当前，党内集中不够和民主不够的问题同时存在。有的软弱涣散，我行我素、各行其是，党的路线方针政策落实不到位；有的独断专行，搞家长制、‘一言堂’，个人凌驾于组织之上，党内民主得不到充分保障，领导干部特别是一把手的权力受不到有效制约。”习总书记的这段讲话深刻阐述了目前个别领导干部不清楚自己岗位的特点和职责的种种现象，也是个别领导干部违纪违法的根源所在。

领导干部不仅要清楚自己岗位的特点和职责任务，更要清楚自己胜任领导岗位的能力如何？只有不断提高岗位胜任能力，才能做好领导工作，推进我们共同事业的发展。

首先要抓好领导班子建设，领导干部都是领导班子集体中的一员，个人领导岗位离不开班子集体，更不能脱离班子集体各行其是，领导干部要自觉维护班子的团结，积极参加所在党组织理论学习中心组的学习，认真对待和参加领导班子专题民主生活会，不断提高自身的理论政策水平和政治素质。二是要抓好队伍建设，每个领导干部都有分管的部门和下属单位，分管的部门和单位完成工作任务的能力取决于他们的素质和能力，领导干部在抓业务工作的同时，也要抓好队伍建设，研究加强队伍建设的措施，加强干部职工的理论学习、思想政治教育和业务能力建设等，努力建设一支素质高、能力强、作风硬、形象好的干部职工队伍。三是提高自身的领导能力，一个单位工作能力的大小，主要还是看领导干部的领导能力和带头作用，无论是主要领导还是分管领导，都要根据自身领导岗位的需要，不断提高岗位的胜任能力。

（三）领导干部的职业发展定位

领导干部承担着重要的责任和工作担子，尤其是主要领导干部，如何当好一名领导干部，无论是行政业务领导，还是党务领导，都要有明确的职业发展定位。领导干部要深入学习党的十八大精神和国家新型城镇化发展的理论知识，学习掌握供给侧结构性改革理论，进行领导素质和岗位胜任力的训练，并在实际工作加以运用。党务政工工作比较虚，思想层面的工作多些，党务工作有规定的模式和程序，难以创新，思想政治工作是一项长期工作，也难以立即见效，虚功实做难度也很大，做好政工工作需要较高的素质和丰富的工作经验。行政业务工作比较实，比较具体，看得见摸得着，但也要根据形势的发展变化不断进行创新调整，才能顺利地开展工作。

每个领导干部的职业发展定位，对一个单位的稳定发展至关重要。领导干部职业发展定位准确，才能确定单位的发展方向，激励全体人员围绕一个共同目标而共同努力。同时又要处理好整体目标与个人利益的关系，单位是由一个个人组成，每个人的情况又不相同，要有处理不同情况的思想意识和能力，抓大也不能完全放小，注重细节。党务领导干部对行政业务工作也要有一定了解熟悉，行政业务领导干部也要了解和支持党务工作，领导干部要深入一线岗位和群众，通过与群众近距离的接触，密切党群和干群关系，畅通沟通渠道和互动交流平台。领导干部要通过向群众学习，掌握工作规律和方法，并深入细致地开展工作，全面提高素质和能力，同时坚持为民务实清廉，树立良好形象和榜样，才能做一名优秀的党员领导干部。

（四）领导干部岗位胜任能力的努力方向

领导干部要结合工作实际，当好一名合格的领导干部，要从以下几个方面加以努力。

1. 加强理论学习，深入领会和掌握党的路线方针政策

领导干部最重要的职责是教育和引导干部职工，要用科学的理论武装党员干部的头脑，并带领大家努力工作，圆满完成各项工作任务。只有不断学习才能充实提高自己，才能准确向广大干部职工宣讲党的基本理论和政策，把握工作的正确方向和路径。

2. 严格遵守党的政治纪律，以身作则，树立榜样

领导干部要根据党章和廉政准则要求，学习领会习近平总书记系列讲话精神，深入开展“两学一做”活动，加强党性锻炼，时刻与党中央保持高度一致，严格按照党员的标准要求自己，增强遵章守纪的自觉性。要求干部职工做的，领导干部自己首先带头做到，处处以身作则，发挥示范作用。

3. 深入联系群众，虚心向群众学习

党的十八大后，党中央在全体党员中开展了党的群众路线教育实践活动。领导干部要坚持从群众中来，到群众中去，不断汲取群众的智慧和建议，依靠群众做好本职工作，切实做到权为民所用，利为民所谋，不断提高工作的针对性和工作质量。

4. 坚持两个务必，保持艰苦奋斗的优良作风

领导干部要保持和发扬党的优良传统，艰苦朴素，务实勤奋，不被腐朽思想侵蚀和滋生享乐主义，筑牢拒腐防变的思想防线。坚持勤俭节约，杜绝浪费，坚守清贫处世原则，不慷国家之慨，公私分明，于公于私都避免奢侈浪费。

党和国家把领导干部放在领导工作岗位上，给予了领导干部莫大的信任和期望，领导干部要通过组织的教育培养和个人努力，不断提高岗位胜任能力。城市管理系统的领导干部要尽自己全部的力量履行城市管理工作职责，与领导班子其他成员一道，团结奋斗，认真抓好城市管理单位的全面建设和发展，不断提高综合素质和解决城市管理问题的能力，为城市管理单位整体的建设和发展贡献自己的力量。

三、严以修身是领导干部从政的基本要求

领导干部是干部队伍中的关键少数，担负着决策、组织、协调和指挥等重要任务，具有主导地位。在县处级以上领导干部中开展“三严三实”专题教育，是党的群众路线教育实践活动的拓展，是对领导干部提出的更加严格的要求。严以修身是“三严三实”专题教育的首要内容，也是领导干部从政的基本要求。

（一）严以修身的重要意义

领导干部思想道德水平的高低、品性修养的好坏，是衡量其是否具有先进性和示范性的标准之一，也是其区别于普通群众的重要尺度之一，修身是领导干部终身都要进行的品德锻炼行为。严以修身是中华民族的优良传统，也是中华传统文化中的精华内容，修身不仅是封建社会士大夫所追求的政治理念和抱负，也是今天领导干部提高思想道德素质的基本内容。在当今社会生活和社会管理中，受各种思潮的影响较多，领导干部更应该注重自身的品性和形象修炼，尤其是在面临的复杂的国内国际形势，领导干部更要明白“不修身者无以治国”的道理。“三严三实”专题教育，要求领导干部加强党性修养，坚定理想信念，提升道德境界，追求高尚情操，自觉远离低级趣味和抵制歪风邪气。领导干部要成为一名合格的领导干部，必须具有更加高尚的道德情操和更加优异的品质行为，必须严格按照共产党员的行为规范和道德要求谨言慎行，不要口无遮掩、妄议妄论，

进而导致行为乖张变形，甚至贪赃枉法，沦为群众所不齿的领导干部。

（二）严以修身是领导干部从政的必修课

领导干部自身要正，“其身正不令而行，其身不正虽令不从”，所以领导干部的一言一行、所作所为对干部群众的影响很大。各级领导干部要以身作则，要求别人做到的，首先自己要做到。

1. 加强党性修养

修身的关键是要正心，心正才能身正。2015 年 1 月 12 日，习近平总书记同中央党校第一期县委书记研修班学员座谈时语重心长地讲到，要始终做到“心中有党、心中有民、心中有责、心中有戒”。“三严三实”贵在修身，心为人之本，修心是第一位的，修心当正心，要戒贪止欲。城市管理系统的领导干部要把修身与加强党性修养紧密结合起来，认真研读马列主义原著，学原文、悟原理，并在城市管理工作实践中以身作则，以上率下，树立标杆和榜样，无论何时、无论何地，都要站稳党和人民的立场，牢固树立正确的世界观、人生观、价值观和公私观、是非观、义利观，忠于党、忠于国家、忠于人民、忠于城市管理事业。要积极践行“立党为公、执政为民”的执政理念，时刻保持共产党员的纯洁性、先进性，坚定马克思主义信仰和中国特色社会主义信念，增强道路自信、理论自信、制度自信。

2. 坚定理想信念

共产党人的思想境界要远比封建士人更高洁，有远大的理想、奋斗目标、高尚情操和严明的纪律，领导干部要不断加强理论学习，坚定共产党人的共同理想和信念追求。城市管理系统领导干部只有理想信念坚定，筑牢精神支柱和保持前进的动力，才能够为理想和城市管理事业奋斗终生，矢志不渝，才不会被各种诱惑所动摇，才能正确认识和对待加强城市管理过程中遇到的各种困难。实现共产主义远大理想和建设中国特色社会主义，还需要漫长的路要走，还需要几代人、甚至是几十代人的努力奋斗，要在此过程中，努力做到心中有党不忘恩，心中有民不忘本，心中有责不懈怠，心中有戒不妄为。领导干部只有不断坚定理想信念，才能保持定力和坚强的意志，永葆共产党人的本色。

3. 把牢思想和行动的“总开关”

目前，我国还处于社会主义的初级阶段，实现共同理想还“路漫漫其修远兮”，城市管理工作也任重道远。领导干部只有心正、气正、身正，才能成为干部群众的榜样，才能在漫长的从政生涯中把牢思想和行动的“总开关”。孟子曰：“我善养吾浩然之气”，领导干部要善养一身正气。城市管理系统的领导干部要加强党性修养，坚定理想信念，培育正气和优良作风，保持高尚的道德情操和健康的生活情趣，思想不蜕变，行动不变形。领导干部要特别重视家庭建设，树立良好家风，管好亲属，孝敬长辈，坚决抵制歪风邪气，坚守共产党人的精神家园。

（三）严以修身是领导干部从政的基本要求

共产党人是特殊材料做成的，共产党人的“特殊材料”要靠不断修身才能炼成，共产党人不同于一般群众，要具有崇高的党性修养，领导干部的党性修养更具有示范性，是其正确行使权力最基本的要求。

1. 严以修身是领导干部谋事要实的基础

马克思主义者认为，任何事物都是在不断地发展变化，都不是一成不变的。谋划事业和重大工作是各级领导干部的重要工作，随着社会的发展和进步，城市管理工作的具体任务和工作方式也在不断地发生变化，需要不断地进行谋划和完善。城市管理系统领导干部只有严以修身，具有较高的思想理论素质和领导工作能力，才能在谋划城市管理事业时，制定出来的方针、政策和各种规章制度既符合未来的发展趋势具有一定的先进性和超前性，又切合实际能够解决城市管理面临的现实问题；既能立足于现实情况，着眼于人民群众利益，得到广大干部群众的真心拥护和支持，又能够脚踏实地，落地生根，使谋划的城市管理事业能够顺利实现。

2. 严以修身才能使领导干部接地气

我们在实际工作中，由于急于求成，很容易受到一些不切实际的思想的影响，领导干部要具备“去虚存实”的能力。在城市管理工作中，领导干部既要高瞻远瞩，但又不能好高骛远，既要有超前意识和预见事物发展趋势的能力，但又不要脱离实际。领导干部只有严以修身，才会脚踏实地，才不会脱离群众，也不会犯“四风”的问题，就能够做到权为民所用、情为民所系、利为民所谋，其谋划的事业就会实实在在，符合实际，实施起来就会很顺利，容易达到谋划的目的。城市管理系统的领导干部任何时候都要实事求是，不要好大喜功，搞形式主义，搞表面的“形象工程”，中看不中用，耽误时间，浪费精力。做好城市管理工作不是一朝一夕就能完成的，旧的问题解决了，新的问题又会出现，要充分认识城市管理工作的复杂性、反复性和艰巨性，以“抓铁有痕、踏石留印”的踏实精神抓好城市管理工作。

3. 严以修身是领导干部研究城市管理工作的能力保证

一个修身严格的领导干部必然具有强烈的事业心、责任意识和使命感，对本职工作热情高，会去努力钻研本职工作，尽快熟悉和掌握本行业的工作情况和规律。城市管理工作是一个新兴的朝阳行业，许多具体工作需要研究，城市管理系统的领导干部要干一行，专一行，当城市管理的行家里手，不要瞎指挥，乱决策。大家都感到城市管理工作很不好干，需要研究解决的实际问题很多，领导干部要在城市管理的发展理念、机构建设、管理措施和队伍建设等方面贡献自己的聪明才智，这就需要领导干部有较高的素质修养和职业水平，城市管理系统的领导干部既要具有较高道德品质修养，又要具有较高的职业修养和工作能力，才能胜任城市管理工作的领导工作，才能具有较强的解决城市管理问题的能力。

2012 年 11 月 17 日，习近平总书记在十八届中共中央政治局第一次集体学习时的讲话中提出“两个一百年”奋斗目标，即在中国共产党成立 100 年时全面建成小康社会，在新中国成立 100 年时建成富强民主文明和谐的社会主义现代化国家。实现这两个奋斗目标天上不会掉下来，不可能坐享天成，城市管理系统各级领导干部要严以修身，认真谋划城市管理工作的发展目标和工作措施，带领城市管理系统广大干部职工真抓实干，管理好城市。

四、严以用权是领导干部从政的重要准则

“朝为田舍郎，暮登天子堂”是古时无数读书人的理想。我国有“耕读传家”、“学而优则仕”的传统，现在也有许多人因为个人努力和奋斗，通过读书或其他途径，成为国家和社会的管理者，掌握了或大或小的权力。权力的问题是个复杂的问题，如何用权，考验着每一个手握权力的人，又会给每个人带来不同的命运和人生结局。新的历史时期，严以用权是领导干部从政的重要准则。

（一）领导干部要正确看待权力

城市管理机构属于国家行政机关序列，从事城市管理工作，作为城市管理者，尤其是领导干部，在日常的工作中，都或多或少掌握一定的权力，如何正确行使权力是我们面临的艰难抉择，有时甚至是生死选择。领导干部要正确看待权力，时刻都要清醒地认识到自己手中的权力是人民赋予的，要为人民群众谋利益。权力是把双刃剑，权力既能使领导干部实现干事创业的人生理想，同时也能给领导干部带来灭顶之灾。当有了权力以后，在复杂的社会形势下，领导干部面对的各种诱惑很多，很容易忘记权力来自人民，而是认为自己手中的权力只是自己个人本事大和努力奋斗得来的，把人民群众抛之脑后，就会飘飘然，狂妄自大，甚至产生“有权不用，过期作废”的错误思想，结果为所欲为，图一时之快滥用权力，甚至以权谋私，最终滑向违法犯罪的深渊。城市管理系统这样的例子也很多，举不胜举，教训太深刻了，领导干部一定要时刻引以为戒。

（二）领导干部要做到权为民所用

领导干部在漫长的为政生涯中，如何用权考验着领导干部的思想品质和修养定力。权力来自人民，权力当然为民所用，要全心全意为人民服务，而不是用来为个人、家庭和亲朋好友谋私利，这是一条高压线，触碰不得。现在社会形形色色，诱惑和陷阱都很多，稍不留神，就会违纪违法。2013 年 7 月 12 日，习近平总书记视察河北省民政厅，在该厅社会福利和社会事务处曾语重心长地对机关工作人员说，省直机关的一个处，每个人都有一定的权力，但是，大家都要牢记，权力是人民赋予的，要为人民用好权，让权力在阳光下运行。习近平总书记对省直机关的普通工作人员就这样严格要求，更何况对手握重权的领导干部？领导干部要时刻牢记自己手中的权力是人民给的，自己只是受人民的委托，代表人民在行使权力，要严以用权，做到权为民所用。要严格遵守国家法律、法规和制度，严守党的纪律，始终对人民群众赋予的权力心存敬畏，按照规则、按照制度、按照法律行使权力，并自觉接受监督。

（三）权力用于谋事要实、真抓实干

谋划事业和重大工作是各级领导干部的重要工作，任何事物都不是一成不变的，随

着社会的发展和进步，需要不断地进行谋划和完善，城市管理工作尤其如此，城市在快速的发展，城市管理的旧问题还没有完全解决，新的问题又不断出现。领导干部在谋划事业时，制定出来的方针、政策和各种规章制度既要切合实际，能够解决现实面临的问题，又要立足于现实情况，着眼于人民群众利益，才能得到广大干部群众的真心拥护和支持，才能脚踏实地，落地生根，使所谋划的事业能够顺利实现。在谋划城市管理体制改革的过程中，考验着城市管理系统各级领导干部的谋事能力。

1. 谋事是领导干部的基本素质

当前，建设中国特色的社会主义的伟大事业，任务还十分艰巨，需要我们不断努力奋斗。2012 年 11 月 17 日，习近平总书记在十八届中共中央政治局第一次集体学习时的讲话中提出“两个一百年”奋斗目标，即在中国共产党成立 100 年时全面建成小康社会，在新中国成立 100 年时建成富强民主文明和谐的社会主义现代化国家。距离实现这两个奋斗目标的时间越来越近，但任务还非常繁重。成绩不会“天上掉下来个林妹妹”，不可能坐享天成，需要各级领导干部在实际工作认真谋划，并带领广大干部群众实实在在干出来。城市管理单位领导干部要认真思考在大部制改革中城市管理单位在城市工作中的地位和作用，不断完善城市管理机构建设和队伍建设，提高城市管理工作水平，以适应城市管理工作未来发展的要求。

2. 领导干部要牢固树立群众思想

全心全意为人民服务是党的根本宗旨，群众路线是党的生命线和根本工作路线，领导干部任何时候都要脚踏实地，不要脱离群众。城市管理工作与广大市民群众密切相关，尤其要树立群众思想，要明白“水能载舟，亦能覆舟”的道理，要相信群众，依靠群众，与群众打成一片。城市管理系统的领导干部要在其位谋其政，要为民务实清廉，以群众满意不满意为城市管理工作的标准，自觉接受群众的监督，杜绝慵懒散奢的不良作风和行为。群众投诉城市管理问题，说明问题已严重影响到他们的生活，对于群众反映的城市管理问题，一定要认真加以处理解决，一时解决不了的要做好解释工作，并制定解决措施和时间表。

3. 城市管理系统领导干部要精通城市管理工作

领导干部虽不一定去做城市管理具体工作，但城市管理工作比较复杂、难度大，要做好城市管理领导工作还是比较难，所以领导干部要熟悉城市管理工作内容和规律，甚至要精通、要内行，这样做起领导工作才能符合城市管理工作实际，才能得到广大干部群众的拥护和支持，才能在实际工作中取得成效。有的人可能会认为，领导干部主要是协调、发号施令，对本单位的工作稍微了解一下即可，不用深入掌握，其实不然，领导干部也要干一行，专一行，不要当“万金油”，要当行家里手，哪怕是调离城市管理单位，到一个新的工作领域，也要尽快熟悉和掌握该行业的工作情况，这样才能不说外行话、办外行事，才能做好领导工作，才能取信于干部群众，而不被干部群众议论和讥笑。

（四）领导干部要树立忠诚、干净、担当的新形象

领导干部要始终坚持用权为民，自觉遵守宪法法律和党的纪律，按规则、按制度、按法律行使权力，敬法畏纪，为政清廉，任何时候都不能搞特权、以权谋私。当官和发财是两个矛盾的方面，当官就不能发财，想发财就不要来当官，要破除“当官发财”的封建陈腐观念，要加强作风建设，坚决杜绝“四风”问题，不要把小问题养成大问题，既想仕途好，又想经济好，是不可能的。坚持民主集中制，自觉接受监督，不搞大权独揽，一手遮天。要“为官有为”，敢于担责，按照“四个全面”要求，坚持从实际出发谋划事业，积极抓好全面建成小康社会、全面深化改革、全面推进依法治国、全面从严治党等工作的落实，全面推进城市综合管理工作，努力创造经得起实践、人民、历史检验的实绩。领导干部要以高度的历史责任感和使命感，成为“三严三实”的忠实的践行者，以“三严三实”为标杆，自觉践行并以此引领修身做人、从政用权、创业干事的新风尚。

2015 年 11 月 9 日，习近平总书记主持召开中央全面深化改革领导小组第 18 次会议，会议审议通过了《关于深入推进城市执法体制改革改进城管理工作的指导意见》，2015 年 12 月 24 日，中共中央国务院下发了该《指导意见》，将会极大地促进全国城市管理工作的发展。城市管理情况复杂，任务艰巨，使命光荣，城市管理部门的领导干部作为城市管理干部队伍的领头羊，应加强内在的道德修养，坚定共产主义理想信念，牢固树立为人民服务的价值目标，自觉抵制外界腐蚀，把严以用权作为领导干部从政的重要准则。要不断探索大城市管理工作体制机制，促进城市管理工作不断取得进步，适应未来城市管理工作的发展需要。

五、严以律己是领导干部从政的根本保证

严以律己是指对自我进行严格的要求。各级领导干部掌握一定的权力，有的甚至可以说是位高权重，更应慎独慎微，在各个方面严格规制自身的言行，依法依规行政，正确行使权力，以免对党和国家的事业造成巨大的伤害，也避免使自己犯错误。

（一）领导干部要对党忠诚老实

领导干部严以律己，首先要对党忠诚老实，不能对党三心二意，朝三暮四，作为党员、特别是作为党员领导干部，对党忠诚老实是第一位的。党章明确规定，共产党员要“对党忠诚老实，言行一致”，这不仅是对每个党员提出的政治规矩，更是党员干部必须遵循的党性原则。习近平总书记特别强调“做人要实，就是对党、对组织、对人民、对同志忠诚老实，做老实人，说老实话、干老实事，襟怀坦白，公道正派”。领导干部是实现党的事业的关键力量，忠诚老实是要具备的最基本的素质，必须忠于党、忠于祖国、忠于人民，不要当面说得动听，唱高调，但背后却我行我素，甚至唱反调，妄言妄行。也不要耍“小聪明”，搞“先斩后奏”，生米煮成熟饭，从而达到用倒逼方式违反程序原则、为所欲为、独断专行的个人阴暗的目的，并以此谋取私利。也不要稍不如意，就牢骚满腹，

消极堕落，离心离德。城市管理系统的党员领导干部要以实际行动践行入党誓言，忠诚于城市管理事业，在城市管理工作中奉献聪明才智，把毕生的精力奉献于为人民服务的城市管理事业发展中。

（二）领导干部要严守党的政治纪律和政治规矩，自觉做政治上的“明白人”

认真学习和遵守《党章》，落实习近平总书记在十八届中央纪委五次全会上提出的“五个必须”要求，即必须维护党中央的权威，必须维护党的团结，必须遵循组织程序，必须服从组织决定，必须管好亲属和身边工作人员。领导干部任何时候任何情况下都要在思想上政治上行动上与习近平同志为总书记的党中央保持高度一致，不另搞一套，自行其是。领导干部要品行高洁，心胸宽广，团结同志，不培植私人势力，坚持五湖四海，不搞团团伙伙、拉帮结派，不搞任何形式的派别活动。重大问题该请示的请示，该汇报的汇报，不擅自决定，不超越权限办事。不欺骗组织和上级领导，不跟组织讨价还价，对抗组织，不搞非组织活动。领导干部要绝不要亲属和身边的工作人员擅权干政，不要让他们利用特殊身份谋取非法利益，一些位高权重的领导干部在亲情等面前不懂取舍，走向犯罪的道路，教训不可谓不深刻。

（三）领导干部要做遵章守纪的模范

领导干部的行为具有示范带动作用，在党的群众路线教育实践活动中，各级领导干部查找和剖析了在“四风”等方面存在的问题，对照检查了在严格遵守党的政治纪律、组织纪律和廉政纪律等方面存在的不足，并进行了整改，加强了领导干部队伍建设。在法律和规章制度面前，没有特殊人，人人平等，在法制逐渐完善的现代社会，更要敬畏法律，要杜绝特权思想，不要触碰法律底线，也不要随意违反规章制度。如果连领导干部都不遵守规章制度，就会上行下效，法律和规章制度就无人遵守，形同虚设。所以领导干部职位越高越要遵守法律和规章制度，谨言慎行，自觉把权力关进制度的笼子里，不该说的话坚决不说，不该做的事坚决不做，将对法纪的敬畏内化于心，外化于行，带动广大干部群众形成遵章守纪的良好氛围。

（四）领导干部要言行一致

毛泽东同志在《纪念白求恩》一文中，号召全党同志要做“一个高尚的人，一个纯粹的人，一个有道德的人，一个脱离低级趣味的人，一个有益于人民的人”。一个单位的领导干部特别是主要领导干部，是一个单位的“主心骨”、“领头羊”，要发挥带头示范作用，其为人、言行和工作态度等方面都很重要，要言行一致。以习近平同志为总书记的新一届中央领导集体，肩负中华民族复兴的重大历史责任，把为全中国人民谋利益作为唯一追求，不计较个人得失毁誉、夙夜在公，摒弃任何私心杂念，恪尽职守，勤勉工作，以天下为公的宽阔胸襟，为党的事业和人民利益鞠躬尽瘁，体现了对国家、对民族、对人民的责任担当，对建设中国特色社会主义事业的坚定信念和自信。城市管理部门的领导干部也要一心为公，坚持原则，不谋取任何私利，带好队伍、干好工作。在城市管理的实际工作中，领导干部要言出必行，不要作风漂浮，说一套做一套，言行不一致，或者胡乱吹牛表态，夸夸其谈，华而不实，那样就会失去广大干部群众的信任，危害城市管理事业的发展。

（五）领导干部要防止“四风”问题

“四风”问题看起来都很小，但如果平时不注意防止，日积月累，就有可能会酿成大祸。很多领导干部被拉下水最终走向不归路，其实就是从一顿饭等很小的事情开始的，要严防温水煮青蛙的拉拢方式，切记“千里之堤，毁于蚁穴”的教训。领导干部尤其要注意小节，要管住嘴、管住腿和管住手，不该吃的坚决不吃，不该去的地方坚决不去，不该拿的坚决不拿。当前，中央持续大力整治“四风”问题，驰而不息，但有的领导干部仍不以为然，其实兹事体大。城市管理领导干部肩负城市管理的重要责任，廉政风险大，尤其要防微杜渐，要在各种不怀好意的人“围猎”中保持清醒，筑牢拒腐防变的思想防线，在任何时候思想上和行为上都不能放松对自己的要求，在履行职责的过程中，要炼成金刚不坏之身，自觉抵制拉拢腐蚀。

（六）领导干部要真抓实干，创造新业绩

创造新业绩不能只停留在嘴上、文件里和图纸上，要表现在行动上，喊破嗓子不如甩开膀子，世界上的事情都是干出来的，而不是吹出来。2012 年 11 月 29 日，习近平总书记在参观国家博物馆《复兴之路》时强调“实干兴邦，空谈误国”，领导干部不能说得漂亮，大道理讲得眉飞色舞，空喊口号，而不注重抓落实，做语言上的巨人，行动上的矮子，要带头真抓实干，一步一个脚印抓好工作落实，不断取得新的成效，以出色的工作成绩取信于广大干部群众。改革开放三十多年取得的巨大成就，是党中央带领全国人民不断解放思想、共同努力奋斗的结果，十八大以来，习近平总书记在多个场合提出，要实现中华民族伟大复兴的中国梦。实现中国梦关键还是要实干，创造性地干，勇于创新，干出成绩，为国家和人民的利益做出贡献。

严以律己是领导干部应具有的基本素质，要时刻对自己从严要求，把自觉遵纪守法养成一种习惯，严守党的政治纪律和政治规矩，坚持纪律底线，时刻保持自己的言行不变形不走样，为科学正确从政打下坚实的基础。

第四节　加强城市管理队伍建设

全面提升城市管理执法人员队伍整体素质，激发城市管理干部职工的创造活力，是适应城市管理新体制和全面发展的迫切需要。按照“一流综合素质、一流业务水平、一流工作作风、一流服务形象”的要求，以促进科学发展为宗旨，以落实岗位责任制为基础，以开拓创新为核心，广泛开展理论武装、道德工程、队组建设、管理考核、文化引领、激励关爱等方面工作，不断提高人员的思想素质、业务技能和创新意识，努力建设一支素质高、业务精、作风硬、形象好的城市管理执法人员队伍。

一、加强教育培训，提高综合素质

（一）开展理论学习，提高政治素质。以党的十八大、十八届三中、四中全会精神，习近平总书记系列重要讲话精神、中央八项规定，新党章等重要理论文献等为重要学习内容，重点推进中心组学习、“三会一课”和各党小组学习，保证理论学习的制度化、规范化。结合城市管理干部职工的思想状况加强调查研究，选择干部职工关注的重点、热点课题进行探讨实践，改进浅尝辄止念文件的学习形式，提高学习质量。充分利用现代网络技术改进政治学习方式，通过制作宣传板报和电脑屏保等，营造浓厚的学习氛围，使干部职工在潜移默化中养成自觉学习的习惯。理论学习要建立严格的考勤制度，保证学习教育时间、人员和内容三落实，有效克服工学矛盾，使学习由“软任务”向“硬指标”转变、由“抓活动”向“促常态”转变，引导城市管理干部职工始终保持正确的政治方向、坚定的理想信念和强烈的集体观念。

（二）加强技能培训，提高业务素质。建立健全城市管理干部职工业务技能培训机制，完善技能培训计划，保障技能培训的时间、场地、经费。根据工作需要，有针对性、有计划、有步骤地组织干部职工参加脱产或半脱产专业培训班，系统学习业务知识和技能，熟练掌握和操作各种城市管理执法方式。立足实用和有效原则，充分运用各种培训渠道，加快一线执法骨干、综合材料写作、宣传报道和党务工作等紧缺人才的培养工作。建立技术创新、岗位练兵、技能竞赛等活动常态机制，调动干部职工更新知识、提高技能的积极性和主动性。善于运用信息化、网络化、多媒体等新方式，加大岗位能手培养力度，树立在一线成才的先进典型。加快培养和造就一批在关键岗位能够独当一面的高素质复合型人才。

（三）加强道德教育，提高文明素质。深入开展社会主义核心价值观学习教育活动，引导干部职工牢固树立爱单位、爱岗位、爱生活的共同价值追求，打牢构建和谐城市管理的思想基础。加强社会公德、家庭美德、个人品德等优良传统教育，增强他们辨别是非美丑、荣辱曲直的能力。坚持不懈地开展学赶先进教育，引导干部职工岗位奉献，干一行、爱一行、钻一行。通过参观爱国主义教育基地、观看爱国主义影片、学习先进集体和典型人物等，进一步激励干部职工爱岗敬业、争创一流、锐意进取、勇于赶超的精神，充分发挥道德文化的凝聚、激励和导向作用，使干部职工在自觉遵守基本道德规范的基础上，树立高尚的道德情操。

（四）开展文体活动，提高身体素质。积极倡导读书交流活动，组织观看有教育意义的展览、电影等，不断满足城市管理干部职工的精神文化需求。以“心灵的微笑”为主题，鼓励讲述发生在自己身边的人性闪光、人间温情的真实故事，从而进一步感悟人生、感悟社会，实现自我教育。积极开展“才艺展示”、“书法、绘画、摄影作品展”和演讲比赛等喜闻乐见的活动。工青妇发挥群众组织的优势，积极开展乒乓球、羽毛球、广播体操和登山等活动，完善“职工之家”、“阅览室”、“学习园地”等基础设施和文化阵地建设，实现“学习有去处、活动有场所、爱好能满足、特长能展示”的需求，凝聚团队意识，促进干部职工身心全面发展。

二、加强能力建设，提高业务水平

（一）开展岗位练兵，提高技术技能。一是练业务学习能力，以争做学习型城市管理标兵为抓手，比学习钻研业务的自觉性、针对性和实效性。努力学习和全面掌握城市管理业务的基础知识，重点学习本职岗位的业务知识和技能，力争学深学透。二是练业务工作能力，以争当岗位能手为抓手，比履职尽责的能力，熟练掌握本岗位的技术技能，特别是妥善处理各类重点、难点和突发性事件处置的能力，争当业务尖子和技术骨干。三是练工作作风，以争创文明岗位为抓手，比工作态度、精神风貌和文明服务意识，倡导干部职工养成认真细致、严谨求实的工作习惯，认真对待每一项工作，加强纪律性，努力践行全心全意为人民服务的宗旨，培养良好的服务意识，塑造城市管理人员文明服务形象，努力建设一支业务能力强的干部职工队伍。

（二）开展技术攻关，提高创新能力。创新是进步的灵魂，要尊重和发扬干部职工的首创精神，深入开展“钻研岗位技能、争当创新先锋”活动。倡导勇于打破安于现状的思想，发扬锲而不舍的钻研精神，深入研究城市管理工作的规律，不断创新工作思路、工作方法，提高工作水平和效率。基层队组要结合实际，针对疑难问题开展专题攻关活动，深入研究疑难问题的解决方案。立足于适应未来城市管理信息化发展的需要，积极主动开发和应用数字城市管理系统，充分发挥数字城市管理的作用和优势。营造鼓励和支持创新的工作环境，对在岗位创新做出突出贡献的班组和干部职工给予表彰和奖励，激发干部职工的钻研技术和敢于创新的热情，进一步增强干部职工的岗位创新能力。

（三）开展技能竞赛，提高技术水平。现代城市管理应用较多技术手段，熟练掌握岗位技能是做一名合格干部职工的基本要求。要在各个城市管理岗位开展“比能力、比操作、比服务、比效率”的竞赛活动，通过技术比武交流，切磋技能，相互促进，共同提高工作水平和服务质量。重点开展数字城市管理信息系统、城市管理执法系统和城市管理三维实景等系统的操作培训和竞赛，努力提高运用水平和工作效率。开展办公综合业务技能竞赛，比公文办理中文种选用和写作能力、办理会务时会场布置和公务接待准备等工作的实际操作能力。通过岗位技能竞赛，给予适当奖励，激发干部职工爱岗敬业、钻研业务、提高技能的思想意识，全面提高城市管理业务技术水平。

（四）开展技能合作，提高应用能力。根据各岗位职能的联系和差异，开展“手拉手”岗位技能交流合作活动，倡导“一岗为主，多岗兼顾”的工作理念。干部职工既要精通本岗位的技术技能，又要了解和掌握相联系岗位的技术技能，着力打造“一专多能”的城市管理人员队伍。对于需流经多个部门或多个岗位相互配合才能完成的工作，各部门和岗位之间要相互配合和监督，保证任务完成的高效性和准确性。对于重大工作任务，充分发挥各部门互补的作用，通过加强各岗位的交流合作，取长补短，形成合力。通过广泛地开展岗位技能合作，使干部职工相互学习，尽可能多地了解和掌握城市管理的基础知识，提高城市管理技术手段运用的能力。

三、加强纪律教育，树立优良作风

（一）加强制度建设，增强纪律观念。坚持和完善职工代表大会制度，尊重干部职工民主权利，深化民主管理，确保干部职工对城市管理事业发展重要决策、重大举措、重要活动的知情权、参与权和监督权。坚持和完善激励机制，积极创新激励载体，丰富激励形式，把岗位贡献作为评选先进个人、劳动模范、优秀共产党员的重要依据，准确地衡量和评价干部职工的工作质量和工作业绩。坚持和完善岗位责任制度，坚决清理纠正岗位职责不明确、岗位混淆，甚至有岗无责、岗责不清，脱岗和迟到早退等现象。坚持和完善日常管理制度，加强教育管理，督促干部职工严格遵守各项管理制度，努力建设一支纪律性强的城市管理人员队伍。

（二）开展责任教育，增强主体意识。明确每个岗位工作职责和目标任务，大力开展岗位责任教育，着力解决干部职工责任意识不强和工作责任不清等问题，将个人荣辱与单位兴衰紧密结合起来，增强干部职工“城市管理兴我光荣、城市管理衰我耻辱”的思想观念。大力培养自主型干部职工，发挥主观能动性，引导他们主动接受和有序参与管理，自愿执行规章制度、自主履行岗位职责、自觉完成工作任务，增强主人翁意识。合理界定岗位责任，做到责任内容具体量化，杜绝有责不负、暮气沉沉、飘浮懈怠、推诿扯皮等现象。牢固树立“履责是本职、尽责是要求、失责是失职”的责任观，建立健全履职评价体系，与年度考核相结合，经常检查干部职工的履责情况，定期或不定期进行点评提醒，解决干多干少一个样、干好干坏一个样的问题。

（三）开展岗位学雷锋活动，增强奉献意识。以“岗位学雷锋，争做好干部好职工”为主题，广泛进行雷锋事迹、雷锋精神和雷锋式模范人物的宣传教育，引导广大城市管理执法人员干部职工立足本职、争创一流，在岗位工作中多做贡献，形成人人争当先进典型的浓厚氛围。每年 3 月 5 日前后，开展“学雷锋活动月”主题实践活动，举办弘扬雷锋精神座谈会、理论交流研讨会等，深入挖掘雷锋精神的深刻内涵和时代价值，实现雷锋精神与时代精神相结合。开展向身边雷锋学习活动，在干部职工中树立雷锋式先进典型，学习身边雷锋的先进事迹，促进岗位学雷锋活动。开展“我为城市管理发展献一策”活动，把学习雷锋精神转化为关心和促进城市管理发展的实际行动，建立城市管理雷锋岗，急群众之所急，解群众之所难，对市民的反映的城市管理问题，做到件件有着落，事事有回音，努力提高群众的满意度。

（四）开展互帮互助活动，增强团结友爱意识。互相帮助是中华民族的优良传统和美德，一个集体中的干部职工各有优势和弱项，要在学习、工作、生活等方面互相帮助，众人拾柴火焰高。学习能力强、思想认识好的干部职工要主动帮助思想认识落后的干部职工，帮助其尽快转变思想观念；纪律性强的干部职工要主动帮助纪律意识不强、不遵章守纪的干部职工，及时提醒、督促其自觉遵守规章制度；工作能力强的干部职工要主动帮助工作能力弱的干部职工，毫无保留地传授岗位知识和技能，使其尽快胜任本职岗位。对干部职工生活中的困难，大家要主动关心并提供力所能及的帮助。认真开展“传帮带”和“一帮一”等活动，老同志要主动帮助新同志，新同志也要主动向老同志请教，坚决杜绝互不关心、各行其是的现象，使城市管理成为一个温暖的大家庭。

四、加强文明建设，树立良好形象

（一）开展精神文明建设，提高精神境界。大力加强城市管理执法人员文化建设，开展文化长廊、文化苑地、队组文化等建设，通过营造积极向上的文化环境，提升精神境界，端正价值追求，使干部职工不为困难所惧、不为干扰所惑，始终做到坚持、坚韧、坚守，在急难险重任务面前迎难而上、勇担重任。广泛开展形式多样的精神文明创建活动，提倡健康的生活方式和高尚的精神追求，积极开展“文明队组”、“文明示范窗口”、“青年岗位能手”等创建活动，引导干部职工讲文明话、办文明事、做文明人，不断提高内在素质。建立领导定期与干部职工代表沟通机制，对干部职工关心的福利待遇、工作环境、文明执法和心理健康等问题进行沟通交流。适时邀请心理专家进行心理健康辅导，帮助干部职工放松身心、缓解压力，建设城市管理共有的精神家园，增强对城市管理的认同感和归属感。灵活开展“情系干部职工”、“干部职工风采”、“奉献在中心”等主题的文艺表演、演讲、征文等活动，丰富干部职工的文化生活。

（二）开展职业道德建设，树立服务市民思想。大力弘扬“特别能吃苦、特别能战斗、特别能奉献”的城市管理精神，增强干部职工城市管理者的光荣感，矢志于城市管理事业、奉献于城市管理建设，形成爱岗敬业、无私奉献的职业道德风尚。深入开展职业道德专题教育，深化职业理想、职业责任、职业技能和职业纪律实践，教育干部职工严格遵守规章制度和纪律，严格执行岗位工作标准和规范，把一丝不苟、精益求精、认真细致的工作理念转化成职业态度和行为习惯。积极树立职业道德模范，发挥典型引路作用，大力倡导“三老四严”（对待事业，要当老实人，说老实话，办老实事；对待工作，要有严格的要求、严密的组织、严肃的态度、严明的纪律）和“三个一样”（夜晚和白天一个样，领导在不在场一个样，有没有人检查一个样），全心全意为市民服务，维持城市秩序。

（三）规范职业语言表达，畅通与市民沟通渠道。以“说职业语言，做文明干部职工，展城市管理风采”为目标，规范城市管理执法人员在处理城市管理问题中使用礼貌用语和标准语言。认真履行职业操守和服务承诺，尊重市民、真诚守信、热情服务，提高与市民的沟通技能和整体服务水平，用规范的职业语言和行为展示城市管理执法人员文明形象。对市民反映和咨询问题，要主动热情、耐心周到、百问不厌、百查不烦，不留尾巴。对市民的意见建议和批评，要耐心听取、不予争论，有则改之、无则加勉。对市民误解或责骂，要做好政策的宣传和解释工作，不争吵不争辩，用文明语言拉近距离、消除隔阂。积极组织职业语言培训，全体城市管理工作人员要熟练使用标准职业语言，努力营造文明执法和服务的环境和氛围。

（四）规范着装仪容行为，保持优美外在形象。强化城市管理干部职工规范着装仪容行为重要性的认识，从穿衣戴帽、行为举止、标识佩戴等细节保持城市管理执法人员队伍的整体形象。按规定着装，保持仪容严整、着装整齐、举止端庄的仪表，自觉接受社会各界及新闻媒体的监督，展现城市管理执法人员队伍文明、威武、规范的精神风貌，维护制式服装权威性和良好形象。工作时间应按照规定着城市管理制服，缀订、佩戴肩章等城市管理执法人员标志，要扣好衣扣，不得披衣、挽袖、卷裤脚，不准佩戴外露饰物和其他与城市管理执法人员制服无关的标志，不着奇装异服和染烫鲜艳头发。在公共场所和工作时间严禁饮食、勾肩搭背、嬉笑打闹、高谈阔论，玩手机等，要把城市管理执法人员着装仪容行为情况作为日常勤务检查的一项重要内容，通过严格的管理和督查，保持城市管理执法人员良好的仪容仪表和行为规范。

住建部城市管理监督局成立后，非常重视城市管理执法人员队伍建设，尤其重视加强城市管理执法人员执法队伍建设，力图通过教育培训，提高城市管理执法人员队伍素质，转变队伍作风，树立城市管理执法人员新形象，目前已取得初步成效。

第八章

新型城市化与城市管理——以广州市为例

广州市作为全国第三大城市，经济发展速度较快，经济总量在省会城市中名列前茅，新型城市化建设也取得很好的成绩，在全国起到一定的示范作用。在大城市管理的架构下，城市管理的内容非常丰富，各城市秉承“自由之思想、独立之精神”的理念，建设和管理城市，各城市发展情况不尽相同，我们难以全面准确地认识和把握城市管理内涵。本章以广州市为例，阐述广州市在新型城市化建设发展和城市管理中的一些重要工作内容和具体做法，希望对于大家更加清晰地认识和了解城市管理的具体内容会有一定的帮助。

第一节　对广州新型城市化发展的初步认识

根据国家新型城镇化发展建设规划的要求，近年来广州市委、市政府提出了走新型城市化发展道路，相继组织领导干部到北京、上海、天津等城市学习考察，在清华大学进行新型城市化培训学习等，并召开市委理论学习中心组（扩大）推进新型城市化发展务虚会，系统学习新型城市化理论，深入交流学习体会，集中展示广州开展新型城市化发展道路学习调研成果。新型城市化作为一个全新的发展模式，没有现成的经验可循，需要发动全市广大党员、干部和市民群众去探索实践，下面结合城市管理工作实际，谈谈对广州市新型城市化发展道路的初步认识。

一、广州在全国新型城市化发展的地位和水平

根据《中国城市统计年鉴 2010》，依据中国新型城市化指标体系，广州在中国 50 个主要城市中新型城市化排第五名，低于上海、北京、深圳和成都。对照我国新型城市化评价指标标准，广州不仅落后于上海、北京、深圳和成都，而且在某些方面甚至低于天津、苏州和重庆。目前制约广州新型城市化发展的问题还比较多，有着“成长中的烦恼”，广州市各区（县级市）和市直各单位在新型城市化发展中都存在亟须解决的问题。广州市城市管理部门按照市委书记任学锋提出的创建“干净、整洁、平安、有序”城市环境的要求，积极破解垃圾围城问题、探索垃圾分类模式、加大城市管理执法力度、改善城

市容貌景观，城市管理取得了一定的成绩，但在广州新型城市化发展中仍有以下问题需要解决。一是深化完善城市管理工作机制，二是提高固体废弃物分类处理能力，三是优化提升城乡容貌环境，四是持续加大综合执法力度，五是提升城市运行保障能力等。

二、广州近四十年城市建设取得的巨大成就

改革开放近四十年来，广州领风气之先，率先发展，城市规模和人口快速增长，建成区面积从原来的五十多平方公里，扩展到现在的一千多平方公里，居住人口也从两三百万扩大到现在一千多万，新建高楼大厦数百座，GDP 总值近 20000 亿元，市民生活和居住水平得到大幅提高，创模、创卫、创文相继成功，2010 年成功举办亚运会，城市建设取得令人瞩目的成就。

根据广州市社科院主办的杂志《开放年代》1986 年一篇文章记载，当时广州老四区东山、越秀、荔湾、海珠建成区面积只有 54 平方公里，居住人口只有 194 万。根据《广州年鉴 2011》，2010 年末，广州市户籍人口 806.14 万，登记的外来暂住人口 688 万多，总人口规模达到 1500 万（保守数字，加上流动人口，应有 1600 万）。我 1992 年到广州读大学的时候，从火车站到中山大学，一路上看到的是低矮破旧的楼房和遍地垃圾，总以为还没到广州，与传说中的繁华大都市相距甚远，中山大学地质学系一位教师告诉我，他过去在新疆的地质队工作，探家时回到广州，都先在珠江北岸住一晚，第二天才能回到珠江河南边的中山大学，当时海印桥那一带全是稻田和菜地（当然那时也没有海印桥，海印桥 1989 年 6 月才建成通车），夜晚一片漆黑。30 多年前盘福路一带也很荒凉，盘福立交旁的金融大厦在 20 世纪 70、80 年代还是广州市环卫局的一个临时垃圾堆放场，东风西路 140 号东方金融大厦（原市市容环卫局办公的地方），在 1994 年以前还是市环卫洒水车队的停车场。20 世纪九十年代初，珠江江面到处漂浮着垃圾，江水黑乎乎的散发着腥臭味，珠江两岸最高建筑是江湾大酒店，只有零星灯光。现在珠江两岸高楼林立，灯火辉煌，流光溢彩，珠江夜游成为广州旅游的一个品牌产品，近四十年过去了，广州市长高了，变大了，变靓了，成为一座新的现代化的美丽整洁的超大型城市。过去广州人“宁要河北一张床，不要河南一间房”的说法和思想观念，已成为历史，一去不复返。

三、正确理解新型城市化的内涵

广州城市化取得巨大成绩，长期居住在广州市的人们都有很深的体会，新型城市化不是对传统城市化的否定，不是说过去城市建设搞错了，搞得一塌糊涂，现在搞新型城市化了，要推倒重来。相反我们要充分肯定过去近 40 年广州城市建设和管理取得的巨大成就。城市化进程到一定阶段，人们对城市有了更深的了解和认识，随着城市居民日益增长的生活、社会和环境质量等方面的需求和传统城市化带来的“城市病”的影响，人们开始重新思考城市建设和发展的方向性问题。下面我结合学习和工作实际，谈谈对新型城市化内涵的理解。

（一）新型城市化是城市发展的转型升级

广州新型城市化提出的目标是努力走出一条“经济低碳、城市智慧、社会文明、生态优美、城乡一体、生活幸福”的新型城市化发展道路。其终极目标，是建设人民满意的幸福城市。我们对新型城市化比较陌生，但对传统城市化还是有一定了解，传统城市化强调以城市人口占总人口比例高低作为衡量城市化的尺度，表现为大量农业人口涌进城市和城市建成区规模不断扩大。所谓新型城市化是在依然承认城市人口和建成区规模的条件下，从只注重人口和城区规模数量，向既注重数量更注重城市发展的质量的转变。传统城市化是城市化的第一个阶段，就是短时间内把人先吸引到城市里来，新型城市化是城市化的第二个阶段，是传统城市化的提升转型，就是人到城市以后，如何通过城市建设和发展，让城市居民过上满意幸福的生活，增强城市居民的认同感、归宿感和幸福感。

（二）新型城市化以生态文明为重要特征

从历史上看，农村以农业为主，城市的形成在古代是交换物品的市场所在地和手工业生产的集中地，近代机器大工业出现后，现代城市逐渐形成，由于城市功能所限，传统的城市化优先考虑的是城市工业产品的制造和商贸交流的作用。随着城市化的发展，全国大部分人口将生活在城市，城市的居住功能凸显，人们要世世代代在城市生活、创业和发展，过去绝大多数中国人口以农村为家园，今后绝大多数的中国人口要以城市为家园。人们在城市创业的时候对城市的生态环境要求不会很高，但一旦在城市长期居住并世代生活下去，就会对城市生活环境提出较高的要求，今后城市要像以往人们生活的美丽的乡村一样，成为人们梦中的诗意的栖息地。

（三）新型城市化强调统筹人、物和自然的和谐发展

传统的城市化发展的最大缺陷是“见物不见人”，对城市建设的理解停留在钢筋水泥和柏油马路上，建造了大量的高楼大厦和高架路桥，制造了大量的汽车，城市往往被反对者冷嘲热讽为“石屎森林”和大型停车场，很少考虑城市重要组成部分“人”的因素。新型城市化坚持以人为本，以城市里的“人”为主体，充分考虑人与物、人与人、人与自然的和谐共存的关系。过去为了城市的发展，把自行车道和人行道都改掉了，人行道搞得很窄，机动车与人争道，搞得人们出行很不安全，胆战心惊。为了建楼堂馆所，把池塘填平了，把河道围窄了，改变了河涌、河流原有形态和调节生态功能。过去城市住房紧张，大家挤在一起，房间又不隔音，说话大声点相互都能听见，现在住房条件改善了，有的家庭有两三套房，但人与人之间的距离似乎又远了，人们把注意力集中在住房上，为房子而拼命奋斗，房价飞涨引发许多矛盾，房价成为人们心头挥之不去的痛。

新型城市化给我们描绘了人、物、自然和谐相处的美丽图景，城市发展不是无限制扩大人口规模，也不仅仅只是宏伟的建筑，而且要有虫鸟池草，要有碧波荡漾的水面，芳草茵茵的绿地、振翅飞翔的雀鸟，每天早晨城市居民应在鸟的叫声中醒来，呼吸着新鲜洁净的空气，从从容容去上班，而不是慌里慌张，压力山大。

四、新型城市化与城市管理难题示例分析

城市不断发展扩大，城市管理的问题和矛盾就越来越多，越来越突出。广州市城市管理委在查摆制约新型城市化发展问题中，第一个难题就是垃圾围城危机问题。垃圾处理问题确实是城市管理的世界性难题，在我国城市化中将会更加突出，原因有以下三点，首先，我国城市化起步较晚，对城市生活垃圾处理问题认识不足，垃圾处理设施建设滞后。其次，我国城市化进程速度较快，垃圾量增长很快，垃圾围城问题来势凶猛。最后，我国城市化后城市人口总规模大，垃圾总量也会很大，垃圾处理任务十分繁重。

在 20 世纪 80 年代以前，城市人口少，生活水平又不高，能吃能用的都吃掉用掉了，垃圾量不大，还有广大农村可以消纳城市生活垃圾，基本不存在垃圾处理的问题，但进入 20 世纪九十年代以后情况就迅速改变，大小城市每天产生的数百吨、数千吨甚至上万吨的垃圾没人要，没处放，一开始在城外一埋了事，但随着时间的推移，又无处可埋，填埋总不是个事，哪有那么多地，就是有那么多地来填埋垃圾也有无穷的后患，不能从根本上破解垃圾处理问题。垃圾又不能运到外地去，只能自己产生自己处理，就想到烧掉发电，一举两得，但又面临着焚烧厂周边居民反对选址难的问题。发达的资本主义国家美国建国仅三百年，三面环海洋，北美洲原来大部分都是未开垦的处女地，在欧洲移民前，只有几百万印第安土著人，其后来城市发展也带来垃圾处理问题，目前美国垃圾焚烧处理率也在不断上升。美国陆地面积与中国差不多，但人口只有三亿多，中国人口有十三亿多，若城市化率达到 60%，城市居民就有七八亿之多，是美国总人口的两、三倍，生活水平又要不断提高，垃圾量上升的可能性很大，几乎没有下降的可能性。国外的垃圾处理形势远没有我国严峻，我长期在环卫部门工作，对广州垃圾处理现状严峻性有一定的了解，城市生活垃圾处理不好将极大影响城市的生态环境，破解垃圾处理难题是广州市城市管理委在推进新型城市化发展中首先要解决的难题。经过广州市委、市政府多年的努力，广州市生活垃圾处理设施建设已取得重大突破，规划中的几个垃圾焚烧项目绝大部分已相继动工建设，垃圾围城问题可望在几年后得到有效缓解。

五、数字化城市管理在新型城市化中的发展新思路

近年来，广州市城市管理委致力于数字化城市管理建设，取得很大的成绩，目前广州数字化城市管理已基本建成，在城市管理中发挥重要的作用。数字城市管理相对于传统的城市管理手段，有了很大的进步，提高了效率，但科技进步日新月异，广州新型城市化提出建设智慧城市，在推进新型城市化过程中，要不断创新发展思路，在数字城市管理的基础上不断向智能城市管理迈进，逐步实现城市管理智能化。开发功能更加强大的智能化城市管理信息系统，对违法建设、流动商贩等城市管理的重点难点问题进行实时监控记录，拍照取证，身份确认等，尽量避免执法队员与流动商贩直接接触而可能引发冲突，损害城市管理队伍形象。

广州走新型城市化发展道路已有几年的时间，人们对新型城市化内涵的理解越来越深刻，对走新型城市化发展道路的思路越来越清晰，在国家新型城镇化发展理论的指导下，要不断加强数字化城市管理建设，完善城市管理的指挥调度系统，进一步提升城市管理水平和效能。

第二节 广州城市景观的建设和管理

21世纪初，广州市作为改革开放的前沿地，经过三十年的发展，城市建设和管理伴随经济的腾飞，取得巨大的成就，但同时也存在杂乱无章等诸多问题。为建设现代化的国家重要中心城市，摆脱媒体对广州城市形象“说不清”的议论，广州市政府以整治户外广告设置为抓手，对珠江两岸、铁路沿线和高架路桥、人行天桥进行综合整治和修饰，优化城市景观，提升城市综合管理水平。

一、优化城市景观

2004年12月2日，广州市人民政府发布了《关于整治户外广告设置的通告》(穗府[2004]60号)，对全市未经审批同意、过期未拆除和设置不规范的户外广告限定一个月内自行拆除，逾期不拆除的强制拆除，以铁的手腕，拉开了广州市由“大墟镇”向优美的现代化城市转变的整治行动的序幕。

为切实改变城市容貌，广州市人民政府大规模地开展整治行动，发布了一系列的通告。2004年4月17日，广州市人民政府发布了《关于加强人行隧道和人行天桥管理的通告》(穗府[2004]18号)，规定未经批准，不得进行对隧道和天桥的结构和外观造成影响的行为，不得设置各类公共设施，严禁乱涂写、乱刻画、乱贴(挂)广告和标志牌等。2004年9月10日，广州市人民政府发布了《关于整治铁路沿线违法建设和市容环境卫生的通告》(穗府[2004]40号)，清查全市内各条铁路专用线两侧规划控制范围内的各类建筑，清理违法占地，拆除严重影响城市规划景观，且不符合城市容貌标准和环境卫生标准的违法建(构)筑物，包括搭建的各类房屋、窝棚、户外广告、招牌、围墙以及不规范设置的防盗网等。2004年12月25日，广州市人民政府发布了《关于加强门前市容环境卫生管理的通告》(穗府[2004]62号)，规定临街的单位、店铺和住户要搞好建筑物外立面、天面和阳台的市容环境卫生，沿街墙面应保持洁净、美观，无乱张贴、乱涂写、乱拉挂，门前招牌应保持整洁、文字要规范，无明显陈旧或破损，无错字、缺字，不得私自设置檐篷、遮阳布等。

2004年12月7日，广州市召开整治珠江两岸现场会，研究和布置珠江两岸景观工程建设工作。会议原则同意市建委编制的珠江两岸景观工程建设任务书，对火车站南站地区岸线景观工程、孙中山大元帅府及江湾桥头地区景观工程、海珠南广场建设工程、港湾广场首层架空问题和天字码头景观广场建设项目以及沙面整治和引桥改造工程等部分项目提出指导性意见。会议决定成立由分管副市长任组长的广州市珠江两岸景观工程建设领导小组；要求市规划局抓紧完善珠江两岸景观工程的规划设计；珠江两岸的灯饰，包括规划保留的霓虹灯广告，要精心设计，提高档次和水平，对未经批准设置的广告，要全面清理；沿岸企业、客运码头要搬迁或企业让出岸线位置、码头进行整治改造；太古仓、大阪仓等珠江沿岸的仓库和货运码头，按照城市发展规划和珠江两岸整治工作要求，实行“退二进三”，将原有的货运、仓储等功能逐步转移到黄埔港区或南沙港区。

2005年，广州市政府不断深化城市景观整治工作。2005年3月18日下午，广州市分管城建工作的副市长乘火车检查广州市铁路沿线环境整治和绿化工作，要求广铁集团和市城市管理办等有关部门采取有力措施，用一个月的时间完成清理铁路沿线垃圾余泥和清拆违建窝棚的整治行动，以“显山、露水，见农田”为原则，因地制宜地实施铁路沿线绿化工作，并对城郊铁路、南沙出港铁路建设及铁路广州南站、广州车辆段及车轮厂搬迁等规划工作进行研究部署，要求各单位相互配合，进一步加大工作力度，把广州市铁路沿线建成亮丽的风景线。2005年5月27日上午，广州市召开珠江两岸景观整治工程会议，对珠江两岸历史建筑的功能置换、堤岸加固和亲水平台建设、截污工程、码头整饰等问题进行研究决定，并对推进制定大阪仓、太古仓整治改造方案和大元帅府广场工程建设等进行部署，要求在当年底使珠江两岸景观整治工程有较大改观，把珠江两岸建设成为广州市具有标志性意义的重要景区。

为进一步规范城市景观的建设和管理，广州市城市规划局综合考虑多种因素，对珠江两岸的总体功能布局进行了规划设计，制定了《广州市珠江沿岸（中心城区段）景观总体规划》（以下简称《规划》）。2006年2月25日，广州市人民政府发布了《关于实施广州市珠江沿岸（中心城区段）景观总体规划的通告》（穗府[2006]4号），《规划》属分区规划层次的景观专项规划，是控制和指导下一层次景观规划设计和建设管理的依据，从此，珠江中心城区段17公里长约24平方公里的沿岸地区的建设，必须符合《规划》的要求。2006年4月17日，广州市政府办公厅《印发关于开展城市环境管理达标社区创建活动工作方案的通知》（穗府办[2006]17号），由市城市管理委员会组织在全市范围内开展城市环境管理达标社区创建活动，从2006年4月开始，到2008年全市基本完成社区环境整治任务。创建活动要求各街道按照《广州市社区环境管理标准（试行）》，清拆社区所有违法建（构）筑物，不出现新的违法建设，按规定设置和发布户外广告，整治不规范防盗网，“三线”（电线、电话线、有线电视线）统一定位布设，线路整齐规范，新敷设的应采取地下管线的形式，整饰建（构）筑物的外立面，清理乱张贴、乱涂写等。

二、共建文明珠江

珠江是广州市的“母亲河”，广州市政府历来重视珠江的整治和保护，成立了广州市共建文明珠江办公室。2004年3月，经广州市分管副市长同意，市共建文明珠江办公室和市城市管理委员会办公室合署办公。2006 年 3 月，根据广州市委主要领导在广州市城建工作会议上关于“加快珠江综合治理，力争年内组织万人横渡珠江”的要求，市城市管理办（珠江办）对珠江河段排污口及排污情况进行了全面的摸查，广州市珠江河段全长 163 公里，共有 315 处排污口，其中，河涌口 88 处；工业废水排放口 43 处；生活废水和天水口合计 174 处。污染非常严重、严重和较严重三者合计 43 处，约占总数的 14%。

经过多年来各部门的不懈努力，珠江广州河段基本实现了“不黑不臭”的目标，且在 2005 年有 7 个月达到Ⅳ（四类）水质。但按照国家颁布的《地面水环境质量标准》，Ⅳ类水只适用于人体非直接接触的娱乐用水区，Ⅲ类水才可以做游泳区。为使珠江水质尽快达到Ⅲ类水标准，市城市管理办（珠江办）协调有关部门进一步加快推进四大污水处理系统建设和相配套的截污及管网建设，重点推进白云区北部、花都新华、从化、大沙地和猎德三期污水处理系统建设；进一步加快河涌截污、河涌生态修复工程建设，力争早日完成荔湾涌、猎德涌、沙河涌综合整治工程；进一步加大河涌整治、河涌清淤和保洁等工作力度，进一步提高保洁质量；进一步加大对工业企业污染源的监督管理和执法检查，确保工业企业废水达标排放，加大对乱倾倒、乱排放垃圾、污水的行为的执法力度。

2006 年 5 月 25 日，广州市城市管理办（珠江办）牵头，开展“清拆沙河涌沿线违法建设统一行动日”活动。沙河涌是我市河涌沿线环境综合整治的重点和难点，据摸查，沙河涌沿线违法建（构）筑物约 3.53 万平方米。该活动是沙河涌沿线环境综合整治的“第一仗”，掀起了我市向河涌沿线违法建设宣战的序幕，为广州市河涌环境综合整治打下坚实的基础，树立正确的舆论导向。2006 年 11 月 22 日上午，市城市管理办（珠江办）针对黄埔涌古港石基村村民利用废旧船艇在黄埔涌古港码头左侧违法经营艇仔粥，乱拉挂、生活污水及废弃物直接排入珠江，造成周边环境脏、乱、差，严重影响市容环境，造成安全、卫生、环保等方面隐患，组织有关职能部门依法依规进行整治取缔。

2007 年，根据时任广州市政府秘书长关于处理群众投诉海珠区革新路一带沿珠江后航道“三无”船只噪音扰民问题的批示精神，市城市管理办（珠江办）会同有关部门经过调查了解，近年来，该地带临江的航道每天下午 14 ~ 18 时，晚上 19 ~ 22 时有不少没有装消音器的“三无”农用船艇从南往北驶向海珠区厚德路永兴街的水果批发部码头卸货，运货的过程中造成极大的噪音污染扰民。永兴街水果批发部隶属广州市果品食杂公司，该批发部码头停泊有 20 多艘船，属农用船艇，个别为“三无”船只，其载货量以 2 吨 ~ 3 吨为主，船主为中山市、番禺区、东莞市等地的果农，利用船只运输香蕉出售。每天约有 10 艘船只从鹤洞大桥由南往北开往该水果批发部码头，航行时间主要是下午，个别在上半夜，由于农用艇机械设备简陋，没有安装有效消音装置，夜间显得噪声较大。鉴于该类船只已对该航道带来安全隐患及造成环境污染，在执法依据不足给相关部门执法工作带来一定难度的情况下，广州市城市管理办（珠江办）要求永兴街水果批发部做好共建文明珠江相关工作：（1）要求其雇用的运货农用船只手续齐全，符合有关要求；（2）运货及装卸货作业时间进行调整，避免晚上作业，尽量不影响沿岸居民日常生活。广州海事局对上述农用船只船主开展关于水上运输法规的宣传教育活动，要求其限期纠正船艇的噪音问题并做好自身的航行安全，督促船主遵章航行、作业，加装有效的消音装置。当时广州市城市管理支队水上执法大队对上述农用船只人员进行了《广州市水域市容环境卫生管理规定》等市容法规的宣传，告知并明确了其市容环境卫生责任，与业主广州市果品食杂公司永兴购销部签订了市容环境卫生保证书，保证督促船主落实市容环境卫生责任。同年，为保障珠江口航区安全稳定，逐步形成安全的运输环境、良好的通航秩序和文明公正的服务氛围，最终实现"航行更安全、水域更清洁、港口更通畅、群众更满意"的目标，广州市政府根据《关于全国海事系统开展"安全畅通文明"航区（航线）创建活动的意见》（海事党〔2005〕79号）精神，积极开展广州水域"安全畅通文明"航区创建活动，着力打造"以地方政府为主导、以行政相对人为主体、以各行政主管部门积极协作、海事部门组织协调、多方合作共建"的水上交通安全管理链，努力使珠江广州水域成为政府放心、行政相对人满意、社会公众信赖的"安全畅通文明"航区，为广州市创建全国文明城市，迎接举办2010年第16届亚运会，为地方经济建设又好又快发展做出积极贡献。

经过十多年的整治，大大提升了广州市的城市景观。2014年8月，广州市新任市委书记履新后，随即提出广州市要创建"干净、整洁、平安、有序"的城市环境，更加全面地对广州市的市容市貌和景观管理提出了新的要求，赋予广州市城市管理等部门新的职责和任务。

三、珠江的华丽变迁

珠江是广东人的母亲河，也是我国的第二大河流，蜿蜒流淌在南粤大地上，终日不息。

珠江广州河段是珠江最美丽最璀璨最有魅力的一段，承载着每一个广州人奋斗的身影和深远的梦想，每天有多少广州人对她或投以匆忙的一瞥，或深情的凝望。

也许是冥冥中的注定，也许是前世的尘缘，20世纪九十年代初的一个夜晚，我从遥远的中原腹地抵达广州火车站，乘坐203路公交车经过珠江上的海珠桥到达康乐园开始大学生活。26年前珠江的夜晚是那么的沉静美丽，点点灯光映衬着她宽阔的胸怀，仿佛在喃喃细语，呵护着身旁这座美丽的城市进入梦乡。

大学学习生活与紧张的高中生活有天壤之别，使我有闲适的心情来从容观察和仔细感受身边这条南方著名的中国第二大河流——珠江。中山大学北门码头有一班到天字码头的客轮，至今仍在运营，当时船票很便宜，很多中山大学师生节假日乘船到北京路商业街逛街购物。我虽对逛街购物兴趣不大，但来自中原的我从小没有什么机会乘船，所以很喜欢乘船观赏河两岸风光的感觉，学习之余就与同学一起乘船在珠江上来回徜徉，有时在傍晚时分，也会静静地坐在天字码头附近的沿江路的大排档上，叫一碟紫苏炒田螺、一盘炒粉和两瓶珠江啤酒，与同学举杯对饮，任江风吹拂，看晚霞隐退西天，夜幕降临时，喝干最后一杯啤酒，兴犹未尽地乘船返回康乐园，一夜无梦。

那时珠江上只有海珠桥、海印桥、广州大桥和珠江大桥等几座桥，珠江内河道两岸最高的建筑是江湾大酒店，海印桥的斜拉索上是巨大的太阳神广告，夜晚霓虹闪烁，醒目而璀璨，装点着城市的夜色，大沙头码头幽蓝的灯光映照在平静的江面上，神秘而又温暖。随着邓小平南巡讲话，广州经济迎来新一轮大发展，渐渐的珠江两岸冒出几十块巨型广告牌，夜晚各种霓虹灯广告在珠江两岸滚动闪耀，令人眼花缭乱，一片繁荣的商业景象。物极必反，太多巨幅霓虹广告阻挡了珠江的自然景观视线，造成了视觉污染。2004 年底，广州市政府实施整治珠江两岸景观工程，珠江两岸的霓虹灯广告，连同海印桥上的太阳神广告逐渐被拆除。

20 多年过去了，珠江发生了巨大的变化，已可以与法国巴黎的塞纳河相媲美。珠江上新建了江湾大桥、解放大桥、猎德大桥、鹤洞大桥、琶洲大桥、华南大桥等 10 多座漂亮的桥梁。珠江两岸高楼林立，灯火辉煌，广州塔扭着她婀娜的腰身日夜伫立在珠江南岸，当年珠江内河道最高的江湾大酒店早已变成小弟弟，不仔细辨认几乎难以找到它的身影。过去珠江上客运的航线和船只很多，现在大都停航，退出市内交通的舞台，只有极少的航线保留，取而代之的是众多的披华带彩的珠江夜游的游船，每当夜幕降临、华灯初上的时候，一艘艘装点着彩灯的各种形状的游船，在珠江两岸洁白的石栏和绚丽的灯光的映照下，悠闲地游弋在珠江上，一副盛世繁荣的图景。

我上班一直在珠江的北岸地区，而却住在珠江南岸的海珠区，每天上下班都经过珠江上的桥横跨珠江。有一年的春天特别的温暖明媚，我忽然发觉海珠桥的桥头一颗高大挺拔的木棉树开满了木棉花，满树的木棉花火红娇美，红棉璀璨，在英雄的树、英雄的花的映衬下，让人感觉得到珠江也格外的壮美。

2015 年夏天，一个在上海工作的同学到广州出差，约我们几个广州同学在沙面公园旁的珠江边西餐茶座小聚，他大学毕业后曾在广州造纸厂工作过几年。夕阳西下，华灯初上，我们边欣赏白鹅潭美丽的风光，边感慨珠江的华丽变迁，回忆二十年前一起在广州度过的快乐的单身生活，他指着江对面的住宅小区感慨，那里就是他曾经工作过的工厂。20 多年前，沿着珠江两岸散布有二十多家工厂，数十个工业烟囱冒烟，现在工厂都搬迁走了，工业烟囱也大都被爆破拆除，只留下个别烟囱整饰后做纪念之用，代之而起的是数量众多的高档的住宅小区和商业楼宇，霓虹闪烁。

珠江仍如过去一样平静的缓缓东流，以她博大的胸怀哺育着原本就生活在这片土地和从四面八方来到这片热土创业的 1800 多万新老广州人。

第三节　广州市借鉴国外经验积极开展中水利用

为借鉴国外先进经验，利用最新的技术和管理模式促进广州市环卫事业的发展，通过考察澳大利亚、新西兰等国家的城市道路洒水冲洗和中水利用情况，并结合广州市实际，进行比较分析，形成中水利用的综合建议。

一、澳大利亚、新西兰城市道路清洁及中水利用情况

澳大利亚、新西兰都是被海洋环绕的岛国，生态环境优美，城市道路洁净无尘，空气清新透明，是世界上为数不多的最适宜人类居住的区域之一。澳大利亚和新西兰的居民环境卫生意识都比较高，街道上几乎看不见环卫保洁人员，他们定期使用各种清洁机具、车辆清洁路面。作业时，根据作业情况设置安全标识或路障，街面和路面的卫生保持较高水平。

澳大利亚和新西兰同时又是淡水资源比较缺乏的国家，污水处理率和污水处理后的中水利用率都比较高，尤其是澳大利亚，特别重视中水的利用，主要是用于城镇绿化、道路清洁和高尔夫球场等，澳大利亚和新西兰的湖泊河流都是非常干净，清澈见底，没有被污染的迹象。

中水一词来自日本，其水质及其设施介于上水道和下水道之间，故称“中水”。中水是污水二级处理后再深度净化处理后作回用的水，也称“再生水”，水质达到城市杂用水的标准，可用于城市景观和冲洗马路、车辆、厕所及绿化等，是可在一定范围内重复使用的非饮用水。

新西兰奥克兰市南部地区和澳大利亚墨尔本吉朗镇的中水利用情况比较好，中水主要来自污水处理厂。奥克兰南部地区应用的中水来自沃特凯尔污水处理厂，该厂日处理污水 30 万吨。墨尔本吉朗镇是一个海滨度假小镇，应用的中水来自安格来斯污水处理厂，该厂日处理污水 600 吨 ~ 4000 吨。中水大部分用于城镇绿化、道路清洁和附近的高尔夫球场。中水使用一般实行收费制度，但价格较低，大约是普通饮用供水的四分之一。

二、广州市道路清洁及中水利用现状

广州市是祖国的南大门，华南地区的区域性中心城市，又是改革开放的前沿，自古就是商贸重镇，面积 6000 多平方公里，常住人口却高达 1600 多万人，每天都有上百万的流动人口，日产垃圾 14000 多吨，城区保洁和马路冲洗任务非常繁重。由于自然环境和居民环境卫生意识等方面的差距，广州市道路清洁目前采取日间保洁和夜间冲洗相结合、人工作业与机械化作业相结合的方式，政府对道路清洁投入大量的人力、物力和财力，以保持较高的保洁水平。

目前广州城区主次干道冲洗基本使用清洁的居民饮用水，年耗水达数百万吨，水资源浪费严重。近年来，随着环境保护意识的提高，广州市污水处理事业发展较快，现已建成两个污水处理厂，即猎德污水处理厂和大坦沙污水处理厂，并已开展中水项目的科研试制。但是，每个污水处理厂日处理污水能力虽然都达到数十万吨，但日试制生产中水仅数千吨，用途也仅限于厂区道路的洒水和绿化用水等，只有少量中水由广州市环卫

洒水作业单位使用，用于城市个别路段的冲洗，中水的生产水平和利用率都远远低于澳大利亚、新西兰和美国等西方发达国家。

广州市是一个水质性缺水的城市，饮用水资源并不丰富。长期使用洁净的饮用水来冲洗道路、绿化等，确实造成资源浪费，也越来越受到越来越多的人的质疑。借鉴国外先进经验，充分利用中水代替饮用水来冲洗道路、车辆、厕所和绿化等，缓解水资源紧张的压力，无疑是今后城市节约用水的发展方向。

三、广州市加快利用中水冲洗道路的途径

通过对澳大利亚、新西兰道路清洁和中水利用的分析考察，应从以下几个方面来加快推进广州市中水利用水平，以实现完全使用中水代替饮用水冲洗城区道路。

（一）积极开展中水项目的科研

目前我国还没有中水利用专项工程，也没有专项资金，只是政策上引导。广州市污水公司虽然已开展中水项目的科研试制，但水质还不稳定，大肠菌群数有时会超标，肉眼可见少量悬浮物，生产规模也很小，每日只有几千吨，远没有达到大规模生产利用产生经济效益的程度。大规模生产利用中水，必须要积极加快推进中水项目的科学研究和试制，生产出各项指标都能够达到要求的合格的中水，以保证中水作为生活杂用水使用的安全可靠性。

经考察，澳大利亚、新西兰的污水处理厂主要采用活性污泥法的传统处理工艺，生产的中水水质标准都比较高，而且生产量大，利用范围广。西方发达国家污水处理和中水回用工程普遍发达，据有关资料介绍，美国污水处理早在20世纪70年代就达到了10级深度处理标准，年利用中水量巨大，广泛用于农业灌溉、工业用水和城市马路清洁、绿化、冲厕等。我国北方严重缺水城市例如北京、天津在中水利用方面做得相对稍好一些，但污水处理标准并不高，一般只达到2级、3级处理标准，更深度处理的极少，主要用于工业发电。

（二）建设独立的中水道系统设施

目前我国城市一般都只有上水道和下水道两套供排水系统设施，还没有听说有完善的独立的中水道系统设施的城市，大规模广泛地利用中水才能产生实际的经济效益和社会效益，中水利用才有实际意义，没有完善的中水道系统设施，就难以广泛地应用中水。由于没有中水道系统和加水设施，广州市环卫洒水作业目前只能在猎德污水处理厂和大坦沙污水处理厂门前加水，用于冲洗附近道路，由于水量少，水压低，加水时间比较长，有时加一车水需要半个多小时，日使用中水也只有100多吨。广州市现有环卫加水站200多座，遍布全市主次干道，冲洗道路日需水量6000多吨，要完全实现利用中水代替饮用水冲洗道路，需要在全市建立完善的中水道系统和加水设施，把饮用水和中水（非饮用水）分开，建立两套供水系统，广泛使用中水用于城市道路清洁、绿化、冲厕、洗车、消防等等，减少洁净水的浪费，保护并不充足的水资源。澳大利亚、新西兰等西方发达

国家利用中水的时间较早，城市一般都有完善的中水道系统，中水处理程度高，水质好，污水处理量和中水利用量都很高，应用范围也较广泛。

（三）建立中水利用的法制体系

中水利用是一项规模巨大的工程，具有特别重大的意义，但我国目前中水利用的范围和规模普遍发展缓慢。推动中水利用的发展，仅靠鼓励和政策引导是远远不够的，要建立完善的中水利用法制体系和政策措施，用法律法规来加快推进和规范中水的科研、生产和使用行为，编制技术标准，培育中水利用市场，逐步限制和禁止使用饮用水冲洗道路、冲厕、绿化和消防等。各级政府应根据地方实际情况，出台相关的中水利用配套政策措施，做好中水利用规划，尽快推进中水利用的规模化、效益化，使中水利用真正进入能够实际应用的新阶段。

（四）开展中水利用的宣传

我国研究和利用中水起步较晚，目前仍处在探索性实验性阶段，中水对广大群众来说还比较陌生。中水来自污水，是污水经过深度净化处理而来的，对使用中水人们在心理上可能一时还难以接受，存在种种顾虑。要加大对中水利用的宣传力度，使广大市民认识中水、了解中水、接受中水，把推广使用中水作为节约用水的重要内容，向市民普及中水利用的技术、水质标准等常识，大力宣扬利用中水的节水效益、环境效益和资源效益。使各单位和广大市民认识到中水是安全的，积极参与中水的使用，放心地使用中水。西方发达国家使用中水时间较长，取得了许多成功的经验，技术已比较成熟，应用范围也比较广，有的把中水用于农业灌溉，有的水质已达到饮用水的标准，这些都说明了中水是安全的、可靠的。

在科学发展观的指导下，各级政府不断转变发展思路，不断认识到可持续发展的重要性和紧迫性。广州市用中水代替饮用水冲洗道路，与全市中水利用工程的建设是分不开的，中水利用工程虽然耗资巨大，但同时带来的环境效益、资源效益和经济效益也是巨大的。相信在不久的将来，中水利用工程必将提到各级政府的议事日程，我们城市管理（环卫）部门也应未雨绸缪，在清洁城市的过程中，积极了解和认识中水，主动地参与到中水的使用中来。

第四节 广州市创建国家卫生城市

从 1990 年开始，广州市政府就积极开展创建国家卫生城市活动，创建国家卫生城市是广州市政府加强城市管理工作既定的奋斗目标。2007 年，广州市虽然经过“一年一小变”、“三年一中变”的城市建设和综合管理整治，城市环境和面貌发生了巨大变化，但是距离实现“到 2010 年一大变”的目标还有一定的差距。广州市虽然是全国第三大的超大型城市，但又是省会城市，与四个直辖市不同，要全市整体区域参与创建国家卫生城市，而直辖市是以区为单位参与创建国家卫生城市。由于广州商业发达，人口增长速度很快，市容市貌和环境卫生的整治压力很大，城市周边有广大农村地区，创建国家卫生城市难度很大。

广州市各区、县级市环境卫生发展程度很不平衡，在城市中心城区和主干道环境卫生状况良好，但在城市的内街内巷、城中村、城乡接合部等地方，占道经营、乱摆乱卖的现象和“五小”行业、饮食店（档）、农贸市场、建设工地的卫生状况还没有得到根本改变，这些区域和行业还存在比较严重的“脏乱差”现象，广大市民反应很大，反复投诉，要求改善上述区域和行业的环境脏乱和卫生差状况的愿望强烈，是创卫工作的重点、难点问题。为有效解决上述问题，营建“适宜居住生活、适宜创业发展”的城市环境，广州市委、市政府决定举全市之力，加强创建“国家卫生城市”的组织领导，加大创卫工作力度，誓取“国家卫生城市”桂冠，彻底改变广州市的市容环境和卫生面貌。

一、广州创建国家卫生城市工作部署

广州市开展创建国家卫生城市工作起步较早，在每个“创卫”周期都积极参与，不断总结经验，查缺补漏，提高“创卫”工作水平。为进一步推进创建国家卫生城市工作，2003 年 4 月，广州市爱国卫生运动委员会印发了《广州市创建卫生城区工作方案》和《广州市卫生城区考评标准》，全面启动创建卫生城区工作，为“创卫”打下坚实的基础。经广州市爱卫办组织考核验收，广州市原东山区等 3 个区首批被评为广州市的卫生城区。2003 年 8 月，广州市爱国卫生运动委员会经市政府同意，以广州市政府办公厅名义印发《广州市创建国家卫生城市规划纲要》，明确广州市创建国家卫生城市的总体目标、主要任务以及工作部署，将创卫的各项指标任务分解到各区、街道和各职能部门，以及有关驻穗单位。2003 年广州市创建国家环保模范城市，12 月 8 日，广州市政府召开会议讨论《广州市创建国家环保模范城市规划纲要》，决定将创建国家环保模范城市与创建国家卫生城市结合在一起，把“创模”各项工作任务分解到责任单位，要求市直各部门和各区、县级市按照任务分工，深入开展创建工作国家环保模范城市和国家卫生城市工作。

为持续深入推进广州市创建国家卫生城市工作，加大“创卫”工作力度，掀起“创卫”工作的热潮，2004 年 8 月 1 日，广州市政府常务会议研究具体推进措施，会议决定由市政府领导和“创卫”办领导分工联系指导各区的“创卫”工作，进一步推动全市“创卫”工作的深入开展。

为调动全市创建国家卫生城市的积极性，2004 年 8 月 23 日，广州市政府常务会议进一步深入研究和部署广州市“创卫”工作，会议强调，全市各级政府、各职能部门要进一步提高认识，与提高城市管理水平，建设“两个适宜”城市和现代化大都市的目标结合起来，把“创卫”工作作为当前一项十分重要紧迫的工作任务来抓，主要领导亲自负责，下定决心、敢于啃硬骨头，打硬仗，确保完成各项工作任务。宣示“创卫”要志在必得，要求全市统一思想，全市动员，人人参与“创卫”工作。要加强组织领导，明确责任分工，把各项工作任务具体化，抓住重点，层层抓落实，切实抓出成效。各区要按照属地管理原则，区政府主要领导要亲自负责，大力整治“六乱”和内街内巷、“城中村”及城乡接合部的环境卫生，整治“三无”饮食店（档），加大除“四害”工作力度，切实抓好环境整治工作。街道管理工作与住宅小区整治要结合推进，确保全面完成各项“创卫”工作任务。

二、采取有力措施整治城市容貌和环境卫生

2004年，广州有很多外来流浪人员，他们居无定所，聚集在铁路沿线废置建筑物内吸毒、赌博等，环境卫生脏乱差现象严重，铁路沿线成为黄、赌、毒、抢流窜人员的聚集地。针对这种情况，2004年9月1日下午，广州市政府主要领导和广州铁路集团负责人乘火车视察广州铁路沿线的绿化、违章建筑整治和治安环境等情况，召开现场办公会议研究广州地区铁路沿线综合整治工作。会议指出，创建国家卫生城市是广州市近期的一项重要工作，也是提高城市管理水平，改善城市环境的一次重要契机。广州市要充分借助创建国家卫生城市的强大东风，与广州铁路集团公司密切合作，振奋精神、下定决心、集中力量、克服困难，加大铁路沿线整治工作力度，把铁路沿线建成广州市一道亮丽的风景线。会议决定拆除铁路线两侧违章建筑，明确广州地区主要铁路干线两侧20米内未经市规划部门核准的建筑物均属违章建筑，必须在规定时间内自行拆除，否则市政府和广铁集团公司将联合组织力量进行强制拆除。铁路线两侧违章建筑拆除后，由广州市政府和广铁集团抓紧进行铁路线两侧20米范围内的绿化工作。广州铁路集团公司表示大力支持和配合广州市的城市建设管理工作，特别是创建国家卫生城市工作。由各区、县级市政府负责摸查铁路沿线和辖区内影响城市环境卫生的难点和老百姓反映强烈的热点问题，通过市和区、县级市上下联动，采取有力措施，做到彻底整治。

2004年9月22日，广州市政府主要领导到原荔湾、芳村区检查创卫工作，并主持召开会议研究迎接国检工作。会议强调市委、市政府高度重视创卫工作，为此，市、区、街及有关部门的领导和广大干部群众已经进行了十多年的努力，取得了初步成果，广州市创卫工作已经通过了广东省的考核与验收，但下一步迎接国家考核验收的任务还十分艰巨，各区、各单位要根据近期创卫工作的重点，下大力气解决目前仍然存在的问题，要做到整治好一片、管理好一片，尽快建立起切实可行的长效管理机制，巩固扩大已经取得的创卫成果。会议要求各部门针对省检查组和市创卫办检查中发现的问题以及省检后出现的松懈回潮现象，按照原来分解的责任抓好问题整改落实工作。各区、各单位要按照《关于调整我市创建国家卫生城市责任分工的通知》的分工要求，做好各自工作任务的落实。要提高工作标准，建立情况处理反馈制度，市、区和各相关部门领导迎检期间没有特殊情况不要离开广州市区，要确保投诉电话有人值班接听，收到投诉后及时处理，处理结果按时上报。市创卫办要组织力量明察暗访，发现问题进行督办。要采取多种形式做好宣传教育工作，创卫工作不仅是政府的事，要群策群力，动员广大市民积极

参与和支持。

禽畜批发市场环境整治工作是创卫工作的难点，为整治禽畜批发市场，2004 年 11 月 17 日上午，广州市政府主要领导检查禽畜批发市场后主持召开现场办公会议。会议指出，经过多年的努力，广州经济社会发展取得了巨大进步，但城市管理水平和环境质量与市民的要求和创建国家卫生城市的目标还有差距。目前，广州市政府已把加强城市管理工作列入市政府的主要议事日程，集中整合政府资源，调整成立了食品安全管理委员会、流动人员管理工作领导小组和城市管理委员会等机构，加强市场环境和社会治安环境建设，努力为广州经济社会协调发展和人民群众安居乐业提供有力保障。会议研究决定，市有关部门和各区、街的领导要统一思想，大力开展创建国家卫生城市工作，要提高禽畜批发市场整治工作认识，确保全市环境卫生整治工作落到实处，提高环境质量和水平，防止“非典”卷土重来，确保人民群众生命安全和健康。禽畜批发市场的整治工作要与城市总体规划和交通规划相结合，有计划、有步骤、有重点地推进，要按照“控制数量、提高水平”的思路进行科学论证，相关部门要抓紧研究制定禽畜批发市场的综合管理办法。

三、广州成功创建国家卫生城市

2004 年 7 月，广州市创建国家卫生城市工作通过了省级调研评估，9 月，通过了省级技术考核验收，广东省爱国卫生运动委员会向全国爱卫会呈报广州创建国家卫生城市的申请。同时指出广州市创卫工作仍需改进，主要是宣传发动群众参与面不够，要加强内街内巷、城中村、城乡接合部的卫生保洁，整治农贸市场、内街内巷乱摆卖，整治中小饮食店档、理发店无证经营的现象，加强除四害措施。广州创建国家卫生城市的工作形势依然严峻。

2005 年 1 月 23 日至 25 日，全国爱卫办组织专家组对广州市创卫工作进行了调研评估工作，25 日对广州市创卫评估工作进行了通报，全国专家组充分肯定广州市创卫工作，但指出广州市创卫工作与国家卫生城市标准仍有较大的差距，主要存在五个方面的问题。一是创卫宣传的力度不够。二是城乡接合部和农贸市场的管理不到位。三是垃圾的清运未能做到日产日清。四是广州在发展的协调性还要继续努力。五是对病媒生物防治工作仍有差距。调研组表示将重点培养和指导广州市的创卫工作。广州市政府主要领导参加了通报会并代表市政府做了表态讲话，表示广州市衷心地感谢全国爱卫办对广州市创卫工作的支持和关心，对专家指出的问题要有针对性地抓好整改工作。并进一步表态，广州市创建国家卫生城市工作不是为创卫而创卫，不是为了拿牌子而创卫，而是为了营造“适宜生活居住、适宜创业发展”的城市环境而创卫，是为提高广州市的综合竞争能力，提高城市管理水平而创卫。

根据全国爱卫办调研组对广州市创卫工作的反馈意见，为进一步深化创建国家卫生城市活动，广州市探索创新创卫措施，开展以行政街为单位的创建卫生街区活动。2005

年2月23日，广州市政府主要领导主持召开了市爱国卫生运动委员会会议，审议《关于开展卫生街区创建活动的工作方案》(以下简称《工作方案》)、《广州市卫生城区考核标准和考核办法》(以下简称《考核办法》)。会议认为，创卫工作是一项民心工程，而不是政绩工程，要解决城市脏乱差问题，比的是城市环境的治理，而不是城市的现代化。因此开展以行政街为单位的创建卫生街区活动，有利于突出重点，抓住薄弱环节，在短期内突破广州市的创卫难点，要在创卫中建立长效管理机制，提高广州市的城市管理能力。会议原则同意《工作方案》和《考核办法》，要求各区加大创卫宣传力度，深入宣传创建卫生街区活动，抓准工作重点，抓好关键环节。指出全国爱卫调研组对广州市提出的五个方面问题，是广州市创卫工作的要突破的重点，各区和市职能部门要密切配合，切实抓好整改。

针对广州市创卫工作存在问题的整改，广州市爱卫会依据《国家卫生城市标准》制定了《考核办法》，考核内容为组织管理、健康教育、市容环境卫生、公共场所卫生、食品卫生、除"四害"单位和居民区卫生、市民满意程度等8个大项目，38个子项目的指标内容。广州市爱卫办组织检查组对全市的每条街道进行考核验收，经考核验收，2005年全市42个街道评为模范卫生街区、50个街道评为卫生街区、9个窗口单位评为卫生模范窗口单位、5个窗口单位评为卫生窗口单位。

为切实推进广州创卫成功，广州市决定学习借鉴外地创卫的先进经验，组织考察组赴南昌、长沙、厦门、福州等城市学习考察。2005年5月30日，广州市政府常务会议通报了学习考察情况，布置有关创卫工作。会议指出，兄弟城市在城市建设和管理方面取得了不少成绩和成功经验，值得广州市认真学习和借鉴。会议要求各区、县级市和各部门清醒认识城市发展"逆水行舟，不进则退"的趋势，切实增强创卫工作的紧迫感和责任心，既要看到差距，虚心学习，又要坚定信心明确目标，不断提高城市管理水平。会议决定明确划分市、区城市管理综合执法队伍等部门在城市管理中的工作职责以及区、街属地管理的具体职责、管理范围、具体地段和责任人，制定相关考核措施。研究制定广州市创建国家卫生城市、国家环保模范城市、全国文明城市(以下简称三创)综合考评办法，完善投诉监督机制，对创建工作各责任单位的工作情况每月进行综合考评，并将考评结果在新闻媒体上公布，加强社会舆论监督。

为促进广州市"三创"工作，2005年8月1日，广州市政府常务会议研究讨论《广州市创建国家卫生城市、国家环保模范城市、全国文明城市工作综合考评方案》，同意广州市"三创"工作综合考评方案，成立广州市"三创"工作领导小组，组长由市委副书记担任，副组长由市委常委宣传部部长、分管副市长和市政府秘书长担任。综合考评办公室设在市创卫办，为加强考评工作力度，从有关部门适当抽调人员充实考评办力量。会议要求市各有关部门和各区、县级市政府要统一认识，以"三创"为动力，通过综合考评促进卫生、环保、城市管理等各项工作提高到一个新水平。从9月1日开始，用10个月时间试行"三创"考评方案，对市民投诉较多的考评指标，要加大考评的密度和次数。

为迎接全国爱卫办对广州市创卫工作的暗访调研，2006年6月15日，广州市政府主要领导主持召开广州市爱国卫生运动委员会扩大会议，广州市根据国家和广东省爱卫办的意见和建议，抓住薄弱环节，加大了创卫工作的力度，建立了“三创”（创建国家卫生城市、国家环保模范城市、全国文明城市）综合考评机制，并以“卫生街区”创建活动为抓手，抓基层、抓重点、抓工作落实，城市环境卫生整体水平有了明显提高。会议要求全市各级政府和有关部门要切实增强紧迫感和责任感，认真履行职责，坚持不懈地抓好工作落实，全面达到国家卫生城市的各项标准，以优异成绩迎接全国爱卫办的考核验收。要集中力量抓好专项整治行动，重点抓好“六乱”、“五小”行业，农贸市场及周边地区、城中村、城乡接合部的专项整治工作。要严格按照《工作方案》和《考核办法》，抓好“卫生街区”创建活动成果巩固工作，防止反弹，对出现反弹的该警告的警告，该降级的降级，该摘牌的摘牌。按照“创卫”责任分工，对工作不落实的要追究单位和个人的责任。要持续抓好“三创”综合考评工作，进一步做好“创卫”宣传工作，组织和动员广大市民群众支持和参与创卫工作。

2006年6月18日至20日，全国爱卫办组织专家对广州创建国家卫生城市工作进行了暗访调研。7月10日，全国爱卫办通报暗访调研情况，在充分肯定广州市“创卫”工作取得明显成效的同时，指出存在的仍需改进的问题：一是老城区、内街内巷、城中村、城乡接合部等部门日常卫生管理不到位，卫生死角较多，部分居民小区内有马路市场。二是集贸市场管理不够规范。三是占道经营现象比较突出。四是中小型餐饮业卫生管理不到位。五是创卫宣传工作力度不够。六是城市内部分河流污染较严重，水源较差。全国爱卫办决定，鉴于广州市“创卫”工作实际情况，暂缓对广州市“创卫”工作进行技术考核，根据其整改情况再适时安排。

2006年11月21日，广州市政府分管副市长受市政府主要领导委托，主持召开广州市创卫指挥部成员扩大会议，会议通报了全国爱卫办对广州市“创卫”工作进行暗访调研情况，审议《广州市创建国家卫生城市整改方案》，要求各区、各职能部门要提高认识，坚定信心，克服畏难情绪和自满心理，加强组织领导和工作协调，一把手要亲自抓整改，切实落实人员，保证经费投入，形成上下联动、条块结合的格局，确保“创卫”整改工作取得成效。要针对国家暗访组提出的六个方面的问题，突出工作重点，全面落实整改措施，建立检查监督和跟踪督办机制，对拒不整改或整改不力的，要严肃追究有关单位和人员责任，确保在2007年上半年全部完成“创卫”整改工作，迎接全国爱卫办的技术考核，实现创建国家卫生城市工作目标。会议原则通过《广州市创建国家卫生城市整改方案》，并要求加强对城乡接合部、城中村、内街内巷的整改工作，加强集贸市场及周边环境的整改工作，加强“六乱”和占道经营现象的整治工作，加强中小餐饮食行业整治工作，加大创卫宣传工作力度。各区、各职能部门按《广州市创建国家卫生城市整改方案》各司其职、通力合作、狠抓整改，逐步建立长效管理机制。

为理顺“创卫”领导指挥机构，整合全市各方面力量投入创卫工作，2007年4月24日，广州市政府分管城建的常务副市长主持召开会议，决定市城市管理办与市创卫办合署办公，由市城市管理办牵头，整合现有市城市管理办、爱卫办、创卫办、三创办、文明办的力量，并从原市市容环卫局、卫生局、城市管理监察支队等单位抽调骨干人员到市城市管理办集中办公，专职开展创建国家卫生城市的组织工作。市城市管理办定期通报创卫工作情况，检查督促各区开展创卫工作。广州市监察局启动行政效能监察机制，对“创卫”工作不力的进行责任追究。原广州市市容环卫局派出督导组常驻各区、县级市，督导全市的市容市貌和环境卫生整治工作。在市直各部门和各区、县级市政府的共同努力下，经过大力的整治，全市环境卫生面貌焕然一新，各项考核指标均达到或超过国家卫生城市的标准。2007 年 9 月 3 日广州市通过了全国爱卫办的暗访调研，11 月通过了全国爱卫办对广州市创卫工作的技术考核，2008 年 2 月通过了全国爱卫办组织的考核验收，没有一个人因创卫工作不力被追究责任。经过十八年坚持不懈地努力，广州市“创卫”终于成功，荣获“国家卫生城市”称号。

第五节　广州市创建全国文明城市

广州市是广东省的省会，是全国第三大城市，华南地区的政治、经济、文化中心。2002 至 2011 年，全市经济社会快速、健康、协调发展，特别是实现城市建设和管理工作“一年一小变、三年一中变、到 2010 年一大变”目标，城市环境面貌发生了巨大变化，城市的城市文明程度和物质文化生活水平日益提高，市民的精神面貌及整体素质明显改善。先后获得了“国际花园城市”、“联合国改善人居环境最佳范例奖”、“中国人居环境范例奖”、“广东省文明城市”、“全国创建文明城市工作先进城市”等荣誉称号，2008 年 2 月成功摘取“国家卫生城市”桂冠，城市形象显著提升，基本具备了申报全国文明城市的条件。

一、广州市创建全国文明城市工作部署

2004 年 3 月，广州市委、市政府召开广州市 2002 ~ 2003 年度精神文明建设总结表彰暨创建全国文明城市、国家环境保护模范城市、国家卫生城市动员部署大会，拉开了广州市创建全国文明城市的工作的序幕。会议总结交流了两年来广州市深入开展精神文明创建活动和创建国家卫生城市的新情况、新经验，表彰了广州市 2002 ~ 2003 年精神文明建设先进单位和先进工作者、2003 年度环境保护目标责任制考评达标单位和广州市绿色社区、2003 年度爱国卫生工作先进单位和先进个人，对广州市创建全国文明城市、国家环境保护模范城市、国家卫生城市进行了动员，部署了具体的工作任务。

2004 年 11 月 19 日，广州市委常委会听取广州市创建全国文明城市工作情况的汇报，同意按有关申报程序启动我市创建全国文明城市工作，原则同意《关于广州市创建全国

文明城市工作的意见（讨论稿）》，并以市委、市政府名义印发，决定于11月下旬召开广州市创建全国文明城市工作动员大会，进一步动员和部署创建全国文明城市工作。会议深入研究了《全国文明城市测评体系》，分析了广州创文工作形势，创建全国文明城市是广州市深入贯彻"三个代表"重要思想和党的十六届四中全会精神，坚持科学发展观、全面建设小康社会的重要举措，有利于推进广州市早日实现"两个适宜"的城市发展目标，有利于进一步提升广州区域中心城市的地位。要求全市各级党委、政府和各职能部门要充分认识创建全国文明城市工作的重要意义，由于"创文"只有相对指标，没有绝对指标，要充分认识"创文"工作的艰巨性和难度，将"创文"工作摆在重要位置，集中精力，团结和凝聚全市人民的智慧和力量，扬长补短、迎难而上，扎扎实实地把创建全国文明城市各项工作任务落到实处。广州市创建全国文明城市志在必得，广州市荣获国际花园城市、联合国改善人居环境最佳范例奖等荣誉称号，创建全国文明城市工作具有良好的基础，要认真总结成功经验，围绕《全国文明城市测评体系（试行）》的各项指标要求，结合广州市实际情况，细化各项工作任务，采取有力措施推进"创文"工作，制定相应的创文目标责任书，将《测评体系》指标分解到市各职能部门和各区（县级市），明确分工，落实责任，努力在"创文"测评中取得高分甚至满分，力争进入首批全国文明城市行列。要进一步加大"创文"宣传力度，广泛开展各类主题文明教育活动，营造全市创建文明城市的良好氛围。

2004年9月，中央文明委印发《全国文明城市测评体系（试行）》（省会/副省级市）。为促进广州"创文"工作发展，2004年11月，广州市文明办、市创文办结合广州市2003年6月开展的文明城市测评体系"中试"工作获得的结果，从广州市"创文"工作的实际出发，参照《全国文明城区测评体系（试行）》的有关标准，根据测评内容和标准，制订了《广州市创建全国文明城市重点工作各区主要任务》（以下简称《主要任务》）。新制订的《主要任务》，依据《全国文明城市测评体系》标准，将测评内容和标准转化和分解为主要工作任务，共计7大类、57项。《主要任务》突出了"创文"工作的重点和难点，并根据"创文"工作的整体需要，将"创文"重点任务与常规创建工作相结合，既突出重点，加强薄弱环节工作力度，又注重创建工作的长期性、动态性、系统性，对"创文"工作做出全面的安排。《主要任务》分工下达的任务原则上对应测评体系的测评项目顺序和测评标准，但也根据需要调整归类个别分工项目。

二、广州积极推进创建全国文明城市

2004年11月26日，中共广州市委、广州市人民政府印发《关于广州市创建全国文明城市工作的意见》（以下简称《意见》）。《意见》指出，广州市委、市政府决定广州市创建全国文明城市，是深入贯彻"三个代表"重要思想和党的十六大、十六届四中全会精神，积极践行科学发展观，全面建设小康社会的重大举措，是广州市实现增创发展新优势，建设现代化中心城市，提高城市文明程序和市民综合素质的重要途径，是顺应广大人民群众建设现代化大都市迫切愿望的“民心工程”。创建全国文明城市，有利于进一步提升广州中心城市的地位，有利于广州市早日推进实现“两个适宜”的城市发展目标，增强城市的综合竞争力，提高全市人民的物质文化生活水平，意义重大且深远。《意见》要求，创建全国文明城市是一项统揽全市工作的“龙头工程”，全市各级党委、政府和各有关职能部门要充分认识这项工作的重要意义,将“创文”工作摆在重要位置。“创文”活动规模大、涉及面广、项目多、要求高、任务重，要集中全市人民的智慧和力量，想方设法落实创建全国文明城市的各项工作任务，取得明显成效。《意见》明确“创文”工作由市委、市政府统一领导，广州市文明委作为市创建全国文明城市指挥部，统筹协调有关“创文”工作。指挥部总指挥由市委主要领导担任，第一副总指挥由市政府主要领导担任，常务副总指挥由市委分管副书记担任。成立七个专项工作组，分别由市委、市政府有关领导担任正副组长。各组正副组长根据测评项目、内容和目标要求，牵头成立由市各职能部门主要负责同志参加的专项工作小组，逐项落实并责任到人。创建文明城市日常工作由市文明办、市创建办协调落实，市文明委各成员单位在创建过程中承担相应职责。各区（县级市）参照市的组织领导架构，组建相应的工作班子，组织做好本地区的创文工作。

2005 年 1 月，广州市政府办公厅印发了《关于落实广州市创建全国文明城市中“加强诚信政府建设”任务的实施方案》（穗府办函〔2005〕17 号），将创文工作列入市政府办公厅重要议事日程，成立市政府办公厅创建全国文明城市工作领导小组，由市政府秘书长担任组长，分管副秘书长和办公厅纪检组长担任副组长，建立创建工作协调督查和联系人制度。为进一步明确广州市“创文”工作的组织领导和工作职责分工,2005 年 4 月，经广州市委、市政府批准，广州市文明委、市创文办印发了《广州市创建全国文明城市专项工作组工作职责和分工》（穗文明办〔2005〕10 号），明确广州市创建全国文明城市指挥部下设七个专项工作组，分别为政务环境组、法制环境组、市场环境组、生活环境组、人文环境组、生态环境组和创建活动组等，统筹协调全市有关创建全国文明城市工作的落实。

2006 年 11 月 9 日，经广州市委常委会议和市政府常务会议审议通过，广州市印发《广州市 2006—2008 年创建全国文明城市工作规划》（以下简称《规划》）。《规划》明确指出，2006 年至 2008 年，是广州市全面推进新一轮创建全国文明城市工作的关键时期，全市各级党委、政府和各有关职能部门要坚持以科学发展观统领，充分认识到“创文”工作的重要性和紧迫性，切实加强组织领导，精心周密安排，落实各项工作责任，真抓实干，积极推进“创文”工作，确保按时按质实现各项既定工作目标。要坚持从抓群众普遍关注的突出问题入手，立足基层，惠及群众，巩固成果，攻克薄弱环节。要坚持以思想道德建设为核心，以树立社会主义荣辱观为导向，努力推动社会主义核心价值体系建设，进一步提升城市文明建设水平。坚持城市建设与管理并重，使“创文”工作与广州市实现城市建设与管理“到 2010 年一大变”的目标紧密结合，进一步提高城市建设和管理水平。

要广泛深入开展创建全国文明城市的宣传发动工作，充分调动各方面的积极性，引导全市人民共同参与，形成全社会共建美好广州的强大合力，以优异成绩迎接2008年“全国文明城市”测评检查。

为使创建全国文明城市工作在巩固成果的基础上，加大薄弱环节的突破力度，切实提高创建工作水平，努力实现创建工作目标，广州市委、市政府制定了十项工作措施。一是要大力发展经济，进一步提高人民群众生活水平。二是要大力加强城市基础设施建设，进一步改善城市居民工作生活条件。三是要继续加强城市环境综合整治，进一步提升城市管理水平和形象。四是要大力实施“青山绿地、蓝天碧水”二期工程，进一步加强城市生态环境建设。五是要大力推进依法治市，进一步强化社会公平正义的法治保障。六是要大力开展平安建设，进一步筑牢社会和谐稳定的坚固防线。七是要大力推进诚信建设，进一步营造诚实守信的社会氛围。八是大力实施“阳光政务”，进一步提高党政机关工作效能。九是要大力抓好公民思想道德建设，进一步培育和弘扬健康向上的城市精神。十是坚持大城市要“以文化论输赢”，大力实施“科教兴市”、“文化强市”战略。

2006年11月22日，广州市委、市政府在中山纪念堂召开全市精神文明建设总结表彰暨创建全国文明城市动员大会，对2004～2005年广州市精神文明建设情况进行总结和表彰，对2008年争创全国文明城市工作和实现城市环境面貌“到2010年一大变”目标进行再动员、再部署。广州市委主要领导作了题为《以科学发展观为统领，兴起创建全国文明城市工作新高潮》的重要讲话，广州市政府主要领导总结了2004年以来全市精神文明创建工作，部署了广州市新一轮创建全国文明城市工作具体安排。

三、总结经验，再接再厉，成功创建全国文明城市

2007年10月12日，广州市召开创建全国文明城市工作点评会，认真检查各项创建工作的进展情况，全面查找存在差距，研究部署下一阶段工作。广州市委、市政府主要领导出席点评会并讲话强调，创建全国文明城市是当前广州的重要任务，是市委、市政府多年来坚持不懈的奋斗目标，也是全市人民的共同愿望。全市各级党委、政府和各部门要以坚定的决心、饱满的热情和务实的作风，毫不动摇地做好各项创文工作，不断提升城市文明程度和市民文明素质，以优异成绩迎接2008年全国文明城市的检查验收。

会议充分肯定了广州市“创文”工作取得的成绩，同时要求进一步增强创建全国文明城市工作的紧迫感和责任感。指出“创文”工作仍然存在不少问题和薄弱环节，距离《全国文明城市测评体系》的要求还有一定的差距，要认清形势，更加自觉地把“创文”工作作为推进科学发展的重要举措、促进社会和谐的重要内容、增强城市综合竞争力的基础工程来抓，加快实现创建全国文明城市目标的步伐。

会议指出，从即时起广州创建全国文明城市已进入倒计时阶段，要围绕新颁布的全国文明城市测评体系，按照《广州市2006－2008年创建全国文明城市工作规划》和《重

点工作项目分工》的要求，明确工作目标，狠抓重点难点，及时查漏补缺，全面推动创建工作深入开展、达标升级。广州市创建国家卫生城市取得重大进展，已进入最后的检查验收阶段，要以“毕其功于一役”的精神，继续做好的各项工作，迎接国家爱卫办的全面验收。要深入推进“平安广州”建设，进一步提高市民的安全感，大力推行“阳光政务”，进一步提高政府行政部门的服务水平，深入开展文明社区、文明村镇和文明行业创建活动，进一步提高社会文明程度，下功夫提高市民整体素质，树立广州人现代文明市民的新形象。

会议强调，广州市创建全国文明城市工作决不搞形式主义，必须脚踏实地，扎实推进。要切实加强“创文”工作的组织领导，完善长效机制，使“创文”工作取得人民群众真正满意的成效，经得起时间和历史的检验。要创新和完善城市管理体制机制，建立健全基层“创文”工作机制，不断完善全市“创文”工作有效运行机制，努力走出一条保持活力、历久不衰、持续发展和有利于文明城市创建活动的新路子。

为促进广州市下一阶段的“创文”工作，会议对广州市创建全国文明城市工作提出五项具体措施。一是抓好政务环境建设，全面推进依法行政、政务公开，提高行政效能，提升群众的满意度。二是加强社会治安综合治理工作，严厉打击严重刑事犯罪，完善治安视频监控系统，调整充实基层警力，加强公共消防设施系统建设，提高市民的安全感。三是继续加强城市建设，突出抓好城市生态体系建设和城市基础设施建设，进一步改善城市环境。四是加大城市管理力度，提升城市管理的现代化水平。五是积极解决民生问题，进一步提高市民生活质量。

通过召开此次点评会，进一步彰显了广州市创建全国文明城市的决心和信心。点评会议后，广州市创文办按照市委、市政府的部署，不断完善工作机制，加大工作力度，扎实稳步组织推进广州市创建全国文明城市工作。2008 年，广州市虽然没有能够一鼓作气通过创建全国文明城市的检查验收，但为“创文”工作打下了坚实的基础。广州市始终不放弃“创文”工作，总结经验又投入新一轮的创文工作，不断加大工作投入，改进创建工作方式，反复对创文指标进行模拟测评，查缺补漏，一步一个脚印地推进“创文”工作。2011 年 12 月，广州市顺利通过“创文”“国检”，经过九年坚持不懈地努力，终于取得创建全国文明城市的成功，全国精神文明建设指导委员会第三批授予广州市“全国文明城市”称号。

第六节　广州市打造市民满意的城市管理投诉服务热线

2013 年，广州市纪委为体现党的群众路线教育实践活动“为民务实清廉”的主题，积极开展公共服务廉洁化的理论探索和创新实践，启动了公共服务廉洁化工作，此项工作在全国是开创先河之举。2014 年，广州市纪委继续推进公共服务廉洁化建设工作，把广州市城市管理委列为全市第二批开展公共服务廉洁化工作的10个重点部门之一，并列为全市政风行风评议单位。广州市城市管理委在深入推进公共服务廉洁化工作中，公布了城市管理公共服务廉洁化10件民生实事，其中第8件实事“提升12319城市管理热线的功能和服务水平”，是由广州市城市管理监控指挥中心具体负责落实。

一、深入理解公共服务的思想内涵，提高对公共服务廉洁化的认识。

推进公共服务廉洁化工作，首先要弄清楚什么是公共服务。公共服务是政府职能的重要组成部分，是由政府为满足公共需求，通过使用公共权力和公共资源，向公民提供产品和服务。公共服务也是21世纪公共行政和政府改革的核心理念，尤其强调政府的服务性和公民的权利。公共服务事业与公众生活密切相关，在公共服务领域推进廉洁化工作，最能改善公众的腐败感知，最能反映政府的廉洁形象。2013年广州市纪委把推进公共服务廉洁化作为深化作风建设的重要抓手，提振了市民群众对共建共享廉洁广州的信心。公共服务也是国家治理体系的重要组成部分，在公共服务领域实现公正、透明、高效、廉洁，是国家治理能力现代化的重要体现，基层公共服务单位要切实消除对公共服务廉洁化理解不深、认识不够的现象，切实重视公共服务廉洁化作工作，把推进公共服务廉洁化作为一项极为重要的工作，纳入单位日常工作的重要日程安排，切实抓紧抓好，抓出成效。通过深入推进公共服务廉洁化工作，全面提升政府基层单位的服务质量，树立廉洁从政的新形象。

二、紧紧围绕重点开展规定工作内容，增强公共服务廉洁化工作的针对性。

公共服务具有鲜明的特性，廉洁化有明确的具体内容，根据公共服务廉洁化的重点，并结合单位实际制定有针对性的工作措施，才能使廉洁化工作有的放矢，取得成效。广州市城市管理指挥中心在推进公共服务廉洁化工作中，要求每个部门和每一个干部职工都要认真学习领会广州市城市管理委关于推进公共服务廉洁化工作的系列文件精神，根据市城市管理委10件民生实事的要求，提升12319城市管理服务热线的功能和服务水平所要达到的工作目标是“在12319热线全年每天24小时不间断运行的基础上，扩展至集电话、网络、邮箱、媒体、12345转办、立体化的受理模式”。广州市城市管理指挥中心为此制订实施方案，采取一系列有力的工作措施，扎实推进工作目标和任务的落实。此项工作涉及指挥中心每个部门和每一个干部职工，提升12319城市管理热线的功能涉及指挥调度科，提升12319热线的服务水平涉及巡查监督科，廉洁化办公室设在综合科。指挥中心各科室从始至终都清楚明白各自的工作任务和责任，高度重视和认真对待公共服务廉洁化工作，严格按照市城市管理委和指挥中心党支部的要求，通过不断强化廉洁服务意识、健全廉洁服务制度、履行廉洁服务承诺、整治廉洁服务问题等方式，推进公共服务廉洁化工作，努力把广州市12319城市管理热线打造成为一个市民满意的文明服务“窗口”。

三、严格对照廉洁化要求开展自查自纠活动，建立完善廉政风险防控机制

在公共服务廉洁化工作中，指挥中心各科室和每位干部职工认真研读领会推进公共服务廉洁化实施方案的重点内容，从思想意识、日常工作行为、制度建设等方面进行对照检查，对不足之处和存在问题进行纠偏整改。干部职工通过学习教育，深刻认识公共服务廉洁化工作的重要性，认真对待公共服务廉洁化工作，对自己所负责或从事的工作进行廉政风险评估，查找廉政风险点，制定预防措施，建好拒腐防变的“防火墙”，确保廉洁从政从业，树立良好的行业风气。指挥中心既是城市管理指挥调度机构，也是城市管理委为民服务的一个重要“窗口”，经过调研分析，12319 城市管理热线从信息系统建设、电话接听、立案、督办、结案等各个环节都可能存在懒政廉政风险和作风建设问题，既要纠正在个别干部职工中存在的此项工作与己无关的思想意识，还要纠正认为做个方案,列个表就万事大吉的马虎应付的行为。要把工作做在平时,此项工作有八个规定动作，要严格按照任务分解表，一步一个脚印抓好各项工作的落实，通过建立完善廉政风险防控机制，达到公共服务廉洁化建设的目标要求，力争在检查验收时交出一份令人满意的答卷。

四、拓展城市管理信息管理系统的功能，确保市民投诉的城市管理问题能够顺畅处理解决

广州市 12319 城市管理热线每年接受和处理市民投诉的城市管理问题约 15 万个，这么大量的城市管理问题能够迅速立案、分派、处理、督办和办结，依赖于一个功能强大的城市管理信息管理系统。一年来指挥中心致力于不断拓展城市管理信息管理系统的功能，先后完善了 12319 系统的自动回访功能，升级了短信系统、城市管理综合提升考评系统等。为进一步提高 12319 系统的稳定性，指挥中心计划将主要业务信息系统迁移到电信或联通公司专业机房，同时保留指挥中心现有机房系统作为应急备用，确保系统稳定运行。过去，指挥中心共享使用市城市管理综合执法局互联网线路，用于 12319 信息系统日常运行及中心日常办公，为确保系统线路带宽，指挥中心向广州市电子政务中心申请开通电子政务外网互联网服务，互联网带宽 30M，与市城市管理综合执法局互联网线路同时使用，拓展了指挥中心信息系统的线路带宽。通过一系列的措施，不断完善和提升城市管理信息管理系统的功能，提高了解决城市管理投诉问题的能力和效率。

五、不断提升服务质量和服务水平，打造市民满意的 12319 城市管理热线

12319 城市管理服务热线是广州市城市管理监控指挥中心一项极其重要的工作内容，仅接听电话的话务员就达 30 多人，由原来五班四人改为七班五人，每天轮流 24 小时值班，平均每天接听受理投诉电话近 500 个，一根电话线的两端连接的一头是市民群众，一头是政府部门。若让市民满意，城市管理指挥中心的工作人员必须有较高的思想道德品质、

工作能力和服务沟通技巧，指挥中心党支部要求各部门和全体干部职工要认真学习领会市城市管理委关于推进公共服务廉洁化工作的精神，高度重视和认真对待公共服务廉洁化工作，并从思想认识、日常工作行为、制度建设等方面进行对照检查，进行换位思考，对接服中存在的不足之处和问题进行纠偏整改，通过加强日常业务和文明礼仪培训，加强工作质量检查和提高人工回访率等，不断提高群众满意度，努力提升 12319 城市管理热线的服务水平。

六、以开展多种形式的活动为载体，不断将公共服务廉洁化工作引向深入

为深化公共服务廉洁化工作，指挥中心党支部按照规定在电子显示屏滚动播放标语口号，制作宣传板报等加强宣传营造氛围，在此基础上，又开展了一系列公共服务廉洁化建设活动。一是举办主题为“为民、务实、清廉”的公共服务廉洁化演讲比赛。2014 年 7 月 1 日，经过层层选拔，挑选出 12 名干部职工进行了精彩的演讲，广州市城市管理委领导和委纪检、组织人事部门有关负责人现场观摩并指导，取得较好的教育效果。二是制定公共服务廉洁化座右铭。指挥中心每人自拟一条 25 字以内的座右铭，68 名工作人员撰写的座右铭语言生动简洁，积极向上，富有内涵和哲理，起到了激人奋进和自我督促警醒的作用。三是撰写公共服务廉洁化心得体会。中心全体工作人员每人撰写一篇心得体会文章，内容为在公共服务廉洁化工作的所思所想所得，对提高公共服务廉洁化的认识，如何提高服务质量，如何做好廉洁自律工作等，字数 1200 ~ 2000 字。四是制定完善 12319 热线服务承诺和服务公约。由巡查监督科负责制定 12319 热线服务承诺和服务公约，经指挥中心党支部会议研究决定后颁布执行。五是开展 12319 热线业务知识竞赛。以公共服务廉洁化为主题，开展以 12319 热线业务知识为主要内容的知识竞赛，促进 12319 热线工作人员熟练掌握业务知识和技能，提高工作能力和服务水平。

七、以推进公共服务廉洁化工作为契机，积极开展中心的民生实事工作。

根据工作要求和征求干部群众意见，在推进公共服务廉洁化工作中，广州市城市管理指挥中心结合实际，积极为干部职工做好事、实事。一是改造男、女职工临时集体宿舍。在广州市城市管理委办公室和广州市机械化作业中心的大力支持下，指挥中心在广环大厦、机械化作业中心分别设置了男、女职工临时集体宿舍。指挥中心对男、女职工集体宿舍进行改造，加强规范管理，改善了单身职工的生活条件。二是调整改善女更衣室环境条件。2011 年指挥中心将一间会议室改设为女更衣室，解决了女干部职工更换制服和话务员轮班休息的问题，但原女更衣室密闭、没有窗户，阴暗拥挤，蚊子多。2014 年将女更衣室调整到有窗户的房间，面积更大，有新鲜空气和阳光，环境更加整洁，更加有利于女干部职工的健康。三是建立职工之家和图书阅览角。指挥中心投入资金建立职工活动室，购置健身器材、乒乓球台和书籍等，供职工工余进行锻炼和阅读学习。四是组织劳务派遣人员体检休养。2014 年 7 月 14 日 ~ 18 日，广州市城市管理指挥中心分两批

组织 49 名劳务派遣人员前往广东省干部疗养院进行体检和休养。五是丰富职工业余文体生活。发挥工会和团总支的力量开展文体活动，组建球类、书画、歌舞等各类主题兴趣小组，每周定期组织羽毛球、乒乓球、瑜伽、棋牌、登山等活动，丰富职工业余生活。六是提升干部职工素质。对话务和视频人员进行轮岗提升综合业务水平，开展写作、礼仪等各类培训，提升个人素质。七是关爱职工身心健康。积极组织未婚男、女职工参加交友联谊活动，领导干部利用各种业务工作时机和职工谈心，举办辅导讲座，了解困难，疏导压力。

八、积极践行服务公约和服务承诺，保证公共服务廉洁化工作取得显著成效。

广州市城市管理指挥中心成立的时间不长，廉洁化问题不是很突出，2014 年以前没有出现过违法违纪现象，但随着时间的推移，如果不抓紧廉洁化建设，干部职工难免会思想放松，千里之堤，毁于蚁穴。古人说：欲速，则不达，贪小利，则成不了大事。广州市 12319 城市管理服务热线建立 10 多年来，接听处理城市管理投诉案件达 180 万件，这在广州城市管理中是一件了不起、功高至伟的事业。提升 12319 热线服务水平是公共服务廉洁化工作的一项重要内容，全体干部职工要从思想上、行动上积极行动起来，以“为民、务实、清廉”为主题，加强作风建设，从我做起、从每天的工作做起，以认真负责的态度和严谨细致的作风对待工作，通过辛勤的付出取得优异的工作成绩。教育干部职工不要在工作中产生一丝一毫的邪念，要经得起考验、顶得住诱惑，在公共服务廉洁化工作期间，广州市纪委将对全市第二批开展公共服务廉洁化的 10 个重点部门进行暗访，并将暗访情况拍成纪实专题片在全市播放。加强日常的工作行为规范的检查，防止干部职工有不恰当的言行出现，甚至被暗访发现，使指挥中心甚至使市城市管理委蒙羞，也使其本人身败名裂。

推进公共服务廉洁化和民主评议政风行风工作很有意义，指挥中心每一名干部职工都积极参与，做好表率，结合自身实际，加强修养、提高素质、树立形象，努力在公共服务廉洁化工作中发挥自己应有的作用。2014 年，广州市城市管理监控指挥中心全体干部职工按照公共服务廉洁化和民主评议政风行风的具体要求，结合岗位工作实际，加强能力素质培养，提高技术技能，以实际行动为进一步提升 12319 城市管理热线功能和服务水平、树立了城市管理新形象、推进城市管理公共服务廉洁化工作做出了自己应有的贡献，受到各级领导和广大市民群众的广泛好评。

第七节　2014 年广州突发登革热疫情的防治

2014 年广州市突发登革热疫情，全市上下投入防控登革热工作，掀起“灭蚊”大战，虽然时间过去快四年了，但至今仍令人记忆犹新。当年广州市登革热疫情来势凶猛，高峰期每天新增病例达1000多例，总病例达3万5千多例，死亡病例5例，全市170个街镇有159个街镇出现疫情。广州登革热疫情暴发后，引起国家和广东省的高度关注，广州市委、市政府高度重视，采取有效措施，发动各部门和各区及各街道、社区（村委）积极参与疫情防控，成功处置了这一城市突发的公共事件。

一、广州登革热疫情的发生

登革热是由登革热病毒引起的急性传染病，主要是通过埃及伊蚊和白纹伊蚊（俗称花蚊子）的叮咬在人群当中传播，广州的传播媒介主要是白纹伊蚊。登革热前期症状与感冒相似，但比感冒更难受，起病急骤，发热、头痛、恶心、浑身酸痛、出疹等，重型登革热能够引起死亡，病死率高，是国家法定的乙类传染病。

2014年6月，广州爆发感染登革热病例的疫情，9月下旬广州感染登革热的病例数以“爆发”式增长，日新增病例逐渐攀升，最高达1300多例，全市各区和绝大部分街镇出现登革热病例，尤其以城乡接合部白云区最为严重。截至9月30日零时，广州市报告登革热病例已突破万例，达11309例，引起国家和广东省的高度关注，派出防疫专家组和督导工作组到广州帮助和督导登革热防控工作。

二、广州登革热疫情的防控

截至2014年9月5日零时，广州报告登革热病例突破千例，达1021例，已接近广州市2013年全年登革热病例的总数，引起了广州市委、市政府的高度重视，登革热疫情防控工作被提上重要议事和工作日程，渐次在市直各部门和各区、街镇深入展开。

（一）切断传播途径

研究表明，登革热在广州主要是通过白纹伊蚊进行传播的，白纹伊蚊平时是吸取植物的汁液，但在其产卵期间，由于需要营养叮咬人吸取血液，防蚊灭蚊是防控登革热的重要途径。9月上旬，广州市城市管理委成立10个督导组，督导广州市12个区（县级市）的环境卫生整治和灭蚊工作，力图切断登革热的传播途径。

（二）控制传染源

2014年国庆节期间，广州市登革热疫情日趋严重，日均新增病例超过1000例，形势非常严峻，截至10月8日零时，广州登革热病例已突破两万例，达20788例。广州市委、市政府果断决定对登革热病例患者进行隔离治疗，10月4日下午，时任广州市市长陈建华主持召开市登革热疫情防控指挥部会议，强调要一手抓降低蚊媒密度，一手抓控制病原体，做好登革热病人的隔离治疗，对传染源进行有效控制，防止传染。

（三）保护易感人群

积极进行预防登革热知识的宣传工作，发动广大市民清积水，灭蚊子，搞好室内外环境卫生清洁，注意养成个人的健康卫生习惯，使用防蚊制剂和蚊帐等，穿着长袖衣裤，防止被蚊虫叮咬。积水滋生蚊子，教育市民远离河涌、池塘等水体，根据白纹伊蚊的生活习性，教育市民在早上七点到九点、下午四点到六点白纹伊蚊活动活跃时，不去树丛、绿化带等蚊虫多的地方活动，以防被蚊虫叮咬。减少外出，若无必要，少去或不去人群密集的地方或公共场所。

三、登革热疫情防控的具体措施和经验

登革热是一种广泛流行于热带和亚热带国家和地区的疾病，2014 年部分东南亚国家登革热疫情明显上升，由于广州与东南亚国家人员来往较频繁，输入性病例有所增加，加之当年广州雨水较多，蚊媒密度升高等原因，最终导致广州市登革热疫情的爆发。

（一）高度重视

广州是有 1800 万人口（含流动人口）的超大型城市，城市面积大，流动人口多，人的流动性大，传染病防治非常困难。2014 年 6 月广州出现本地感染登革热病例，引起了广州市疾控部门和爱卫部门的高度重视，积极开展登革热的收治、排查工作和环境卫生整治、灭蚊等工作。9 月初，广州市城市管理委根据广州市政府的统一部署，开展大规模的环境卫生整治和防蚊灭蚊工作，切断登革热的传播途径。10 月初，根据广州登革热疫情发展的严峻形势，广州市成立登革热疫情防控指挥部，发布灭蚊防控登革热的政府令，对登革热疫情、蚊媒密度和环境卫生整治情况等实行一日一报制度。广州市城市管理委制定颁发登革热疫情防控工作指引，并整合和加强督导组力量，由市城市管理委领导牵头负责，每天对各区防蚊灭蚊和环境卫生整治工作进行督导检查，指导并督促各区及各街道开展登革热疫情防控工作。

（二）科学防控

登革热是乙类传染病，主要是输入性病例，在广州每年都有发生，广州对登革热的防控有一套完整的方案，正常年份由卫生、疾控和爱卫等部门进行防控，但在 2014 年受灾特别严重。目前，登革热没有特效药和疫苗，致病与免疫机制不明，防控主要途径是防蚊灭蚊。白纹伊蚊是登革热传播的主要媒介，由于白纹伊蚊繁殖快，喜欢生活在清水环境中，2014 年 9 月初广州登革热病例接近 2013 年病例总数警戒线时，就在全城开展大规模的环境卫生整治和灭蚊工作，清除蚊子的滋生环境，对成蚊进行化学药物杀灭。9 月中下旬广州登革热疫情已呈现多点开花，到处出现病例，成为疫点的局面。广州市疾控中心改变了市第八人民医院一家收治、排查登革热病例的规定，向二级甚至社区卫生机构下发了快筛试剂盒，症状明确的病人初筛后即可进行诊断，以便及早进行干预和治疗。

（三）多管齐下

传染病防控有三个环节，一是控制传染源，二是切断传播途径，三是保护易感人群。2014 年广州市登革热病例突破万例后，广州市成立登革热疫情防控指挥部，动员和领导全市力量投入登革热疫情防控工作。首先是对登革热病人进行隔离，控制传染源。其次是深入开展“清积水、灭蚊子”环境卫生整治工作，把室外公共环境卫生整治扩大到居

民家庭卫生清理，对居民家庭的水池、花盆等小面积的积水也进行清理。最后是向广大市民宣传预防传染病和防蚊灭蚊知识，积极配合登革热疫情的防控工作。

四、登革热疫情防控工作的启示

2014 年 9 月初广州登革热疫情开始逐渐爆发，到 9 月下旬至 10 月中旬病例数增长迅速，日均新增病例过千例，形势异常严峻。经过近两个月的防控，在 10 月下旬疫情出现拐点，防控取得成效。到 11 月终于进入疫情的扫尾阶段，登革热新增病例数呈零散发生的状态，疫情大范围爆发的风险已不存在，疫情防控工作基本取得成功，但在登革热疫情防控工作中也给予我们一些启示。

（一）及早控制传染源

按照法律规定，由于登革热是乙类传染病，病人不需要隔离，但广州市是个超大型商贸城市，地域范围广，人的流动性大。当输入性病例出现时，若不及早进行隔离治疗，病原体到处流动，很容易造成传播。

（二）科学杀灭蚊子

在 2014 年广州登革热疫情防控工作中，广州掀起了史无前例的“人蚊”大战。广州市投入数以亿计的大量资金购买灭蚊机具和药物，有些基层存在用药过度的问题，使蚊子产生抗药性，并误杀蚊子的天敌，过度用药也对环境产生一定影响。有的基层单位在灭蚊中，甚至使用铺撒石灰、六六粉等方法，起不到杀蚊效果。还有的街道、社区在杀蚊中使用有毒农药，这些在灭蚊工作不科学的做法都被及时制止，使用符合标准的无毒、高效的灭蚊药物，采用低容量喷雾作业方法杀灭蚊子。

（三）清理积水，搞好环境卫生

由于传播登革热的白纹伊蚊，喜欢在清水中繁殖，居民家中花瓶、鱼缸、托盘等积水都是蚊虫的滋生地，积水几天后虫卵就会蛹化成蚊。向大型水体（河涌、池塘等）投缓释剂，抑制虫卵生长，清理室内外积水是抑制蚊子幼虫生长的有效方法，社区工作人员进入居民家庭指导居民清理积水。南方城市绿化中，喜欢种植芭蕉、滴水观音等易水植物，大型枝叶的积水中容易滋生蚊子虫卵，也是清理积水工作的重点内容之一。

经过前后几个月防控、消杀的奋战，投入大量的人力、物力，2014 年广州市登革热疫情被成功遏制，没有更大规模的蔓延，疫情形势逐渐趋于稳定和消失，城市公共突发事件被成功处置。根据 2014 年的疫情防控经验教训，2015 年广州市及早开展登革热的早防早治早控工作，截止到 2015 年 12 月 9 日，广州市共报告登革热病例 136 例，其中本地病例仅 54 例，当年和以后没有再发生大规模的登革热疫情。

月光下的美丽城市

（代跋）

夜晚的时候，月亮慢慢升起来，或圆或缺，或明或淡，陪伴着夜行的人们。

小时候生长在农村，过着日出而作、日落而息的生活，一般夜幕降临的时候就进入了梦乡，对月光没什么接触，也就没什么感觉和印象。直到不到十岁的时候，有一个盛夏的深夜从外婆家回家，外婆家距离我家大约有一华里，两村之间都是稻田。妈妈抱着熟睡的弟弟，我跟在妈妈身后，我们走出外婆家的村庄，旷野中忽见幽黑的夜空上高悬着一轮圆月，那么的皎洁明亮，月光照着广袤辽阔的乡野，一片静谧。由于种植水稻灌溉的需要，稻田间有许多池塘，每经过一个池塘就看见清澈的水底，也有一个明晃晃的大月亮，在跟着我们一起走，当时感觉很惊奇，世间还有一轮明月在夜晚轻拢着大地。那时水稻已长得很高，长势旺盛，差不多将田埂遮没，夜风吹起，沙沙作响，但有明月作伴，有月光引路，深夜的旷野并不让人感到害怕。

中学时代主要是住校，紧张繁忙的学习生活也无暇顾及夜晚的月光。只记得读初中时，有一次班里开中秋节联欢晚会，有一个猜谜的游戏，愚钝的我怎么苦思冥想也猜不出答案来。一个物理老师悄悄地在我耳边告诉我，让我到教室外面去看看天空，我跑出教室一看，一轮明月高悬在校园夜空，我马上回来说谜底是月亮，结果猜中了。

真正时常凝视月亮，沐浴月光，还是在广州读大学期间和在广州工作以后，安定的生活使我能够有闲适的心情欣赏大自然和身边的城市。同学和朋友们喜欢在中秋节夜晚相邀一起，爬上楼顶或者聚在城市的空旷地方，边吃月饼高谈阔论，边欣赏一年之中最圆最亮的月亮。大学高年级的时候经常在夜晚出去做家教，夜里十点多钟骑自行车回学校，经常在不经意间有一轮明月陪伴我在城市里穿行，如银的月光柔柔地倾泻在自行车轮前城市宽阔的马路上，使我的心情无比的舒畅。喧闹一天的城市已渐渐安静下来，进入南方这所百年名校的大学校园，校道两旁桂花的香味一阵阵袭过来，沁人心脾，更是令人心旷神怡，趁着月色正好，兴致正高，便到学校操场的单杠上奋力拉十几个引体向上，再慢慢潜回到学生宿舍。那时，无尽的青春的力量，在城市里惬意地挥洒着，令人难忘。回首四年大学时光，青葱岁月，自己仿佛那时就与大学和大学所在的城市融为一体了。

大学毕业后，我有幸参加城市管理工作，由于各种工作和生活等方面的原因，经常会在夜里赶路，有时是在巡查城市管理工作的路上，有时是在赶往单位加班的路上，有时是在出差学习考察的路上，有时是在拖着疲惫的身躯回家的路上，也有时是在走亲访友和处理各种俗事杂务的路上，总能在不经意间看到夜空中那轮明月。月亮就像我年少时在农村初次邂逅一样，用她那朴实无华的光辉沐浴温暖着我们生活的城市，城市在月色中渐渐安静沉睡，样子更加美丽动人。月光下的美丽城市，如诗如画，静卧在夜色中，承载着我们每一个人甜美的梦。

我们改变着世界，世界也在改变着我们，大家为了追求理想和中国梦，带着对美好生活的憧憬和向往，告别山青水秀、绿树环绕、泥土芳香的故乡，纷纷从寂静的农村来到了美丽繁华的城市，城市对我们来说已不再陌生。在熟悉的城市各个角落里，我们总能举头望到高悬在深邃夜空中的那轮明月，在城市灯光的辉映下，她或大或小，或高或低，或明或暗，或满或缺，或时而行走在的高远纯净的夜空里，或时而隐藏在飘来荡去的云朵里，无论岁月怎样流逝，季节怎样变换，她总是踏着不变的步伐，在夜幕降临时，慢慢升起，经过一夜的行走，再徐徐落下。一样的月光，永恒的城市，似乎从来都没有改变。

回首千年前，宋代大词人苏轼在《定风波》中写道“试问岭南应不好？却道：此心安处是吾乡”。

愿城里的月光，照亮我们每一个人的梦。